LA CAPPELLA DI SAN GRATO AD AOSTA

Indagine stratigrafica e storico-documentaria su un sito urbano

a cura di

ANTONINA MARIA CAVALLARO
GAETANO DE GATTIS
ANTONIO SERGI

con contributi di

BRUNO ORLANDONI
ANDREA VANNI DESIDERI

«L'ERMA» di BRETSCHNEIDER

ISBN 88-7062-827-2

Via Cassiodoro, 19 - Roma
Iscriz. al Tribunale di Roma n. 469 del 22.10.1985

INDICE

Che cos'è la Storia? Non è forse semplicemente
quel tempo in cui non eravamo ancora nati?

R. BARTHES, *La camera chiara*

PRESENTAZIONE

Recuperare la storia della città di Aosta, non soltanto per le sue vestigia romane, ma anche per le sue numerose testimonianze medievali.

È questo il tentativo che è stato fatto ristrutturando la cappella di San Grato, che aveva conosciuto i pesanti attacchi del tempo e degli uomini. L'edificio, oggetto di una ricerca finalizzata al restauro, ha recuperato la fisionomia originaria e mostra oggi l'elegante facciata. La cappella, piccolo ma prezioso gioiello incastonato nel cuore della città da oltre sette secoli, è pronta a riappropriarsi del ruolo sociale che svolse sino agli inizi di questo secolo.

Dedicata al santo patrono della diocesi di Aosta, la cappella dava il proprio nome all'intera via, nota per l'intensità dei commerci anche come «rue des Marchands» e poi diventata, nel 1865, l'attuale via De Tillier. Nella piazzetta antistante, punto d'incontro e di scambio, si svolgeva il tradizionale mercato delle castagne. Il sito della cappella di San Grato era, quindi, oltre che uno dei centri della vita religiosa della città, uno dei principali punti di riferimento delle attività commerciali di Aosta, che nella «carreria Sancti Grati» si svolgevano, favorite dal transito dei viandanti lungo l'antico «decumanus maximus».

Una funzione, quella aggregante svolta dall'edificio e dalla piazzetta, che nel corso di questo secolo si è persa, accompagnandosi al degrado generale del centro storico.

Mi auguro che questo libro, che apre un capitolo nuovo nella storia della cappella di San Grato e quindi nella storia di Aosta, possa offrire elementi metodologicamente validi per un corretto recupero del centro storico della nostra città. Compito del politico è adesso quello di far tornare a vivere questo edificio, dopo il lungo letargo, affinché recuperi un suo ruolo ben preciso nel quadro di un centro storico in evoluzione, che grazie all'impegno di molti cittadini, sta riacquistando il posto di primo piano che gli compete nella vita quotidiana di Aosta.

EDOARDO BICH
Presidente del Consiglio Regionale
della Regione Autonoma Valle d'Aosta

PREFAZIONE

L'indagine sulla cappella di S. Grato è stata svolta, con alcune interruzioni, tra la fine del 1987 e il 1991; condotta in ambito interdisciplinare, ha visto la collaborazione di una archeologa (A.M. Cavallaro) e di due architetti (G. De Gattis e A. Sergi); la discussione dei risultati che si acquisivano con il procedere della ricerca è stata aperta ai contributi di un archeologo specialista di ceramiche post-classiche (A. Vanni Desideri) e di un architetto esperto di storia dell'arte e dell'architettura medievali in Valle d'Aosta (B. Orlandoni).

Lo scavo archeologico è stato eseguito da G. Vinci e P. Zingale; le indagini e il restauro delle murature sono stati effettuati con la collaborazione di P. Bancod, C. e D. Locatelli, F. Morris, P. Padalino, V. Philippot, S. Rocca. I saggi sugli intonaci affrescati sono stati eseguiti dagli allievi di un corso per restauratori diretto da G. Pulga; alle operazioni di restauro ha partecipato un gruppo di tecnici svizzeri e tedeschi.

La direzione dei lavori di cantiere è stata assunta da A. Sergi.

Le fotografie sono di M. Catalano, A. De Tommaso, F. Rollando, i disegni di F. Corni; il rilievo del prospetto est della cappella è stato realizzato da C. Fazari e S. Pinacoli, che hanno collaborato anche al rilievo architettonico dei piani cantinati dell'edificio. Il restauro dei frammenti ceramici si deve a C. Pedelì, i disegni di questi sono di C. Colet-Kahlen e F. Del Vecchio, le foto di F. Rollando.

Le varie stesure dattiloscritte del testo sono state curate con paziente impegno da G. Cino.

Si desidera ringraziare il Soprintendente ai Beni Culturali della Regione Autonoma della Valle d'Aosta, architetto D. Prola, per la fiducia accordata, e la dott.ssa R. Mollo Mezzena, responsabile del Servizio Beni Archeologici della stessa Soprintendenza, per l'autorizzazione alla riproduzione di materiale iconografico inedito, proveniente dall'Archivio del Museo Archeologico.

Si ringraziano, inoltre, i responsabili dell'Archivio Storico Regionale di Aosta.

Ringraziamenti particolari vanno ad A. Milloz, che ha amichevolmente accettato di discutere numerose questioni di topografia aostana, mettendo a nostra disposizione i risultati inediti di sue ricerche d'archivio; a L. Operti, per la trascrizione di documenti riguardanti la cappella e gli immobili dell'immediato contesto urbano; a E. Peyrot, alla cui affettuosa disponibilità si deve la proposta di progetto grafico, condotta con la collaborazione di L. Finessi; a J. Alcoberro, per la critica costruttiva esercitata sulla nostra proposta di progetto.

Un sentito ringraziamento, infine, va al Consiglio della Regione Autonoma della Valle d'Aosta e al suo Presidente, dott. Edoardo Bich, per il contributo determinante concesso alla realizzazione del volume.

A.M. Cavallaro, G. De Gattis, A. Sergi

Antonina Maria Cavallaro, Gaetano De Gattis, Antonio Sergi

L'INDAGINE STRATIGRAFICA E L'ANALISI DEL SITO

Premessa

Il restauro della cappella di S. Grato è derivato dalla volontà di recupero di un monumento significativo per la storia e l'urbanistica aostane, degradato da usi impropri negli ultimi due secoli (fig. 1).

Il problema della fruizione dell'edificio, di proprietà comunale, veniva affrontato nel 1975. Con una delibera di Giunta il relativo progetto era inserito nel dibattito generale sul centro storico, la cui tutela si intendeva attuare «attraverso il mantenimento di tutta la vitalità culturale e sociale del centro stesso, che in tal modo eviterà di trasformarsi in quartiere museo o quartiere dormitorio» [1].

Nel parere favorevole espresso in merito dalla Soprintendenza ai Beni Culturali della Regione Autonoma della Valle d'Aosta era riconosciuta «l'indifferibilità» del restauro dell'edificio ed erano fornite indicazioni progettuali col suggerire «il recupero del disegno architettonico della facciata e dello spazio interno nella sua interezza e unità» e «una destinazione dignitosa non in contrasto con la qualità del monumento». Si precisava, inoltre, che i lavori avrebbero richiesto indagini preventive per verificare l'eventuale presenza «di superfici affrescate e ogni altro elemento architettonico archeologico» [2].

Il fatto che il monumento fosse proprietà pubblica e la mancata adozione da parte del Comune di programmi di riutilizzo a breve termine hanno consentito alla Soprintendenza di formulare e attuare un progetto di ricerca finalizzato al restauro e recupero relativamente svincolato da rigidi limiti di tempo [3].

D'altra parte, il carattere di proprietà privata dei due edifici limitrofi, a sud e a ovest, ha impedito lo scavo archeologico nelle cantine circostanti la cappella, dove l'indagine non è potuta andare oltre l'osservazione delle murature visibili e l'esecuzione su queste di alcune campionature di intonaco. Per gli stessi motivi, la ricerca sugli elevati, all'interno condotta sulle quattro pareti,

[1] Relazione a cura dell'Ufficio Tecnico del Comune di Aosta, in data 11.3.1975.

[2] Pareri espressi nelle note prot. n. 4214/BA del 25.6.1975 e prot. n. 711/BC del 16.1.1985. Perchè il progetto fosse riproposto si è dovuto attendere, quindi, dieci anni. Nuovo impulso in tal senso veniva dal dibattito sul recupero del centro storico di Aosta, stimolato nel 1986 dalla provocatoria ricostruzione in tubi di acciaio della chiesa di S. Francesco, nel sito – l'attuale piazza Chanoux – in cui questa era sorta fino al 1836 (cfr. *La chiesa di S. Francesco in Aosta*, a cura di B. Orlandoni, Torino 1986).

[3] Sulla differenza fra intervento programmato e «restauro di emergenza», cfr. F. Doglioni, *La ricerca sulle strutture edilizie tra archeologia stratigrafica e restauro architettonico*, in *Archeologia e restauro dei monumenti*, Firenze 1988, p. 243.

Per quel che riguarda la ricerca, intesa come fase ineliminabile di ogni progetto di recupero, cfr. R. Francovich, *Archeologia e restauro: da contiguità a unitarietà*, in «Restauro e città», 2. *Archeologia urbana e restauro*, 1985, pp. 14-16; Id., *Archeologia e restauro dei monumenti. Nota introduttiva*, in *Archeologia e restauro dei monumenti*, cit., p. 16 sgg.

all'esterno si è potuta effettuare solo sui due lati liberi, a nord e a est. Dati questi limiti, il campo di indagine veniva a coincidere con il perimetro dell'edificio.

Il progetto di tutela della cappella di S. Grato, che, come si è visto, ne prevedeva il restauro, ha adottato l'indagine storico-documentaria e quella stratigrafica nel terreno e sugli elevati come mezzo per la comprensione di eventi che hanno interessato il sito. Obiettivo ottimale della ricerca è stato considerato il raggiungimento del grado di conoscenza derivante dalla massima estensione possibile dell'indagine, tenuto conto dei limiti imposti dalle caratteristiche del sito.

La sostanziale diversità fra stratificazione naturale e artificiale [4] legittima, a nostro parere, rispetto al contesto di specie, la scelta, da noi adottata, della campionatura come strategia di esecuzione dell'indagine stratigrafica. Questo sistema, fuorviante se adottato su depositi di origine naturale o non regolati da leggi note, ci sembra invece applicabile allo studio di edifici, in quanto costituiti da elementi organizzati da volontà progettuale di cui è possibile individuare le regole di base [5]. La sua adozione, poi, si rivela quanto mai opportuna nei casi in cui l'edificio sia oggetto di restauro finalizzato al riuso, per cui è necessario evitare di giungere, attraverso la progressiva, incontrollata perdita di elementi, a un punto di difficile lettura di fasi o addirittura di impossibile restituzione della fisionomia del monumento [6].

Attraverso indicazioni fornite dai singoli campioni, sarà possibile decidere, di volta in volta, il proseguimento dell'indagine e, quindi, l'eventuale rimozione dello strato nella sua totalità. Per limitarci al caso rappresentato dalla cappella di S. Grato, la decisione circa l'opportunità e possibilità di estendere l'indagine oltre il momento della campionatura sí è basata ogni volta sulle indicazioni fornite dalla campionatura stessa, mentre l'eventuale prosecuzione è stata sempre confrontata con le scelte progettuali, a loro volta agganciate ai risultati dell'indagine stessa. Si è creato così un sistema di interrelazione e influenza reciproca fra indagine e progetto [7].

[4] Sui processi formativi degli strati, cfr. A. ARNOLDUS HUYZENVELD - G. MAETZKE, *L'influenza dei processi naturali nella formazione delle stratificazioni archeologiche: l'esempio di uno scavo al foro romano*, in «Archeologia Medievale» XV (1988), p. 126 sgg.

[5] Sulla possibilità di usare la campionatura come tecnica vera e propria, non come ripiego dettato da motivi di ordine essenzialmente economico, cfr. M.O.H. CARVER, *Valutazione, strategia e analisi nei siti pluristratificati*, in «Archeologia Medievale» X (1983), pp. 58-59. Il problema, però, non sta tanto nella legittimità dell'adozione di una tecnica della campionatura intesa come possibilità – o necessità – di indagare una piccola porzione di un contesto più ampio, anche perchè, come è stato giustamente osservato, ogni sito è – in rapporto a un'intera città, per esempio – un campione (cfr. M.O.H. CARVER, *art. cit.*, p. 58). Si tratta, piuttosto, della legittimità dell'estensione del dato ricavato dall'indagine sul campione a un contesto, sia anche di poco, più ampio. Tale possibilità di estensione, da escludere, a nostro parere, in ambito di stratificazione naturale, ci sembra legittima, come si è detto, nel caso in cui l'oggetto indagato sia il prodotto di una stratificazione regolata da leggi note.

[6] Sul problema, cfr. F. DOGLIONI, *La ricerca sulle strutture edilizie*, cit. pp. 244-245 e F. SCOPPOLA, *L'appariscente. Considerazioni in memoria di Cesare Brandi*, in *Archeologia e restauro dei monumenti*, cit., p. 72.

[7] Sulla «conoscenza come fatto progressivo e mai concluso che richieda al progetto minore perentorietà e maggiori spazi di approfondimento, e veda nel cantiere il luogo principe di ulteriore studio, ricerca e verifica», cfr. F. DOGLIONI, *La ricerca sulle strutture edilizie*, cit., p. 232 e F. SCOPPOLA, *L'appariscente*, cit., p. 71; cfr. anche F. SCOPPOLA, *L'indagine archeologica nell'elevato. Palazzo Altemps (Roma)*, in «Archeologia Medievale» XVI (1989), p. 294.

Fig. 1. Facciata della cappella prima dell'inizio dei lavori (foto A. De Tommaso).

IL CONTESTO URBANO

La cappella di S. Grato si situa nel centro di Aosta, in via De Tillier al numero civico 49, poco distante dall'incrocio con la via *Croix-de-Ville*; le due strade costituiscono i principali assi viari del centro storico, corrispondenti in linea di massima ai tracciati del *decumanus* e del *cardo maximi* dell'Aosta romana [1] (figg. 2, 3). Lo spazio antistante la cappella si configura come una piazzetta – che ha assunto la denominazione di S. Grato – dalla quale si diparte, verso nord, la via Lostan; una viuzza, la *ruelle des Pompes*, fiancheggia a est l'edificio, mentre a sud l'isolato prospetta sul passaggio *Folliex*.

L'identificazione dell'attuale cappella di S. Grato con una chiesa o cappella omonima menzionata in documenti medievali è data per scontata da Pierre-Etienne e Joseph-Auguste Duc e da altri studiosi locali; il problema è stato affrontato, al massimo, solo nei termini di una eventuale riedificazione o riduzione dell'antico edificio [2]. In definitiva, l'identità fra la cappella odierna e la chiesa ricordata già in atti del sec. XIII non è mai stata messa in discussione.

Dei documenti riguardanti Aosta medievale solo una piccola parte è edita; la grande maggioranza dei testi aspetta di essere ordinata e classificata. È impossibile, quindi, al momento, uno studio sistematico delle testimonianze relative alla chiesa e alla cappella di S. Grato. Ci siamo limitati, perciò, all'esame di materiale documentario pubblicato e di delibere comunali del periodo compreso fra la metà del sec. XVIII e la metà del XIX [3].

Il documento più antico che attesti l'esistenza in Aosta di una chiesa di S. Grato sembra essere una donazione del 1203, in cui si menziona, appunto, una *ecclesia sancti Grati* [4]. Il documento in questione, di cui i Duc riportano solo qualche rigo, non è altrimenti noto. A proposito di questa chiesa, Pierre-Etienne Duc accenna anche a un atto del 1210 che, però, non cita testualmente [5].

La prima, generica indicazione topografica la si ricava dal più antico dei documenti pubblicati da noi presi in esame, datato ottobre 1245, riguardante la donazione di un pezzo di terra *que jacet*

[1] R. MOLLO MEZZENA, *Augusta Praetoria. Aggiornamento sulle conoscenze archeologiche della città e del suo territorio*, in *Atti del Congresso sul Bimillenario della città di Aosta*, Bordighera-Aosta 1982, tav. II; L. COLLIARD, *La vieille Aoste*, I, Aoste 1978, pp. 13-24.

[2] P.-E. DUC, *Culte de Saint-Grat, évêque et patron du diocèse d'Aoste*, (8 *fascicules*), Turin-Aoste 1892-1897 (in particolare sull'edificio, cfr. *VIIe fascicule*, Aoste 1896). Cfr. anche J.-A. DUC, *Histoire de l'Eglise d'Aoste*, (*H.E.A.*), (10 *volumes*), Aoste - Saint-Maurice, 1908-1915, II p. 124; III, pp. 38, 211-212; IV, pp. 326, 483-484; V, p. 94; VIII, p. 122; cfr. inoltre, H.L., *Anciennes chapelles de la cité d'Aoste*, in «Le messager valdotain» 1928, p. 44; L. COLLIARD, *La vieille Aoste*, I, cit., pp. 186-189; E. BRUNOD, *Catalogo degli enti e degli edifici di culto e delle opere di arte sacra nella Diocesi e Comune di Aosta*, Aosta 1981, pp. 190-193; J. DOMAINE, *Le cappelle nella diocesi di Aosta*, Aosta 1987, p. 3.

Ad accrescere le possibilità di confusione, contribuisce la presenza di una cappellania sotto il nome di S. Grato presso la Cattedrale. La sua esistenza è testimoniata da vari documenti contenuti nel *Liber Reddituum Capituli Auguste*, ed. a cura di A.M. Patrone, Torino 1957, *passim*. V. anche E. BRUNOD, *Catalogo degli enti e degli edifici di culto e delle opere di arte sacra nella Diocesi di Aosta. La Cattedrale di Aosta* , Aosta 1975, p. 522.

Sembra dovuta, appunto, a confusione l'affermazione di E. BRUNOD, *La Cattedrale di Aosta*, cit., p. 40, che attribuisce all' attuale cappella di S. Grato una cappellania che, invece, sembra essere, piuttosto, quella della Cattedrale.

Una porta detta di S. Grato, sopravvissuta, sia pure sotto altro nome, fino al secolo scorso, ubicata con certezza a est della cappella attuale, all'incrocio fra le vie De Tillier e Gramsci, è menzionata già nel sec. XIII (cfr. L. COLLIARD, *La vieille Aoste*, I, cit., pp. 52-56). L'antichità e la diffusione del culto di S. Grato, che occupò il seggio episcopale aostano dal 452 al 470 d.C. e di cui ci è pervenuta l'iscrizione funeraria (cfr. A.M. CAVALLARO - G. WALSER, *Iscrizioni di Augusta Praetoria*, Aosta 1988, pp. 166-167) non consentono, a nostro parere, di stabilire, solo sulla base del nome, relazioni di contiguità fra la porta e luoghi di culto dedicati al santo.

[3] Queste ultime sono raccolte sotto il titolo *Immeubles et place de la chapelle Saint-Grat. Procès 1742-1856*, *Archives Historiques Régionales* (*A.H.R.*).

[4] P.-E. DUC, *op. cit.*, VII, p. 6; J.-A. DUC, *H.E.A.*, cit., II, p. 124. Cfr. anche J.-A. DUC, *Esquisses historiques des évêques d'Aoste appartenant au XIIe et au XIIIe siècle*, in «Bulletin de l'Académie St. Anselme» (*B.A.S.A.*) XII (1885), pp. 195-196.

[5] P.-E. DUC, *loc. cit.*.

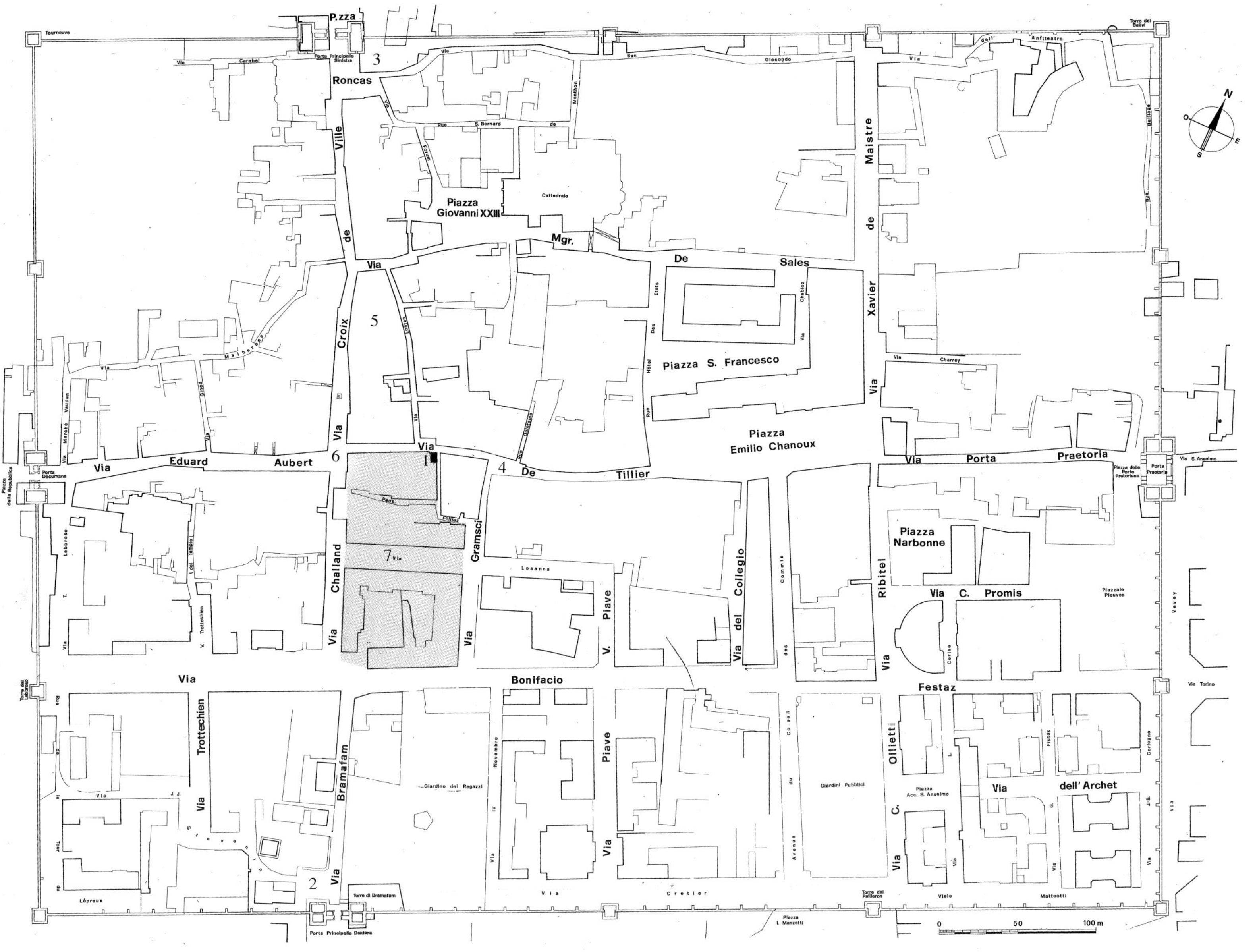

Fig. 2. Planimetria di Aosta. Parte compresa entro le mura di cinta romane (Archivio Servizio Beni Archeologici). 1) Cappella di S. Grato; 2) *Porta Principalis Dextera*; 3) *Porta Principalis Sinistra*; 4) Porta S. Grato; 5) Area del forno civico; 6) Croce di Città; 7) Area del *Crosus Bestiarum*.

infra augusta ciuitate prope sanctj gradj [6], dal quale si evince l'esistenza, all'interno della città, di un luogo di culto talmente noto da costituire punto di riferimento. Fra i documenti esaminati, tuttavia, non sono stati trovati atti che ne indichino specificamente i confini.

Tra la fine del sec. XIII e gli inizi del XIV, l'edificio, ricordato raramente come *ecclesia* e più spesso come *capella*, continua a costituire punto di riferimento in atti pubblici e privati (*prope Sanctum Gratum, retro capellam Sancti Grati*). In una donazione del 1288 si tratta di una casa posta *infra civitatem Auguste in vico Sancti Grati*; confini sono, da una parte, la *strata*, all'opposto la *carreria retro Sanctum Gratum* [7]. Integrando queste informazioni con quelle forniteci da un censo dello stesso anno su una casa posta *ante capellam Sancti Grati* [8], che ha la fronte sulla *strata*, se ne deduce che anche la *capella* prospetta sulla *strata* e si ha conferma, inoltre, del fatto che la *carreria retro Sanctum Gratum* è, all'incirca, parallela alla *strata*.

L'interpretazione corrente di questi riferimenti topografici, che non si discosta dalle conclusioni alle quali giungevano Pierre-Etienne e Joseph-August Duc, fa coincidere il *vicus Sancti Grati* con la *ruelle des Pompes* e la *carreria retro Sanctum Gratum* con l'attuale passaggio *Folliex*; ne consegue che la *strata* coincide con la via De Tillier [9]. La cappella oggetto dell'indagine si identifica, perciò, con la chiesa a cui si accenna nei documenti medievali.

Il posizionamento dell'edificio del sec.XIII quale si può ricavare dai documenti sopra ricordati è, in astratto, effettivamente confrontabile con quello della cappella. Tali documenti, però, si limitano a fornire indicazioni che, almeno allo stato attuale delle conoscenze relative all'assetto urbano di Aosta nel Medioevo, sono molto generiche e applicabili a più di un'area che presenti analoghi rapporti fra strade [10]. L'identificazione tradizionale della chiesa con la cappella si basa, quindi, in ultima analisi, su quella che potrebbe essere solo una curiosa – ma possibile – somiglianza di posizione fra due edifici di epoca diversa, circondati entrambi da strade suscettibili di uguali definizioni e in analogo rapporto reciproco.

L'evidente discordanza dello stile architettonico dell'edificio oggi visibile, rispetto all'epoca a cui si riferiscono i testi che accennano alla chiesa, non sfuggiva ai Duc, che la superavano ipotizzando genericamente una successiva riduzione del primitivo edificio *à des moindres proportions* [11], riduzione alla quale, da una parte, non sembra accennare alcun documento noto, e che, dall'altra, è stata decisamente smentita dai risultati dell'indagine archeologica. L'assenza di resti di fasi strutturali precedenti l'edificio nelle sue dimensioni e aspetto attuali, infatti, costituisce prova decisiva per escludere che la cappella sia il risultato di un riadattamento della chiesa esistente già nel sec. XIII.

In margine, infine, se la cappella ricalcasse l'ubicazione della chiesa più antica, quest'ultima sarebbe stata caratterizzata da orientamento nord-sud, che sembra forzato per un edificio religioso di quell'epoca [12].

[6] G. BATTAGLINO, *Le carte dell'archivio dell'Ospedale Mauriziano di Aosta fino al 1300*, in *Miscellanea Valdostana*, Pinerolo 1903, p. 261.

[7] *Liber Reddituum Capituli Auguste*, cit., p. 147 e *passim*.

[8] *Liber Reddituum*, cit., p. 208.

[9] Cfr. L. COLLIARD, *La vieille Aoste*, I, cit., pp. 121, 124. L'autore avrebbe potuto, forse, distinguere più chiaramente quella che è una sua interpretazione (*l'ancienne rue Croux-des-Bêtes* – il passaggio *Folliex* – *que le Liber Reddituum appelle aussi carreria retro Sanctum Gratum*) dall'indicazione contenuta nel *Liber Reddituum*, che si limita ad accennare a una *carreria retro Sanctum Gratum*, non specificandone l'ubicazione.

Il Colliard stesso (*op. cit.*, p. 110) distingue, poi, fra *carreria retro Sanctum Gratum* e *carreria Sancti Grati*; quest'ultima corrisponderebbe al tratto di via De Tillier sul quale prospetta la cappella, e che, in effetti, già nel sec. XVII (ma a partire da che epoca?) portava il nome di *rue Saint-Grat* (*la grande rue de Sainct Grat et Nabuisson, acte de reconnaissance, 31 août 1640, Inventaire des Archives des Challant*, vol. 83, mazzo 2, n. 1, f. 8 v. (*A.H.R.*). Al *decumanus* (via De Tillier), però, i testi medievali sembrano attribuire, piuttosto, la definizione di *strata*, non quella di *carreria* (v. oltre nel testo).

[10] Sull'urbanistica di Aosta medievale e sulla sua divisione in terzieri, cfr. J.-B. DE TILLIER, *Recueil contenant dissertation historique et géographique sur la vallée et duché d'Aoste*, MDCCXXXVII, ed. a cura di A. Zanotto, Aoste 1968; L. COLLIARD, *La vieille Aoste*, I, cit., p. 29 sgg.

[11] P.-E. DUC, *op. cit.*, VII, p. 8.

[12] Secondo M.C. MAGNI, *Architettura religiosa e scultura romanica nella Valle d'Aosta*, Aosta 1974, p. 16, caratteristico delle chiese romaniche della Valle d'Aosta è, in generale, lo «sganciamento delle planimetrie da un preciso

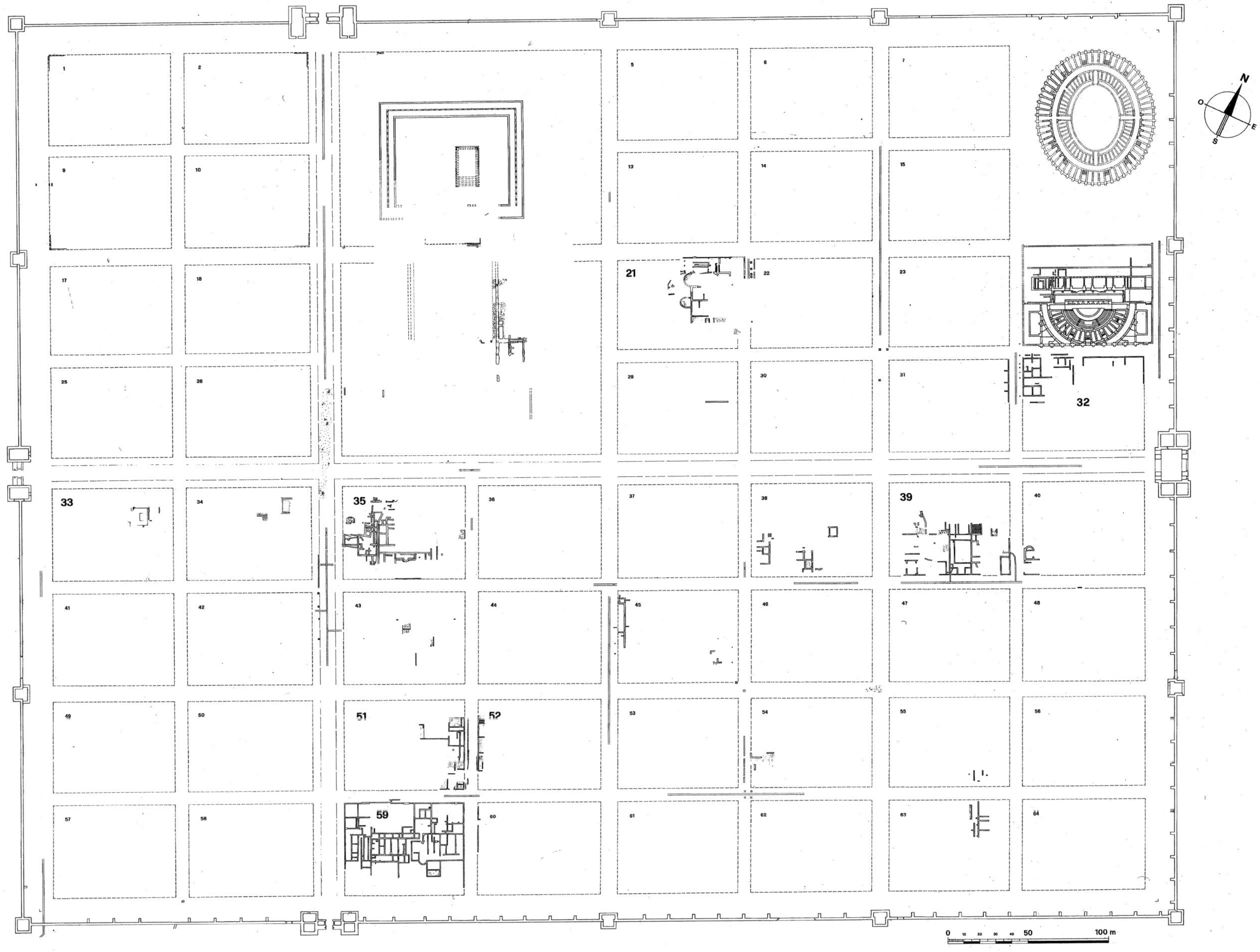

Fig. 3. Pianta di *Augusta Praetoria* (da Mollo Mezzena 1982).

Nell'ambito di una gerarchia delle vie urbane aostane in epoca medievale, stabilita sulla base di indicazioni fornite da atti notarili, compresi fra la fine del sec. XIV e gli inizi del XV, al primo posto si colloca la *strata*, corrispondente ai principali assi viari ricalcanti l'andamento del *decumanus* e del *cardo maximi*, almeno del tratto settentrionale di quest'ultimo, che dall'epoca romana in poi ha svolto ruolo di collegamento transalpino [13]; seguono, in ordine di importanza, la *carreria*, il *vicus*, la *ruca* [14], quest'ultima coincidente, forse, in certi casi, con il *vicus* [15].

Secondo questa proposta e sulla base dei dati ricavabili dai documenti noti, la chiesa di S. Grato, quindi, potrebbe venire validamente collocata sul *cardo maximus*, oltre che sul *decumanus*, a sud o a nord di quest'ultimo; il quartiere – o meglio terziere – di *Bicheria*, in cui, secondo un documento del 1288, si trova una casa che ha come confine la *cararia (sic) Sancti Grati* [16], si estende, infatti, secondo il De Tillier, a nord e a sud del *decumanus* [17].

Di supporto a questa nuova ipotesi di ubicazione della chiesa di S. Grato è un passaggio di Pierre-Etienne Duc, il quale, sulla scorta di indicazioni contenute in un documento del 1553, ricorda come l'edificio si collocasse *près de Croix-de-Ville in medio civitatis* [18]. È possibile che il documento in questione contenesse più precisi riferimenti alla localizzazione della chiesa, dal Duc non tenuti nel dovuto conto a causa della fuorviante equivalenza, *a priori* stabilita, fra chiesa e cappella odierna. Quest'ultima, in verità, per la sua posizione, poco esattamente potrebbe dirsi *près de Croix-de-Ville*, ma, al tempo stesso, non è da questa lontana al punto da fare escludere che le si possa genericamente riferire una annotazione del tipo di quella sopra riportata [19].

Un atto notarile del 1414, poi, fa riferimento a una casa posta in *ruca Sancti Grati prope Crucem Ville* [20]: se la chiesa fosse sorta nel luogo in cui ora vediamo la cappella, il riferimento topografico più spontaneo all'epoca, come si può osservare in altri testi redatti a cura dello stesso notaio, sarebbe stato non la *Crux Ville*, ma il *Crosus Bestiarum* [21].

L'ubicazione in prossimità della *Crux Ville* spiegherebbe meglio, fra l'altro, anche l'accenno di P.-E. Duc a un *passage pour hommes et femmes qui allaient par une éscalier de pierre à la dite église, du coté de la Porte Béatrix* [22]. Tale passaggio sarebbe risultato, così, diretto lungo l'asse del *cardo*.

orientamento Est-Ovest», per quanto, tuttavia, in ambito urbano sembra prevalere la regola, rigorosamente seguita nel resto dell'arco alpino centrale, del posizionamento dell'edificio religioso secondo un asse est-ovest.

[13] R. MOLLO MEZZENA, *Strutturazione urbanistica di Aosta romana*, in *Aosta. Progetto per una storia della città*, a cura di M. Cuaz, Aosta 1987, pp. 23-24.

[14] C. DU CANGE, *Glossarium mediae et infimae latinitatis*, (rist. Graz 1954), s.v. *ruca/ruga* : *platea, vicus, nostris Rue*; *carreria* : *via: sed illa proprie per quam carrus transire potest*; *strata* : *via publica lapidibus, seu silice munita.*

[15] La dott.ssa Adele Milloz, alla quale si deve la proposta di cui sopra, interpone, fra la *strata* e la *carreria*, la *via publica* che, però, a nostro parere, sembra definire, talvolta, almeno in qualcuno dei casi da noi esaminati, la *strata*.

[16] *Liber Reddituum,* cit., p. 163.

[17] J.-B. DE TILLIER, *Historique*, cit., p. 525; L. COLLIARD, *La vieille Aoste*, I, cit., pp. 29-32.

[18] Il toponimo *Croix-de-Ville* è molto antico e indica la persistenza dell'incrocio fra i principali assi viari romani, incrocio che risulterà sempre centro ideale della città, anche se spostato a ovest, rispetto a quello geometrico, nel rettangolo urbano di epoca romana. Cfr. R. MOLLO MEZZENA, *Aggiornamento sulle conoscenze archeologiche*, cit., p. 227 sgg.; L. COLLIARD, *La vieille Aoste*, I, cit., p. 112.

[19] P.-E. DUC, *op. cit.*, VII, p. 8. Da sottolineare che questa osservazione, come le altre condotte sul testo del Duc, dipendono da interpretazioni dell'autore di documenti che egli non trascrive per intero e dei quali non fornisce estremi utili al reperimento. In generale, gli atti da lui citati non sono altrimenti noti.

Sull'attendibilità e i limiti dell'opera di P.-E. DUC, cfr. R. AMIET, *Processionale Augustanum, tome Ier (Monumenta Liturgica Ecclesiae Augustanae* V), Aoste 1983, p. 193, n. 10 e L. COLLIARD, *Un grand érudit valdôtain: Pierre-Etienne Duc (1827-1914). Notice bio-bibliographique*, in *B.A.S.A.* L (1982), pp. 3-20. Sui Duc, v. anche L. COLLIARD, *La culture valdôtaine au cours des siècles*, Aoste 1976, pp. 268-270 e 446-452.

[20] Minuta notarile cartacea, notaio Johannes Casei, anno 1414, f. 77v., inedita. Archivio notarile di Aosta. (Segnalazione di Adele Milloz).

[21] *Auguste prope Crosum Bestiarum in domo habitacionis Aymoneti Pessiour* (minuta notarile cartacea, notaio Johannes Casei, anno 1412, f. 134v., inedita. Archivio notarile di Aosta. Segnalazione di Adele Milloz). Sul *Crosus Bestiarum*, v. oltre, p. 33 sgg.

[22] P.-E. DUC, *op. cit.*, VII, p. 7. Sulla *Porte Béatrix*, in corrispondenza della *Porta Principalis Dextera* di epoca romana, si veda L. COLLIARD, *La vieille Aoste*, I, cit., pp. 58-60.

Rileggendo alla luce di queste suggestioni gli atti del 1288 [23], è possibile, utilizzando i dati che ci forniscono, ipotizzare una diversa localizzazione della chiesa, almeno altrettanto plausibile, in linea teorica, di quella attualmente corrente.

La facciata dell'edificio sacro prospetterebbe, secondo questa ipotesi, sul *cardo*, non sul *decumanus maximus*; la *carreria retro Sanctum Gratum* sarebbe da identificare con l'attuale via Lostan; il *vicus*, o *ruca* [24], che costituisce il confine nord del lotto, coinciderebbe con uno dei vicoli, oggi divenuti passaggi fra case, che collegano la via *Croix-de-Ville* con la via Lostan. L'identificazione della *carreria* con la via Lostan sembra supportata anche dall'accenno a *res illorum de Tam* nelle immediate vicinanze della chiesa [25].

In una veduta pittorica della città di Aosta, della seconda metà del sec. XVII [26] (fig. 4), nella quale compaiono, visti da nord, i principali edifici religiosi, oltre a vari palazzi e monumenti, in buona parte tuttora esistenti, posizionati con notevole fedeltà prospettica, si può notare, a ovest della Cattedrale, una torre che, a nostro avviso, va interpretata come campanile. È confrontabile, infatti, per l'altezza e la disposizione delle aperture, con altre strutture raffigurate nel dipinto, che sono con certezza dei campanili; in particolare, per la copertura, si confronta con quello romanico della chiesa di St-Bénin.

A nord di questa torre, un edificio di notevoli dimensioni, a pianta rettangolare, forse absidato, posto in senso est-ovest, sembra affacciarsi lungo l'asse individuato dalla linea ideale che unisce le due porte urbane alle estremità del *cardo* (porte *Principalis Sinistra* e *Dextera*, quest'ultima corrispondente alla medievale *Porte Béatrix*). L'incrocio fra questo asse e l'altro in direzione est-ovest (asse del *decumanus*) risulta prospetticamente a sud del campanile e dell'edificio; ciò rafforzerebbe l'ipotesi appena avanzata della collocazione a nord del *decumanus*, tra le attuali vie *Croix-de-Ville* e Lostan, della chiesa, forse corrispondente all'edificio raffigurato [27]. La torre con altana che nel dipinto compare accanto al campanile potrebbe appartenere, appunto, alla proprietà Lostan.

Tale posizionamento della chiesa medievale coincide singolarmente con quello ipotizzato sulla base della lettura dei documenti. Bisogna, però, sottolineare, a questo punto, come i più significativi fra i testi da noi esaminati appartengano ai secoli XIII-XV, mentre il dipinto è del tardo secolo XVII. Se quest'ultimo rappresentasse ancora la «fotografia» della situazione descritta nei documenti, si dovrebbe dedurne la coesistenza della torre campanaria, e forse anche della chiesa (ormai in declino, o addirittura adibita a usi profani), e della cappella attuale per almeno due secoli dopo la costruzione di questa che, sulla base soprattutto di dati stilistici, si colloca nella seconda metà del sec. XV. Nella pianta urbana del De Tillier, la più antica fra quelle pervenuteci [28] (fig. 5), non è indicato alcun edificio sacro nel luogo in questione, per cui nel 1730, anno di stesura della pianta, o esso non era più identificabile come tale, oppure era stato demolito.

[23] V. nota 7.

[24] Oltre al *vicus* e alla *carreria*, una *ruca Sancti Grati*, da assimilare, forse, al *vicus*, compare, al momento, solo in atti notarili inediti della fine del sec. XIV-inizi sec. XV (segnalazione di Adele Milloz).

[25] Le grafie *ill(orum) de Tam* e *Lostam* (*Liber Reddituum*, p. 208) ci sembrano costituire indizi validi per ipotizzare la derivazione del cognome signorile Lostan (per il quale v. J.-B. DE TILLIER, *Nobiliaire du Duché d'Aoste*, ed. a cura di A. Zanotto, Aoste 1970, p. 392, sgg. e L. COLLIARD, *Vecchia Aosta*, cit., p. 85) dalla fusione degli elementi della forma dell'accusativo *illos de Tam*/**illos Tam*/*los Tam*/Lostan.

[26] Il dipinto, olio su tela di autore anonimo, si conserva ad Aosta nel palazzo dell'Amministrazione Regionale.

[27] Il lato orientale dell'attuale via *Croix-de-Ville*, nella parte compresa fra le vie De Tillier e De Sales, vede il susseguirsi di isolati separati da stretti passaggi coperti, molto verosimilmente corrispondenti a viuzze ancora ben riconoscibili in una pianta urbana del 1827. Se anche cogliesse nel vero l'ipotesi di ubicazione del *logis de la Croix Blanche* al n.civ.16, a sud della via oggi divenuta passaggio coperto (cfr. M. ANSALDO, *Peste, fame, guerra. Cronache di vita valdostana del secolo XVII*, Aosta 1976, pp. 144-146), rimane la possibilità di collocare appena più a nord la chiesa che, anche in questo caso, sarebbe stata fiancheggiata da una viuzza – la *ruca* o *vicus Sancti Grati* – tendente verso la *carreria retro Sanctum Gratum*. Da notare, infine, che in documenti medievali il forno civico, situabile appena a sud dell'incrocio con la via De Sales, appare confinante con *res Sancti Grati* (L. COLLIARD, *La vieille Aoste*, I, Aoste 1979, p. 146).

[28] J.-B. DE TILLIER, *Plan de la citté d'Aoste, de ses faux-bourgs et de leurs environs, dans leur estat present*, MDCCXXX, in *Historique*, cit.

Fig. 4. Anonimo. Veduta di Aosta. Olio su tela (seconda metà del sec. XVII). Particolare. Aosta, Palazzo dell'Amministrazione Regionale. L'asterisco indica l'ipotizzata chiesa di S. Grato. (foto A. De Tommaso).

Le argomentazioni fin qui svolte hanno, comunque, valore di ipotesi da verificare quando sarà possibile accedere a un numero maggiore di documenti, soprattutto a quelli conservati nell'archivio del Capitolo della Cattedrale, attualmente in fase di riordino [29], fra i quali dovrebbero trovarsi gli atti menzionati dai Duc [30].

Resta il fatto che, come si evince dalle fonti scritte, l'antica chiesa di S. Grato sembra gradualmente perdere di importanza, fino a scomparire, in un momento difficilmente precisabile.

Nel 1427 il Rettore Jacques de La Crête viene incaricato di redigere un rapporto dal quale risulta che l'istituzione godeva all'epoca di rendite [31]. La stessa conclusione è autorizzata dal contenuto di un documento del 1456, in cui, per far fronte a spese di manutenzione straordinaria di parti del chiostro e della cattedrale, il Capitolo inoltra al Vescovo richiesta di unione della cappella di S. Grato alla mensa capitolare [32]. Potrebbe collegarsi all'accoglimento della richiesta la decisione da parte del Capitolo di innalzare la nuova cappella, che sembra risalire proprio alla seconda metà del sec. XV e che appare dipendere strettamente dalla Cattedrale, come è dimostrato dalla presenza dello stemma con gigli nella chiave di volta ed è confermato dall'atto di visita pastorale dell'anno 1546, che la definisce *perpetuo unitam capitulo* [33].

Per quanto riguarda la dedica, bisogna osservare che l'affresco in facciata, datato 1512, non comprende inizialmente la figura di S. Grato, aggiunta solo in un secondo momento, utilizzando una tecnica pittorica diversa. Fermo restando che il nome di un edificio sacro, indipendentemente da eventuali raffigurazioni affrescate, può essere affidato alla presenza in esso di reliquie, statue e dipinti mobili, rimane comunque ipotizzabile anche l'iniziale dedica dell'edificio ad altro santo o alla Madonna [34].

D'altra parte, però, per il valore non generico da noi finora attribuito ai riferimenti topografici che mettono in relazione la *Croix-de-Ville* e la chiesa di S. Grato, si dovrebbe ipotizzare la sopravvivenza della vecchia chiesa, ancora come sede di culto, almeno fino al 1553, anno in cui *deux messes basses par semaine* vengono celebrate, l'una all'altare della chiesa di Santa Croce, *l'autre à l'église de Saint-Grat existante près de Croix-de-Ville in medio civitatis* [35].

[29] La ricostruzione della topografia di Aosta medievale non può che avvenire attraverso la ricomposizione dei dati catastali urbani deducibili dallo studio sistematico e informatizzato dei documenti, suddivisi per epoche. Ai punti fermi così stabiliti si potranno via via agganciare le successive acquisizioni.

[30] V. nota 2.

[31] P.-E. DUC, *op.cit.*, pp. 6, 8.

[32] J.-A. DUC, *H.E.A.*, cit., IV, pp. 483-484.

[33] P.-E. DUC, *op. cit.*, p. 8.

[34] Sulla cassa reliquiario di S. Grato, ultimata nel 1458, che non necessariamente, però, deve essere stata collocata nella cappella e, in generale, sulla produzione artistica dell'epoca, cfr. B. ORLANDONI, *La produzione artistica ad Aosta durante il tardo medioevo*, in *Aosta. Progetto*, cit., pp. 199-240 e R. PASSONI, *Arte e committenti in Aosta: problemi trecenteschi e verifiche sul gotico internazionale*, *ibid.*, pp. 241-252.

[35] P.-E. DUC, *loc. cit.*

Osservazioni Preliminari

Le osservazioni preliminari all'indagine stratigrafica, eseguite sulla cappella e sugli immobili circostanti, compresi gli ambienti attualmente interrati, sono state sufficienti a stabilire che l'edificio rappresentava un'entità autonoma dal punto di vista strutturale e funzionale.

Esso era costituito da un ambiente interrato e da uno fuori terra – la cappella vera e propria – il cui volume appariva suddiviso da un soppalco ligneo.

Le prime osservazioni hanno consentito di definire il campo d'indagine ed evidenziato per grandi linee le fasi edilizie del contesto e le principali fasi strutturali dell'edificio, precisate poi attraverso la successiva indagine stratigrafica.

Supporto delle osservazioni è stato il rilievo architettonico della cappella e delle cantine contigue, su cui di volta in volta venivano inserite le nuove acquisizioni [1]. Tale procedimento ha dato luogo a un rilievo in cui erano evidenziati i punti particolari e/o anomali della struttura, indagati prima attraverso le campionature. Il completamento dell'indagine stratigrafica ha dato, come prodotto grafico finale, un rilievo descrittivo che è, di fatto, composito. La relativa semplicità stratigrafica dell'edificio ha reso, infatti, superflua la stesura di rilievi di fase. Va sottolineato che questo tipo di rilievo registra contemporaneamente anche le scelte progettuali scaturite dal procedere dell'indagine [2], rivelando così la sua duplice caratteristica di strumento utilizzato per scelte di progetto e di risultato di tali scelte. Sta in questo la sua differenza rispetto al rilievo definito «critico» da Doglioni [3], da lui adottato come strumento conoscitivo e di controllo in cantieri non specificatamente di ricerca, che, ad indagine conclusa, costituisce «la base non solo grafica ma anche concettuale di un'opera di restauro» [4].

Nel caso della cappella di S. Grato, risultava evidente che l'attuazione di un progetto di restauro che avesse mantenuto tutti gli elementi presenti al momento dell'intervento, riferentisi a funzioni diverse e a diverse fasi, avrebbe impedito sia la comprensione del monumento nella sua totalità e nella sua fisionomia originaria, sia la lettura dei singoli elementi e delle varie fasi.

Più proficua, nell'ottica di una restituzione architettonica finalizzata alla comprensione globale dell'edificio, è apparsa, nel corso delle indagini, la ricomposizione della probabile fisionomia originaria di questo, con il mantenimento di alcuni indicatori significativi delle fasi intermedie; tali indicatori appaiono oggi di segno positivo (affreschi) e negativo (tagli effettuati per l'inserimento del portale settecentesco e delle travi portanti il soppalco in legno che divideva il volume della cappella).

Le osservazioni preliminari hanno consentito di tracciare un quadro abbastanza chiaro dell'*iter* evolutivo della struttura; le campionature lo hanno confermato e completato, fornendo ulteriori indicazioni per il restauro del monumento.

La decisione di estendere l'indagine stratigrafica all'intera superficie interessata dalla presenza di intonaci appartenenti a fasi successive a quella d'impianto è derivata dalla somma dei dati forniti dall'osservazione preliminare e di quelle scaturite dal procedere della ricerca.

Il pessimo stato del palinsesto degli intonaci visibili, evidenziato dalla campionatura, ha reso, infine, meno problematica la scelta relativa alla loro rimozione o conservazione.

Su due delle pareti indagate preliminarmente la ricerca ha incontrato un limite nella presenza di affreschi, che sono stati, ovviamente, mantenuti nell'ambito della ricomposta fisionomia originaria del monumento.

[1] R. Francovich, *Archeologia e restauro: da contiguità a unitarietà*, cit., p. 19.

[2] V. Premessa.

[3] F. Doglioni, *La ricerca sulle strutture edilizie*, cit., pp. 224 e sgg.; Id., *Ambienti di dimore medievali. Temi di ricerca*, in *Ambienti di dimore medievali a Verona*, Venezia 1987, pp. 19-20.

[4] F. Doglioni, *Ambienti di dimore medievali*, cit., p. 20.

In ambito edilizio aostano, da tempo violentemente attaccato dalla speculazione, sarebbe necessaria l'adozione del «rilievo critico...come forma di approfondimento conoscitivo» che si collochi «entro la procedura tecnico-amministrativa del restauro edilizio ordinario» (Id., *Ambienti di dimore medievali*, cit., p. 19).

In generale, riguardo al problema del reperimento di dati attraverso un tipo di ricerca distruttiva di elementi costitutivi di un edificio, quali sono, comunque, gli intonaci, sia il più povero, sia quello affrescato, si può solo affermare che a S. Grato questo tipo di ricerca è stato reso possibile quasi al massimo grado solo dalla convergenza di numerose circostanze favorevoli. Qui, infatti, i limiti interni sono risultati di scarsa incidenza ai fini dell'acquisizione di dati utili alla formulazione di un accettabile progetto di restauro e riuso, mentre nella maggioranza degli edifici teoricamente indagabili essi risultano più numerosi e incidenti sulla globalità dei dati ottenibili dalla ricerca, che viene, quindi, penalizzata, se così si può dire, proprio dalla maggiore complessità o dal migliore stato di conservazione degli elementi che compongono l'oggetto dell'indagine.

Si sottolinea, comunque, come punto d'approdo ottimale possa essere considerato l'equilibrio tra la perdita di elementi a seguito di distruzione finalizzata alla conoscenza e il grado di conoscenza così raggiunto, che fornisce orientamenti circa le scelte progettuali da effettuare.

Ciò nella piena consapevolezza della pari dignità, quanto meno storica, di ogni singolo componente l'edificio.

L'Indagine stratigrafica

Lo scavo stratigrafico è stato possibile solo all'interno dell'edificio, a causa dei limiti di proprietà ai quali si è accennato. A indagini ultimate, la realizzazione di opere di drenaggio all'esterno della cappella, nella *ruelle des Pompes,* ha fornito l'occasione di verificare e precisare, se pure in assenza di analisi stratigrafiche dettagliate, le ipotesi formulate sulla base delle osservazioni effettuate nell'interrato della cappella e negli ambienti con questo confinanti.

La strategia di compromesso fra esigenze della ricerca e della conservazione, adottata nell'intervento nel terreno sottostante l'acciottolato dell'ambiente interrato, è derivata, da una parte, dalla necessità di comprendere il più possibile la successione stratigrafica nei lembi sottostanti il piano pavimentale, dall'altra, dalla volontà di conservare la testimonianza relativa all'unico elemento strutturale orizzontale presente nel vano.

Si è intervenuto preliminarmente nelle lacune dell'acciottolato (fig. 6), occupate da fosse, per evidenziare, nella parete risultante, la stratigrafia delle zone integre. Lo svuotamento delle fosse e la successiva rimozione di tasselli di terreno sottostanti il piano pavimentale hanno indicato, in sezioni con direzione nord-sud, la tendenza generale della stratificazione nel sito.

L'indagine, nel suo complesso, ha consentito di individuare nell'assetto dell'edificio e di parte dell'immediato contesto fasi riconducibili ai seguenti periodi:

Periodo I – Epoca romana
Periodo II – Epoca medievale
Periodo III – Fine epoca medievale/inizio epoca moderna.
Fase I (seconda metà sec. XV-1512) – Costruzione della cappella, libera sui quattro lati;
Fase II – Addossamento di un edificio a ovest e, forse, di uno a sud.
Periodo IV – Epoca moderna
Fase I (metà sec. XVI-inizi sec. XVII) – Lavori di manutenzione straordinaria nella cappella;
Fase II (*ante* 1768) – Innalzamento dell'edificio a ovest e conseguente trasformazione del tetto della cappella;
Fase III (1782-1933) – Inserimento di un nuovo portale (uso civico dell'immobile);
Fase IV (1933-1987) – Modifica del volume della cappella e addossamento di una vetrina all'esterno (uso privato).

Periodo I

La rimozione del piano di calpestio (US29) riferibile all'ultima fase d'uso del locale interrato quale sede della cisterna e del bruciatore dell'impianto di riscaldamento ha evidenziato un pavimento in ciottoli (US32) deposto alla quota di rasatura di una fondazione muraria in direzione est-ovest (US64), le cui estremità erano inserite nell'elevato della cappella per un'altezza di cm. 20-30 circa (fig. 7). A nord e a sud della struttura muraria risultavano mancanti sia il piano di spiccato dell'elevato di questa, sia i livelli di frequentazione e di abbandono.

Considerato che la cappella si colloca in un'area importante della città romana, si è tentato di definire la posizione dei resti murari che, dal punto di vista della tecnica costruttiva, possono essere riferiti all'epoca romana, rispetto alle aree del *decumanus maximus* e del foro.

Alla sede viaria del *decumanus maximus* è comunemente attribuita la larghezza di mt. 9,46, alla quale viene aggiunta quella delle crepidini [1]. Tale misura, che l'Aubert ricavava per simmetria

[1] R. Mollo Mezzena, *Aggiornamento sulle conoscenze archeologiche*, cit., p. 228, nota 28.

Fig. 6. Piano interrato. Acciottolato e fondazione muraria rasata (foto A. De Tommaso).

all'asse della cloaca – la quale risulta, a sua volta, centrata sul fornice principale della *Porta Praetoria* – non è stata in seguito verificata con esattezza, in quanto non si è presentata finora l'occasione di indagare da un margine all'altro la principale strada di epoca romana [2]. Essa, tuttavia, sembra confermata dai risultati di sondaggi archeologici eseguiti in questi ultimi anni [3] e corrisponde, in effetti, all'ampiezza del passaggio nel fornice principale della *Porta Praetoria*; conseguentemente, i passaggi laterali di questa dovrebbero corrispondere allo spazio occupato dalle crepidini.

[2] E. AUBERT, *Les voies romaines de la Vallée d'Aoste*, in «Revue Archéologique», 1862, 5, p. 75; ID. (?), in «Feuille d'Aoste», 2 *décembre* 1862. Cfr. anche C. PROMIS, *Le antichità di Aosta*, Torino 1862, pp. 114 e 138. Che la larghezza di mt. 9,46 non sia comprensiva delle crepidini non è, però, un dato pacifico. Il canonico Gal, infatti, testimone dello scavo, avvenuto nel 1842, e relatore di questo al Promis (J. PIGNET, *Correspondance du Prieur Jean-Antoine Gal avec les frères Promis*, *Ière partie*, *B.A.S.A.* XLIV (1968-69), pp. 110-112; 118), affermava testualmente che *la rue, y compris les deux trottoirs, était large de 9 mètres et 0,46* (V. J.-A. GAL, *Coup d'oeuil sur les antiquités du Duché d'Aoste*, in *B.A.S.A.* IV (1862), p. 17).

[3] Si tratta di due sondaggi, i cui risultati sono ancora inediti, originati da ristrutturazioni edilizie (proprietà Jaccod, via De Tillier, scavo Mollo, 1985; proprietà Napoli, via De Tillier, scavo Mollo-Cavallaro, 1987).

Fig. 7. Piano interrato. Planimetria della cappella e degli ambienti attigui (rilievo di F. Corni).

In tal caso, la fondazione muraria rinvenuta a S. Grato coinciderebbe con il margine nord della crepidine settentrionale del *decumanus* e farebbe parte, quindi, di una struttura che delimitava a sud l'area del foro.

Il confronto con la quota di calpestio della platea forense determina la posizione teorica dell'inizio dell'elevato del muro, che non poteva trovarsi ad altezza superiore a cm. 20-30 circa dall'attuale rasatura.

Scavi condotti nell'area della *Porta Decumana* permettono, però, di calcolare anche una diversa ampiezza della principale sede stradale di epoca romana, determinabile, a partire dal suo bordo meridionale, in mt. 6,50, con una crepidine di mt. 4 [4]. In questo caso, la fondazione muraria si troverebbe inclusa nel perimetro dell'area forense.

[4] Area dell'ex-Ospizio di Carità, via Aubert, scavo Cavallaro-Sergi, 1988-1991, inedito.

Tale misura è stata calcolata a partire da dati certi, quali lo spazio fra le due torri della Porta (mt. 14,50) e la distanza del bordo meridionale della sede stradale basolata dal muro nord della torre meridionale (mt. 4).

Presupposto di base di ogni tentativo di determinare l'ampiezza del *decumanus* rimane, comunque, l'ipotesi, finora

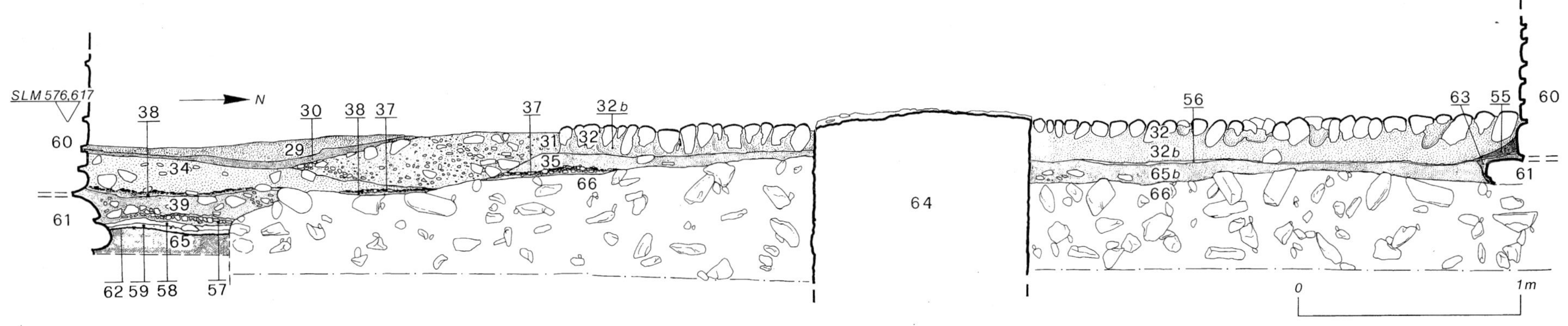

Fig. 8. Piano interrato. Sezione stratigrafica nord-sud. US66 (terreno basale); US65, 65bis, 64, 63 (attività precedenti la costruzione della cappella – US61, 60 –); US59, 58, 57, 56, 39, 38, 37, 36, 35 (attività comprese fra la costruzione della cappella e i rifacimenti del pavimento); US32, 32bis (acciottolato rimaneggiato); US31, 30, 29 (riempimenti delle lacune dell'acciottolato) (rilievo di F. Corni).

Al Periodo I appartengono strati limosi (US65 e 65bis) evidenziati nell'ambiente interrato. Se la loro posizione è analoga rispetto alle fondazioni della cappella, essi, però, devono essere differenziati nel loro rapporto con la struttura muraria romana (US64). A nord di questa, US65bis è costituita da uno strato di limo quasi puro, a contatto del terreno basale; si può ritenere che essa rappresenti il residuo di depositi precedenti la fondazione della città, alterato, forse, da attività connesse con la rasatura della struttura muraria e da esiti di fenomeni naturali avvenuti successivamente all'epoca romana.

A sud del muro romano, US65, costituita da residui limosi in cui si trovano tracce di malta, carboncini e ossa di animali, è stata evidenziata solo all'interno di una buca nel terreno basale; non ha punti di contatto, quindi, con la fondazione muraria a nord. Tale strato, come US65bis, potrebbe, teoricamente, precedere la fondazione stessa, oppure dipendere da attività collocabili alla fine dell'epoca romana, ma comunque precedenti la cappella (fig. 8).

Periodo II

Prova archeologica dell'occupazione tardo-antica del margine meridionale del *decumanus* si ha in un'area non lontana da S. Grato [5]; tuttavia, almeno in altri due punti dell'arteria, il basolato romano sul lato sud, anche se sconnesso, non risulta asportato [6].

Molto poco si sa delle trasformazioni urbanistiche di Aosta dopo l'epoca romana attraverso il Medioevo e fino al De Tillier, la cui pianta è testimonianza di un tessuto urbano molto ridotto, rispetto alla consistenza di quello più antico, e concentrato lungo i due principali assi viari ortogonali che, come si è detto, hanno mantenuto fino ad oggi la funzione di direttrici aggreganti all'interno delle mura.

La riduzione della consistenza edilizia di epoca romana, la ruralizzazione o l'abbandono di aree e, d'altra parte, processi invasivi di zone prima occupate da edifici pubblici e delle vie, non solo di quelle minori, ma degli stessi *cardo* e *decumanus maximi*, sono fenomeni che si registrano, sulla base dell'evidenza archeologica, a partire dal V secolo d.C. [7]. Si tratta, però, al momento, di dati scaturiti da saggi di dimensioni ridotte e, comunque, ancora insufficienti a documentare puntualmente la situazione lungo il percorso delle due vie principali, a partire dall'età tardo-antica e alto-medievale.

Le quote del portale d'ingresso alla cappella e della porticina sul lato est indicano la presenza, alla fine del Medioevo, in particolare per quel che riguarda il tracciato dell'odierna via De Tillier, di piani stradali posti a un livello di poco inferiore all'attuale. La via sovrasta oggi alcune costruzioni, attualmente adibite a cantine, le quali, in passato, potevano trovarsi, in tutto o in parte, fuori terra, alcune, come si vedrà, con accesso da sud-ovest.

L'interrogativo al quale non si può fornire, al momento, una risposta riguarda l'epoca in cui in questo punto della città si compie il notevole spostamento verso nord del principale asse viario urbano. Esso sembra derivare, da una parte, come si è visto, da un processo di graduale occupazione della sede stradale antica a partire da sud, in linea con quanto avveniva, o era già avvenuto, all'interno della *Porta Praetoria*; dall'altra, ma in via per ora solo ipotetica, dall'intervento di una forte volontà politica che, preso atto dello stato di fatto, sancì le nuove tendenze urbanistiche, spingen-

in generale non verificata attraverso indagini mirate, della coincidenza dell'asse stradale con l'asse teorico passante per il centro dell'interturrio delle porte.

È possibile che alle diverse ampiezze attestate del *decumanus* corrispondano epoche differenti e che a un'arteria stretta abbia fatto seguito una strada di maggiore imponenza con lo sviluppo della città. Una risposta potrà venire dallo studio accurato del materiale ceramico proveniente dalla stratificazione sottostante il basolato romano in posto nello scavo dell'ex-Ospizio.

[5] Scavo in proprietà Jaccod (v. nota 3).

[6] Scavi in proprietà Napoli ed area ex-Ospizio di Carità (v. note 3 e 4).

[7] Scavo in proprietà Jaccod. Breve accenno in R. MOLLO MEZZENA, *La stratificazione archeologica di Augusta Praetoria*, in *Archeologia stratigrafica dell'Italia settentrionale*, 1, Como 1988, p. 93 e sgg. In generale, su questo problema, cfr. EAD., *Strutturazione urbanistica di Aosta romana*, cit., pp. 34-36 e anche A.M. CAVALLARO, *Aosta: dall'epoca romana al X secolo*, in *Le piazze. Storia e progetti*, Milano 1989 pp. 10-15.

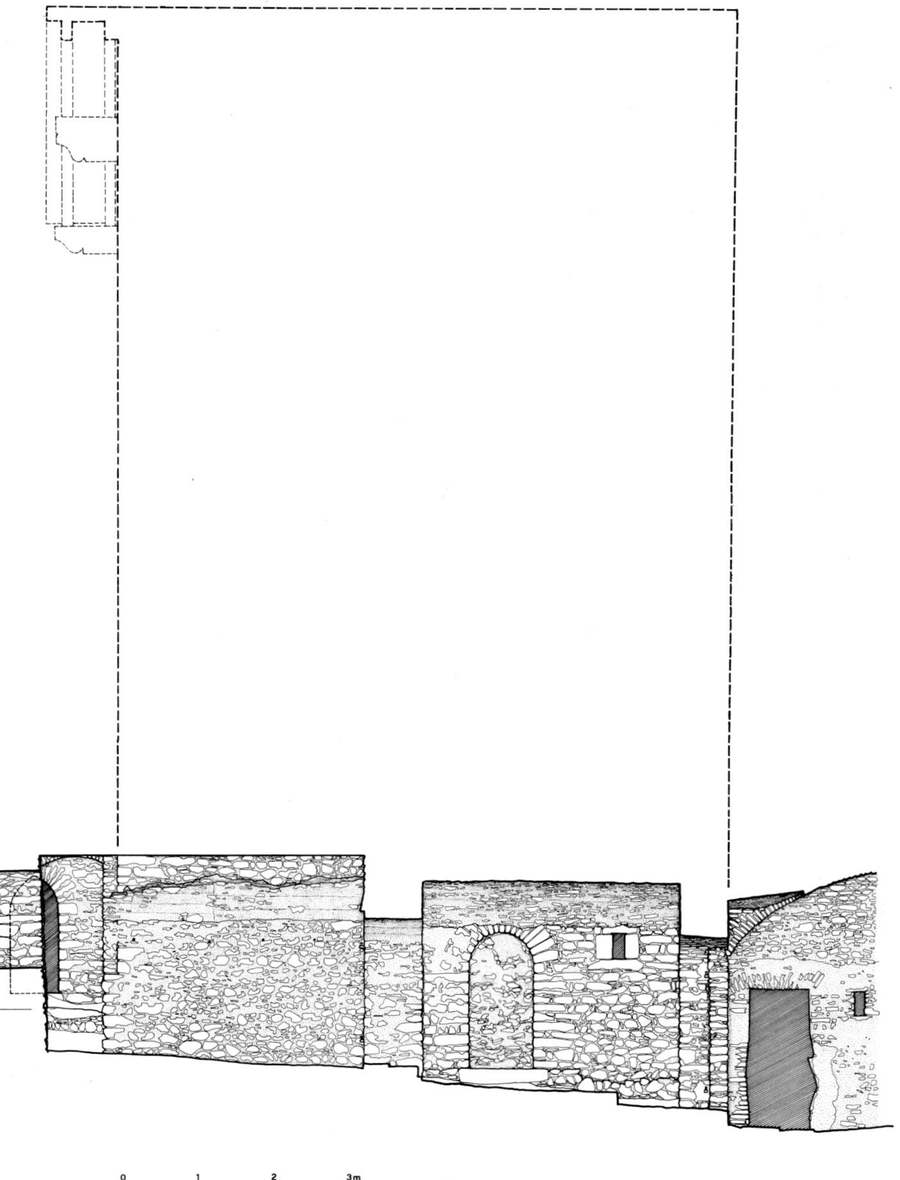

Fig. 9. Piano interrato. Prospetto ovest. Riferimenti ai livelli del terreno all'epoca di costruzione della cappella (rilievo di F. Corni).

do a conseguenze estreme i propri poteri decisionali. La demolizione o l'obliterazione degli edifici che avrebbero intralciato il passaggio del nuovo asse viario – se effettivamente avvenute – dovettero comportare notevoli lavori nelle aree interessate. Bisogna, comunque, sottolineare la totale assenza di accenni a interventi di questa portata nei documenti finora noti.

L'analisi della muratura esterna della cappella sul lato ovest dell'ambiente interrato permette di individuare due diversi livelli del terreno al momento della costruzione dell'edificio.

Uno è rappresentato dalla quota della soglia d'ingresso all'ambiente, a sud dell'asse ideale che coincide con quello della struttura muraria romana, quota corrispondente, a sua volta, a quella di spiccato del muro meridionale della cappella [8] (fig. 9); l'altra corrisponde alla risega di fondazione rilevata nell'angolo nord-ovest dell'edificio, che si eleva di mt. 1,30 rispetto alla soglia.

[8] La quota di calpestio determinata dalla posizione della risega di fondazione del muro meridionale e da quella della soglia della porta a ovest coincide curiosamente con quella del basolato della platea forense.

L'attuale, uniforme piano di calpestio delle cantine è, quindi, il risultato dell'asportazione di terreno, in misura maggiore a nord dell'asse individuato dal muro romano, minore, ma comunque evidente, a sud, tanto che da questo lato tutta la fondazione dell'edificio si trova attualmente fuori terra.

All'esterno, sul lato est, lo scavo eseguito per effettuare opere di drenaggio ha consentito di esaminare, sia pure sommariamente, la muratura di fondazione dell'edificio e la stratificazione visibile su una parete di terra (figg. 10, 11).

A nord dell'asse ideale determinato dal muro romano, la muratura appare eseguita contro terra fino a una quota posta circa cm. 50 sotto il piano dell'attuale via De Tillier, quota che sembra corrispondere a quella del principale asse stradale del sec. XV. A sud del muro romano, invece, la parte contro terra raggiunge una quota che è inferiore di mt. 1,10 a quella di cui sopra; la restante muratura verso l'alto appare realizzata, invece, nello spazio determinato da un allargamento della sezione del terreno, allargamento compreso, in direzione nord-sud, tra il filo sud del muro romano e lo spigolo sud-est della cappella e che raggiunge la sua massima ampiezza in corrispondenza della quota riferibile al piano di calpestio del sec. XV.

Tale situazione è rappresentabile in planimetria con un arco di cerchio di cui la muratura della cappella costituisce la corda.

Dall'insieme delle osservazioni effettuate, si deduce l'esistenza nella zona, quando l'edificio veniva costruito, di tre diverse quote del terreno: la più alta, determinata dall'inizio del cavo di fondazione individuato nella *ruelle des Pompes* e, su via De Tillier, dalla quota compatibile della finestra a gola di lupo e della soglia del portale d'ingresso sulla facciata principale. Su questo lato la strada sovrasta le cantine poste a nord della cappella. La quota intermedia è quella della risega nell'angolo nord-ovest, di cui si è detto, che determina un piano teoricamente ancora conciliabile con l'uso delle cantine a nord. Proprio la presenza di queste induce a ritenerlo piano d'uso effettivo, piuttosto che il risultato di un taglio finalizzato solo all'inserimento della cappella. La quota della soglia sul lato ovest e della risega di fondazione del muro meridionale rappresenta, infine, il livello di calpestio più basso (fig. 12).

Come si raccordassero questi tre livelli di terreno in epoca immediatamente precedente l'edificazione della cappella non è possibile precisarlo. Ipotizzare strutture di sostegno significherebbe ammettere preesistenze di cui, però, non rimane traccia; nello stesso modo, non esistono prove a favore del raccordo diretto dei terreni per mezzo di pendii da nord a sud e da est a ovest.

Riassumendo i dati certi sono i seguenti:

1) la cappella non tiene conto del muro romano, distrutto presumibilmente in epoca alto-medievale, secondo ipotesi in questo senso già avanzate [9];

2) all'interno, a sud della fondazione romana, il piano di spiccato della cappella è inferiore, rispetto al più basso di quelli esterni, di cm. 35. Questo ci induce a ritenere che all'interno sia stata effettuata una ulteriore asportazione di terreno per uno spessore di cm. 35-40 circa, interrottasi a nord del muro romano su un livello casualmente determinato dalla decapitazione di uno strato di limo (US65bis), mentre a sud è giunta al terreno basale e, solo nella parte contigua al muro perimetrale sud, a strati limosi (US65) ascrivibili a una fase precedente la cappella.

Si può ritenere, inoltre, che i terreni evidenziati nel corso dello scavo nella *ruelle des Pompes*, compresi fra la quota di rasatura del muro romano e quella di un piano con malta in corrispondenza dell'inizio della parte di muratura eseguita in cavo – piano all'incirca coincidente con la quota della risega di fondazione nell'angolo nord-ovest dell'edificio – si estendessero a est e a ovest e che, nell'area poi occupata dalla cappella, siano stati rimossi all'atto della costruzione della stessa [10].

Un ultimo dato, infine, emerge con certezza dall'insieme degli elementi osservati: la presenza di una depressione nel cui settore nord-est è stata inserita la cappella.

[9] R. MOLLO MEZZENA, *La stratificazione archeologica*, cit., p. 93 sgg.

[10] Sono stati evidenziati strati successivi alla rasatura del muro romano, fra i quali è stato possibile individuare dei piani d'uso. La loro posizione nel *matrix* generale delle indagini si colloca fra le US65 e 65bis, e 51.

Fig. 10. *Ruelle des Pompes*. Scavo per opere di drenaggio. Livelli di terreno all'epoca di costruzione della cappella. Cavo di fondazione sul lato est (foto A. Sergi).

Fig. 11. *Ruelle des Pompes*. Scavo per opere di drenaggio. Stratigrafia nord sul lato est della cappella (foto M. Catalano).

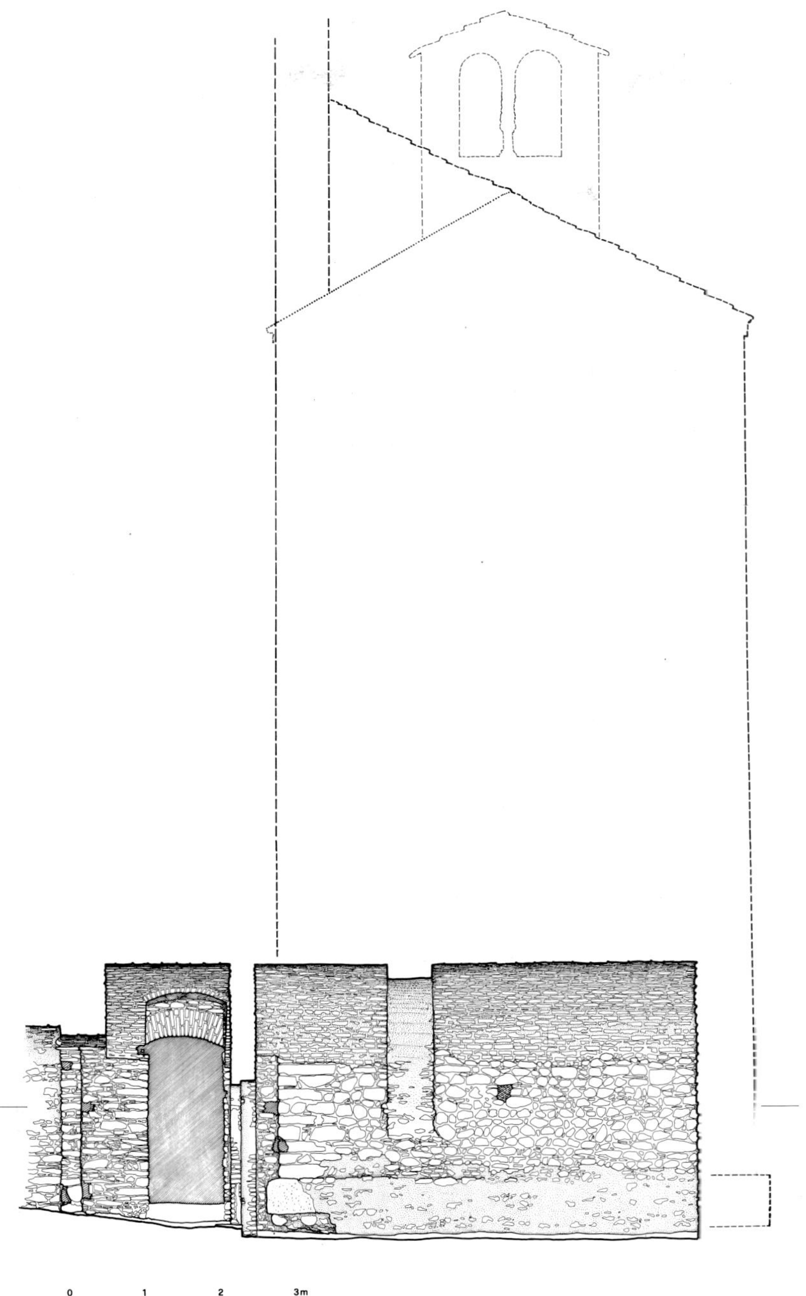

Fig. 12. Piano interrato. Prospetto sud (rilievo di F. Corni).

L'esistenza di un avvallamento in questa zona della città è attestata dai toponimi *Crosus Bestiarum* e *Croux-des-Bêtes*, noti da numerosi documenti e dalla pianta urbana del De Tillier, che attribuisce il secondo alla attuale via Gramsci, 50 metri, circa, a est della cappella [11].

[11] *Quandam peciam terre jacentem Auguste subtus Crosum Bestiarum*, minuta notarile cartacea, notaio Johannes Casei, anno 1412, f. 134 v., inedita. Archivio notarile di Aosta (segnalazione di Adele Milloz); *Recognoissance en faveur de l'hospitail de Nabuisson d'une maison et jardin au Croux des Bestes, 10 des Kalendes de novembre 1355; Recognoissance...d'une maison proche la Porte St. Grat au Croux des Bestes, 17 aoust 1459* (*Répertoire Castagnery, Cité d'Aoste*, 1A, *A.H.R.*); *en la dicte cité d'Aouste soubz le Crou des Bestes, acte de reconnaissance, 31 aout 1640. Inventaire des archives des Challant*, vol. 83, mazzo 2, n. 1, f. 8 v. *A.H.R.*; J.-B. DE TILLIER, *Plan*, in *Historique*, cit.; L. COLLIARD, *La vieille Aoste*, I, cit., p. 121 attribuisce, invece, il toponimo *Croux-des-Bêtes* all'attuale passaggio *Folliex*, anche se ritiene, poi, che tale denominazione vada estesa a tutto il quartiere vicino e al tratto meridionale di via Gramsci.

Il primo dei componenti il toponimo latino tardo è il sostantivo *crosus* con il significato generale di «cavità, fossa» [12] e con quello specifico di «recinto per animali».

Nell'equivalente forma francese risulta evidente l'affinità di *croux*, in particolare, con il sostantivo del *patois* franco-provenzale *croù* [13] e con il termine del francese moderno *creux* [14]. In entrambe le forme il toponimo, nella sua interezza, allude a una «fossa recintata per il bestiame».

La depressione ricade in una zona della città medievale delimitata a est dalla *ruelle du Croux-des-Bêtes*, di cui si è detto; a sud dalla *rue des Tanneries* [15]; a ovest dalla *rue du Folliex* [16]; a nord da un tratto dell'attuale via De Tillier. Come indicano i nomi, in questo settore si svolgevano attività di concia e lavorazione di pellami [17] connesse con i commerci esercitati nel mercato della *Croix-de-Ville* (con la quale confina l'angolo nord-ovest del quartiere così delimitato) [18], e che richiedevano un luogo di raccolta di animali da identificare evidentemente proprio con il *Crosus Bestiarum* [19].

Il settore urbano in questione rientra in pieno nel terziere denominato *Bicaria* o, meglio, *Bicheria* [20], toponimo al quale, per opinione quasi concorde degli studiosi, è stato attribuito finora il

[12] C. Du Cange, *Glossarium*, cit., s.v. *crosus: cavus, fodina, fossa, nostris alias Cros*; *crotum: Gall. creux, fossa, lacuna, locus cavus; Croftum: praediolum...,ut animalia rustica subitis usibus exhibeat: agellus inclusus..., nostris Clos.*

[13] J.-B. Cerlogne, *Dictionnaire du patois valdotain précédé de la petite grammaire*, Aoste 1907, s.v. *croù: fosse. Crou de la man, creux de la main.*

[14] *Dictionnaire alphabétique et analogique de la langue française, par* P. Robert, Paris 1973, s.v. *creux: adj. et n. (Crues au XIIe; probablement d'une forme crosus en lat. vulg.). Qui est vide à l'intérieur; Vide* plus ou moins profond dans un corps (v. ...cavité, dépression, excavation, fosse...).*

[15] C. Du Cange, *Glossarium*, cit., s.v. *tannare: coria subigere*; *tanneria: officina, vel ars coria subigendi. Gall. tannerie*. Corrisponde a un tratto dell'attuale via Festaz. Cfr. L. Colliard, *La vieille Aoste*, I, cit., pp. 122-124.

[16] Si chiamava così l'attuale via Challant. Cfr. L. Colliard, *La vieille Aoste*, I, cit., p. 121.

[17] Anche il nome di *rue des Affaits*, che secondo L. Colliard, *loc. cit.*, è da attribuire all'attuale via Bramafam (insieme con la via Challant, tratto meridionale del *cardo maximus*) e a parte della stessa via Festaz, riconduce alla presenza di concerie (C. Du Cange, *Glossarium*, cit., s.v. *affaitare: coria subigere; affaitaria: officina coriaria).*

[18] L'esistenza di un mercato e di misure in pietra per aridi e liquidi in questo punto della città è provata da numerosi passi di documenti medievali: *statuo...ut peregrini, mercatores et omne genus transeuntium a Monte Jovis venientes per Portam Sancti Stephani* (dalla strada del Gran San Bernardo, cioè, attraverso la porta urbana situata in corrispondenza della *Principalis Sinistra* di epoca romana) *usque ad mensuram lapideam descendant*, carta di franchigia, anno 1253, in J.-B. De Tillier, *Le franchigie della città di Aosta (1727)*, a cura di E. Garrone, Aosta 1985, p. 20; *item statuerunt quod bladum aliquod non possit vendi, nisi in foro vel in platea crucis sive sextarii lapidis*, ordinanza, anno 1282 in J.-B. De Tillier, *Le franchigie*, cit., p. 30 (l'oscuro *sertarii capidis* della trascrizione Garrone lascia chiaramente intravedere un più certo *sextarii lapidis*); *in loco mercati sunt mensurae marmoreae*, risposta, anno 1502, in J.-B. De Tillier, *Le franchigie*, cit., p. 160; *plus que personne n'aye à acheter..., pour revendre, qu'il ne soit presenté publiquement a la croix de la ville*, risposta, anno 1581, in J.-B. De Tillier, *Le franchigie*, cit., pp. 192-193.

Sul mercato di *Croix-de-Ville*, cfr. anche L. Colliard, *La vieille Aoste*, I, cit., p. 112; A. Marguerettaz, *Mémoire sur les anciens hôpitaux de la ville d'Aoste*, in *B.A.S.A.* IX (1876), p. 55, in cui si tratta di un atto di visita pastorale che menziona una casa situata, secondo un documento del 1433, *près de la croix du marché, prope crucem fori.*

[19] Sul *Crosus Bestiarum*, cfr. L. Colliard, *La vieille Aoste*, I, cit., pp. 121-122; Id., *Vecchia Aosta*, Aosta 1986, pp. 58-61; M. Ansaldo, *Peste, fame, guerra*, cit., pp. 147-148.

Inesatta sembra l'equivalenza corrente di *crosus* e *forum bestiarum* (L. Colliard, *La vieille Aoste*, I, cit., p. 30 e II, cit., p. 150; J.-A. Duc, *H.E.A.*, IV, p. 116); la seconda denominazione, infatti, sembrerebbe indicare, piuttosto, un mercato vero e proprio di animali, una specie di foro boario. (Cfr. C. Du Cange, *Glossarium*, cit., s.v. *forum: nundinae, feriae*). Per quel che riguarda, in particolare, l'ambito aostano: *ad tenendum forum sive mercatum et nundinas in dicta civitate solitas*, concessione, anno 1455, in J.-B.-De Tillier, *Le franchigie*, cit., p. 131. Che, tuttavia, il mercato degli animali si tenesse in zona, magari entro i limiti del *Crosus* stesso, è dimostrato da documenti (*unam peciam prati viridarii cum una domum iacentem auguste intra mures (sic) civitatis auguste in dicto loco Ulma subtus forum bestiarum cuius fines sunt: de prima parte seconda via publica de tertia res dicti prioratus Sancti Benigni de quarta res hospitalis de Nabuisson, acte de reconnaissance, 5 octobre 1359. Inventaire des Archives des Challant*, vol. 83, mazzo 2, n. 1, f. 13 v. *A.H.R.*; *Recognoissance en faveur de l'hospitail de Nabuisson d'une maison proche la Porte de St. Grat au Marché des Bestes, 6 mars 1423, Répertoire Castagnery, Cité d'Aoste*, 1A, *A.H.R.*).

Quanto meno restrittiva è anche l'equivalenza pura e semplice di *forum* e *abattoirs* (L. Colliard, *La vieille Aoste*, I, cit., p. 122).

[20] *illi de Bicheria*, transazione, anno 1354, in J.-B. De Tillier, *Le franchigie*, cit., p. 80; *quod nullum mercatum teneri possit...nisi in ipso loco de Bicheria, lettre patente*, anno 1356, *ibidem*, p. 90; *celluy quartier de Bicheria*, in J.-B. De Tillier, *Historique*, cit., p. 122.

significato del francese *boucherie*, a sua volta analogo, nell'accezione etimologica, all'italiano «beccheria» [21]. Si è fatto discendere, quindi, *Bicaria* o *Bicheria* da un vocabolo tardo latino *biccus*, «becco» e da suoi derivati *bicaria* e *becaria*, ad entrambi i quali è stato attribuito il significato di «macelleria» [22].

Ora, stando al lessico del Du Cange, da una parte sembrano collocarsi, dal punto di vista etimologico, *bechus* (non *biccus*) e il suo derivato *beccharia* [23], dall'altra, invece, *bicheria*, che è termine di significato incerto, comunque piuttosto lontano da quello di «macelleria» [24]. Nei documenti da noi esaminati, inoltre, e in quelli citati dal Colliard, il toponimo compare di preferenza nelle forme *Bicheria*, *Bicharia* o *Bicaria* [25], non in quelle di *becheria* o *becharia* che, almeno graficamente, sarebbero le più vicine a *beccharia*, «macelleria». Sembra rischioso, quindi, proporre, come è stato fatto, una sua origine, indifferentemente, da *bicaria* o da *becaria*.

Tenendo conto, invece, dell'accertata esistenza di misure ufficiali fisse nel mercato di *Croix-de-Ville*, ci sembra possibile l'accostamento del toponimo in questione a vocaboli del latino tardo indicanti misure, secondo una ipotesi già da altri presa in considerazione, in via del tutto subordinata, però, rispetto a quella comunemente accolta [26]. Interessanti appaiono in proposito alcune varianti attestate da documenti. La forma *Biscaria* [27], innazitutto, che rivela chiaramente la sua affinità con il latino tardo *bicarium* o *bicareum* [28]. Tale forma, evidenzia, a nostro parere, nella prima parte del termine, il significato di «doppio» [29]. Sono attestate, inoltre, in documenti più recenti, le forme *Bichiery* e *Bichery* [30], accostabili al termine del francese antico *bichier*, misura per liquidi [31], che vanno ricondotte, a loro volta, agli stessi termini latini *bicarium*, *bicareum* [32]. In margine, si ricordano anche le misure per aridi *bichetus*, *bicatus* e *bicheta* [33].

[21] *Dictionnaire alphabétique et analogique*, cit., s.v.: *bouc: (fin XIIe s., d'un rad. bucco...). Genre de ruminants...dont la femelle est la chèvre.*

[22] M. ANSALDO, *Nuove luci sulla topografia e toponomastica di Aosta medievale*, dattiloscritto, Aosta, 23 marzo 1970, p. 8; L. COLLIARD, *La vieille Aoste*, I, cit., pp. 29-32.

[23] C. DU CANGE, *Glossarium*, cit., s.v. *bechus: hircus. Gall. Bouc. Ital. Becco* e *beccharia: macellum, laniena. Ital. Beccaria; nostris Boucherie.*

[24] C. DU CANGE, *Glossarium*, cit., s.v. *bicheria*. L'autore propende per una analogia di significato con *camba: officina ubi cerevisia conficitur.*

L. COLLIARD, *La vieille Aoste*, II, cit., p. 150 trae da un documento l'equivalenza *macellum seu bicheriam* e si attiene al significato del primo sostantivo prevalente in epoca tarda per sostenere che con il secondo si indichi la macelleria. Come si vedrà in seguito, però, da una parte e indipendentemente, è possibile ipotizzare per il termine *bicheria* una derivazione da vocaboli del latino tardo che poco hanno a che fare con le macellerie, dall'altra, il termine *macellus* sembra conservare ancora nel latino medievale significati riconducibili, in generale, all'ambiente del mercato (banco di esposizione e vendita di carni, imposta dovuta da colui che vende merci in un mercato, oppure, addirittura, il giorno stesso in cui si tiene il mercato; cfr. DU CANGE, *Glossarium*, cit. rispettivamente, s.v. *macellus* 2, 3 e 1), significati che, del resto, erano esclusivi nel latino classico *macellum*.

In margine, non si comprende come eventuali macellerie, situate secondo il documento a cui accenna il Colliard *extra ipsam civitatem, videlicet in platea sita prope turrim de Porta*, quindi fuori della *Porta Principalis Sinistra* e a nord del terziere di *Malconseil*, potessero dare, invece, il nome a quello di *Bicheria*, il cui limite nord sembra essere stato costituito dal tracciato dell'attuale via De Sales, che era anche confine meridionale di *Malconseil* (cfr. lo stesso L. COLLIARD, *La vieille Aoste*, I, cit., tav. fra le pp. 72-73).

[25] V. nota 20 e anche L. COLLIARD, *La vieille Aoste*, I, cit., p. 30.

[26] M. ANSALDO, *Nuove luci* cit., pp. 7-9.

[27] *Petrus filius quondam Rodulfi lo bal dedit ad feudum Ermenburge dne hospitalis de Biscaria dicti de Columpnis rem jacentem in avisio*, donazione, anno 1237, in A. MARGUERETTAZ, *art. cit.*, pp. 38-39.

[28] C. DU CANGE, *Glossarium*, cit., s.v. *bicarium: vas, calix, cyathus vel mensura potoria.*

[29] Cfr. C. DU CANGE, *Glossarium*, cit., s.v. *careum: vecturae onus quod vassalli Domino debebant.*

[30] V., per esempio: *Recognoissance entre des particuliers d'une maison et jardin entre la charrière du Folliex et de Trottachin...à la confrerie de Bichiery, 3 octobre 1389*; *Recognoissance en faveur de la mense de la maison depeincte ditte Bichery, 25 janvier 1419, Répertoire Castagnery, Cité d'Aoste*, 1A, *A.H.R.*

[31] F. GODEFROY, *Lexique de l'ancien français*, Paris-Leipzig 1901, s.v. *bichier*.

[32] C. DU CANGE, *Glossarium*, cit., s.v. *bicarium*. Cfr. anche le forme *picarium* e *picherium* che sopravvivono tuttora nel vocabolo *pichier* del *patois* franco-provenzale di Aosta, con il significato di bicchiere contenente una misura fissa di liquido.

[33] C. DU CANGE, *Glossarium*, cit., s.v. *bicatus*, *bichetus* (*mensura granorum apud Burgundos*) e *bicheta*; F. GODEFROY, *Lexique*, cit., s.v. *bichel/bichet* e *bicheta: mesure de grain.*

Per concludere, ci sembra meglio sostenibile l'ipotesi che il toponimo *Bicheria* alluda al «quartiere delle misure» [34], piuttosto che a uno delle macellerie, che sicuramente esistevano, ma la cui localizzazione resta tuttora piuttosto incerta.

Riguardo alla sopravvivenza della depressione nota come *Crosus*, il *Plan* del De Tillier non fornisce indicazioni, se non quella, generica, dell'esistenza, a ovest della via denominata *Croux-des-Bêtes*, di una vasta area libera da costruzioni e, sulla base della *legenda* in margine al *Plan* stesso, coltivata [35]. Si ha conferma della presenza in essa di un dislivello attraverso una pianta urbana del 1827 (fig. 13), nella quale, sul margine ovest dell'attuale via Gramsci (*rue Croux-des-Bêtes*), è disegnata una scala che collega la strada stessa all'area in questione, le cui dimensioni sono ancora confrontabili con quelle che si deducono dalla pianta del De Tillier [36]. Testimonianze orali, infine, da una parte, confermano la presenza fino a quattro decenni addietro, circa, della scala per la quale da via Gramsci si accedeva a una zona coltivata a orti e giardini, il cui livello era di circa due metri più basso rispetto a quello della via in corrispondenza della scala stessa; dall'altra, aggiungono al tentativo di ricostruzione elementi che permettono di definire meglio i contorni della depressione. Su via Festaz il dislivello era meno marcato: ai giardini, infatti, si accedeva dalla strada attraverso un lieve pendio superabile da carri; sul margine ovest erano allineate casette, oggi demolite, poste alla stessa quota del passaggio che tuttora fiancheggia la via Challant (tratto meridionale del *cardo*) a un livello inferiore a quello del piano viario moderno; a nord, infine, l'Hôtel Suisse, non più esistente, presentava sul suo lato meridionale un'altezza superiore a quella del corrispondente settentrionale, dal che si deduce la sua collocazione sul bordo della fossa [37]. Quest'ultimo dato concorda con quello ricavato dallo scavo nella *ruelle des Pompes* nel definire il contorno dell'avvallamento, che sarebbe stato delimitato, quindi, a est dal tratto orientale dell'attuale passaggio *Folliex* fino al suo incrocio con la *ruelle des Pompes*, e da quest'ultima; a nord dalla via De Tillier; a ovest dalle casette già ricordate; a sud dalla via Festaz. Non è definibile la perimetrazione dell'angolo nord-ovest. Se un recinto c'era in epoca medievale, avrebbe dovuto trovarsi, ragionevolmente, sui lati sud e ovest, dove la situazione di raccordo diretto con i piani viari avrebbe consentito la fuga degli animali.

I dislivelli di terreno evidenziati nel corso dell'indagine sulla cappella di S. Grato si possono, quindi, ricondurre, sia pure in via ipotetica, alla depressione del *Croux-des-Bêtes*, sul cui margine nord-est la cappella sarebbe stata edificata.

Con *lettre patente* del 12 giugno 1455 e con una successiva del 17 giugno 1466, Ludovico e Amedeo di Savoia, rispettivamente, concedevano agli aostani, per il decoro della città, il permesso di costruire un mercato coperto [38]. In che misura tale concessione che, peraltro, non sappiamo se attuata, può avere influito sulla decadenza del *Crosus Bestiarum*, sulla perdita della sua funzione originaria e, quindi, sulla decisione di costruire una cappella sul margine di questo oggi confinante con la via De Tillier?

Periodo III

Fase I

Il muro perimetrale sud dell'edificio è inserito in un cavo di fondazione (US negativa «t») che, per quel che è stato possibile vedere all'interno, dato che lo scavo non ha interessato l'intera superficie del vano interrato (peraltro ulteriormente intaccata, anche contro lo stesso muro sud, da

[34] Sui pesi e misure ufficiali del terziere di *Bicheria*, v. anche M. Ansaldo, *Peste, fame, guerra*, cit., pp. 139-140.

[35] Sulla denominazione di *jardins du Pays*, attribuita all'area già a partire dal sec. XVII, cfr. M. Ansaldo, *Peste, fame, guerra*, cit., pp. 147-148.

[36] *Duché d'Aoste. Plan topographique de la ville d'Aoste avec les modifications proposées*, 1827, Saint-Rhémy-en-Bosses, archivio privato (per gentile concessione di U. Bougeat e R. Mollo Mezzena, che qui si ringraziano).

[37] Testimonianza del sig. Placide Milloz. In proposito, v. anche, più genericamente, M. Ansaldo, *loc. cit.*; e L. Colliard, *La vieille Aoste*, I, cit., p. 122.

[38] J.-B. De Tillier, *Le franchigie*, cit., pp. 131-134; 140-141.

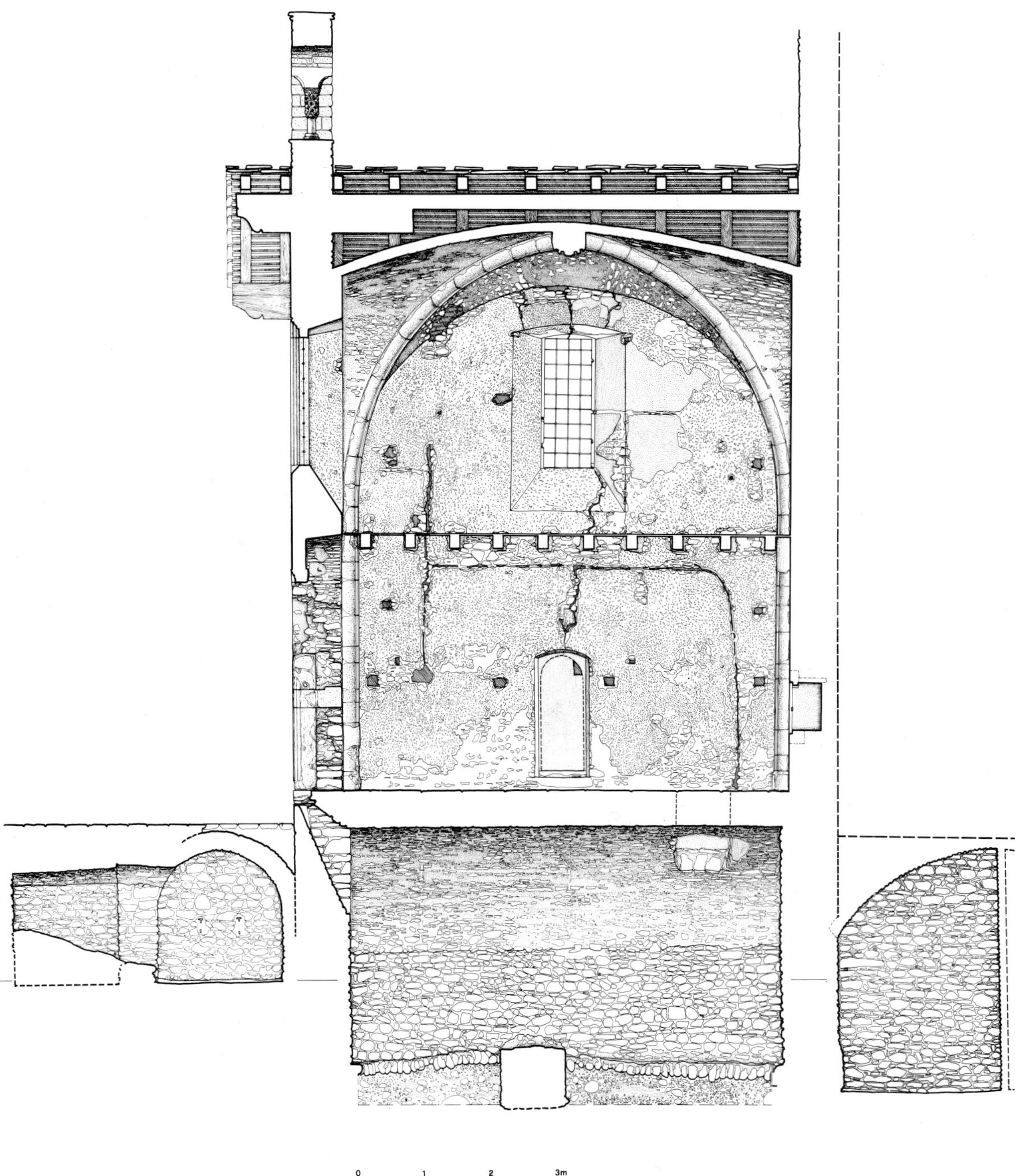

Fig. 14. Sezione nord-sud e prospetto interno ovest della cappella, nel corso dell'indagine (rilievo di F. Corni).

fosse moderne), sembra ritrovarsi lungo tutto il muro, da est a ovest. Sul fondo del cavo, che si apre nel terreno integrale, è stata individuata una unità stratigrafica (US65), sicuramente precedente la cappella. L'US62 (sottile piano d'uso con presenza di tracce di legno), a sua volta, può essere derivata da lavori connessi con la costruzione dell'edificio, mentre le US59, 58, 57, 55, 39, 38 (residui di leganti e terreni caratterizzati dalla presenza di ossa di animali, laterizi, lenti limose) sono sicuramente posteriori alla struttura muraria, in quanto ne coprono la risega, addossandosi all'elevato (che, lo ricordiamo, all'interno ha inizio da una quota inferiore a quella esterna).

Dato che il livello del terreno integrale è più alto di quello raggiunto da US65, se ne deduce che, al momento della costruzione, esisteva una buca circoscritta nel terreno basale, forse derivata da asportazione di strutture antiche; l'andamento est-ovest giustificherebbe l'ipotesi di una sua eventuale connessione con il *decumanus* (basolato o cordolo della crepidine nord). Non sembran-

Fig. 15. Sezione est-ovest e prospetto interno sud della cappella, nel corso dell'indagine (rilievo di F. Corni).

do sostenibile l'eventualità di una originaria colmatura parziale della buca, l'alternativa vede lo svuotamento di questa fino al livello di US65 solo al momento della fondazione della cappella. La coincidenza dell'inserimento del muro perimetrale sud dell'edificio nel riempimento di una fossa derivata da attività precedenti, non meglio precisabili, si potrebbe spiegare con la possibile sopravvivenza ancora fino al secolo XV, sotto forma, forse, di parcellizzazioni, del limite nord della sede viaria del *decumanus*, seppure obliterata.

Il primo strato che segue immediatamente la fondazione dell'edificio è costituito da US62 (tracce di legno all'interno della buca in cui si inserisce il muro sud della cappella). Non si ha certezza della presenza di resti analoghi nella restante area a sud della struttura muraria romana. La sua assimilazione a US56 a nord del muro romano sarebbe arbitraria, in quanto non c'è rapporto diretto fra i due strati, e US56 (sottile strato di resti di legno decomposto, molto compatto, difficilmente riconoscibile e isolabile in fase di scavo in orizzontale) occupa nella sequenza stratigrafica un posto che sta, genericamente, fra US65bis e US32bis (sabbia di posa dell'acciottolato). Dato

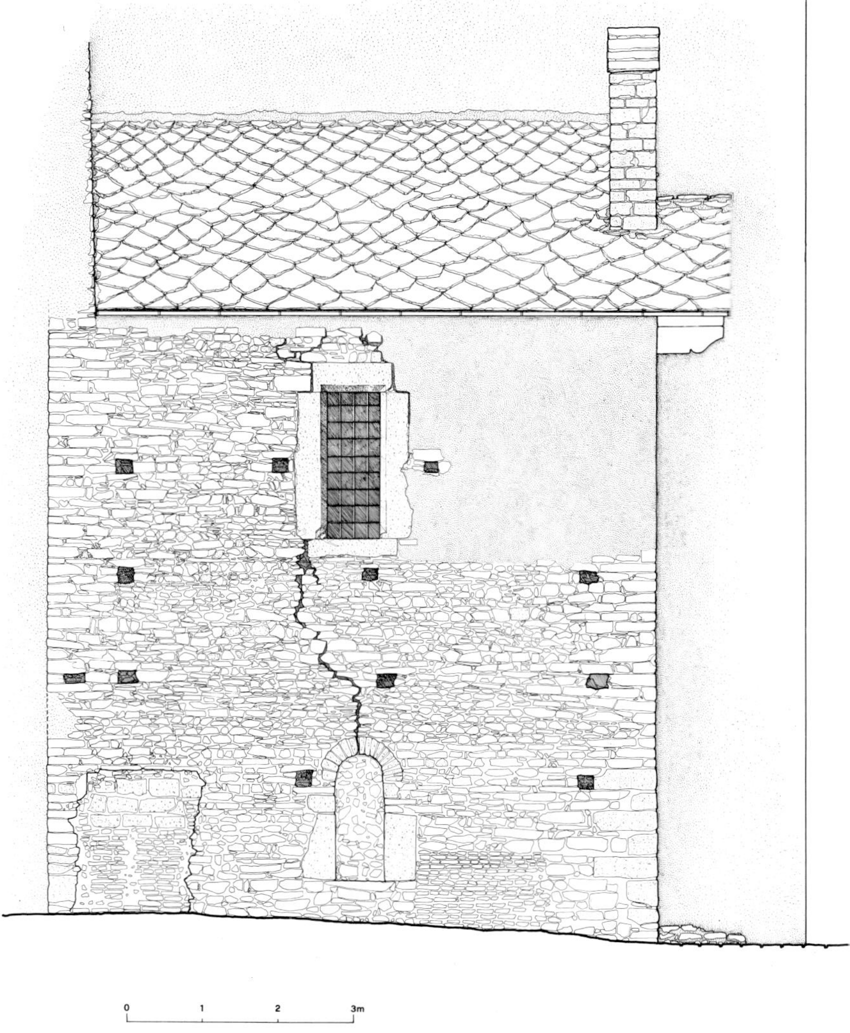

Fig. 16. Prospetto est della cappella, nel corso dell'indagine (rilievo di C. Fazari e S. Pinaccli).

che nei tasselli indagati l'acciottolato su sabbia – che pure copriva al momento gli strati sottostanti – sembra avere subito consistenti interventi integrativi, US56, solo sulla base dei dati oggettivi, non è collocabile con precisione in nessuna delle fasi evidenziate; essa oscilla tra il momento immediatamente seguente la fondazione della cappella, che vede la posa del pavimento in ciottoli su letto di sabbia, e i successivi interventi integrativi di questo. Le sue caratteristiche fisiche (soprattutto l'omogeneità di composizione e lo spessore costante, compreso fra i 3 e i 4 mm.), inducono a ritenere meno probabile l'ipotesi che essa sia il risultato di un'azione di asportazione e la fanno considerare, piuttosto, labile e temporanea superficie d'uso della sottostante US65bis.

La struttura portante della cappella (US60 e 61) è unitaria e rimane in sostanza inalterata fino ai nostri giorni. I quattro muri perimetrali (US60) risultano legati per tutta la loro altezza (gli incroci sono alterni per singolo filare) e le aperture (US45bis, 46, 46bis, 48, 48bis, 49) vi sono state eseguite contemporaneamente. Nel piano interrato la muratura impiega in prevalenza ciottoli di dimensione variabile (dai 16 ai 25 cm. circa), frammisti a pietre piatte dello stesso ordine di grandezza; il legante è una malta di calce magra. I materiali risultano disposti in corsi approssimativamente orizzontali (figg. 14, 15). Sulla facciata est la rimozione dell'intonaco ha evidenziato la presenza di una serie di fori pontaici (US54) con un interasse verticale comprendente otto filari di muratura. Poiché i fori sono posti tutti sullo stesso livello, si può presumere che, oltre alla funzione di sostegno delle strutture del ponteggio, svolgessero un ruolo di controllo dell'orizzontalità dei corsi. Si può notare, infatti, che una certa, progressiva inclinazione di questi appare recuperata nel filare comprendente i fori pontaici (figg. 16, 17).

Fig. 17. Prospetto nord della cappella e sezione del piano interrato, nel corso dell'indagine (rilievo di F. Corni).

Gli spigoli dell'edificio sono realizzati con blocchi di pietra squadrata. La muratura dello spigolo nord-est della facciata principale, l'unico visibile, è caratterizzata dal prevalente impiego di travertino nella fascia bassa, fino a un'altezza di circa mt. 2,40, e dalle maggiori dimensioni dei blocchi, rispetto al resto della facciata. Appare curata la realizzazione degli elementi costitutivi delle aperture (stipiti, montanti, architravi, archi, archivolti); si impiegano pietra squadrata al piano inferiore e a est in quello superiore, travertino lavorato secondo canoni stilistici tardo-gotici nella facciata principale nord.

L'apparecchiatura muraria nel suo insieme è difficilmente riconducibile a una tipologia precisa. Non esiste, peraltro, al momento, una campionatura sufficientemente ampia dei tipi murari in territorio valdostano alla quale fare riferimento.

Il pavimento del piano terra (US40) è sostenuto da una volta in pietra e malta (US53) costruita su un tavolato centinato di cui si osserva l'impronta nella malta dell'intradosso. L'indagine effettuata al di sotto di questo pavimento, all'interno del riempimento della volta (US52), ha dimostrato che questa è legata ai muri perimetrali.

L'osservazione della muratura del sottotetto, non intonacata, ha permesso di stabilire che non c'è soluzione di continuità fra la muratura della facciata a nord e quella del campanile a vela (US 43) sulla sua sommità. Nella parete sud, all'altezza del piano di calpestio del sottotetto attuale, si nota una finestrella (US45bis) tamponata, obliterata dalla volta che copre il piano terra.

Dell'ambiente interrato è visibile oggi, nelle cantine adiacenti la cappella, la muratura dell'angolo esterno nord-ovest e dei lati ovest e sud. Il lato nord-ovest, e in parte quello ovest, sono stati realizzati, come si è detto, incidendo, per metà della lunghezza dell'edificio, un terreno che oggi appare asportato. È chiaramente visibile la risega, sopraelevata di circa mt. 1,20 ÷ 1,40 rispetto all'attuale piano di calpestio sotterraneo. La parte controterra termina in corrispondenza dell'asse del tratto di fondazione muraria visibile all'interno dell'edificio per tutta la sua larghezza. Sul lato ovest, oltrepassato quest'asse, la muratura prosegue fuori terra e vi è ricavato l'accesso all'ambiente.

L'edificio, quindi, viene ad assumere funzione di sostegno del terreno a est, la cui quota corrisponde a quella del piano stradale a nord. A ovest è ipotizzabile la presenza di un muro che, posto in corrispondenza dell'asse ideale della fondazione di epoca romana, doveva svolgere analoga funzione di sostegno, dato che a sud esisteva certamente un piano più basso di frequentazione, la cui quota corrisponde a quella della soglia della porta ricavata nella muratura perimetrale ovest dell'edificio e a quella della risega del muro meridionale dello stesso (figg. 18, 19).

Gli stipiti e l'arco a tutto sesto dell'apertura sul lato ovest (US49), in blocchi di pietra lavorata, poggiano su una soglia anch'essa in pietra; all'interno i blocchi degli stipiti formano uno sguancio e sorreggono un archivolto a sesto ribassato. Sono visibili i cardini in ferro della porta. Nello stesso tratto di parete è presente una finestrella (US49bis) formata da quattro blocchi di pietra squadrati, chiusa da una grata in ferro di cui restano tracce. L'angolo esterno sud-ovest, in pietra lavorata, si imposta su un grosso blocco di travertino, la cui quota superiore corrisponde a quella della risega di fondazione del muro sud; il terreno che la conteneva è stato successivamente asportato.

All'interno dell'ambiente interrato è visibile a nord un'apertura a bocca di lupo (US49ter) realizzata insieme con la muratura e la volta a botte; sull'intradosso di quest'ultima sono visibili le impronte dei tavoloni della centina che la sorreggeva. Sulla parete sud sono presenti due fori pontaici, che mancano sulle altre pareti dello stesso ambiente.

Il pavimento in ciottoli su sabbia (US32 e 32bis), di cui sono stati evidenziati lembi sia a nord che a sud del muro romano, sembra essere stato messo in opera, alla quota di rasatura di questo, al termine della costruzione dell'edificio. Non è stato possibile stabilire quanti rimaneggiamenti esso abbia subito nel tempo.

In questa prima fase la cappella è accessibile da nord attraverso un portale (US48) di cui l'indagine stratigrafica ha evidenziato le spalle, avanzi della modanatura esterna dell'arco e parte delle reni di questo, appoggiate su una soglia in bardiglio di cui rimangono elementi solo in corrispondenza della base delle spalle stesse. Il rilievo delle parti residue ha permesso di ricostruire sia il raggio di curvatura interna dell'arco (mt. 1,40), sia quello esterno (mt. 2); l'arco si configura, pertanto, come leggermente ribassato.

Mancando tutti gli elementi del coronamento, per la ipotetica ricostruzione ci si è basati sul confronto con portali valdostani che presentano analogie stilistiche. I confronti più stringenti in ambito aostano si stabiliscono con il portale della chiesetta di Saint-Martin-de-Corléans, con quello laterale della chiesa di S. Lorenzo, con il portale che collega il chiostro alla navata settentriona-

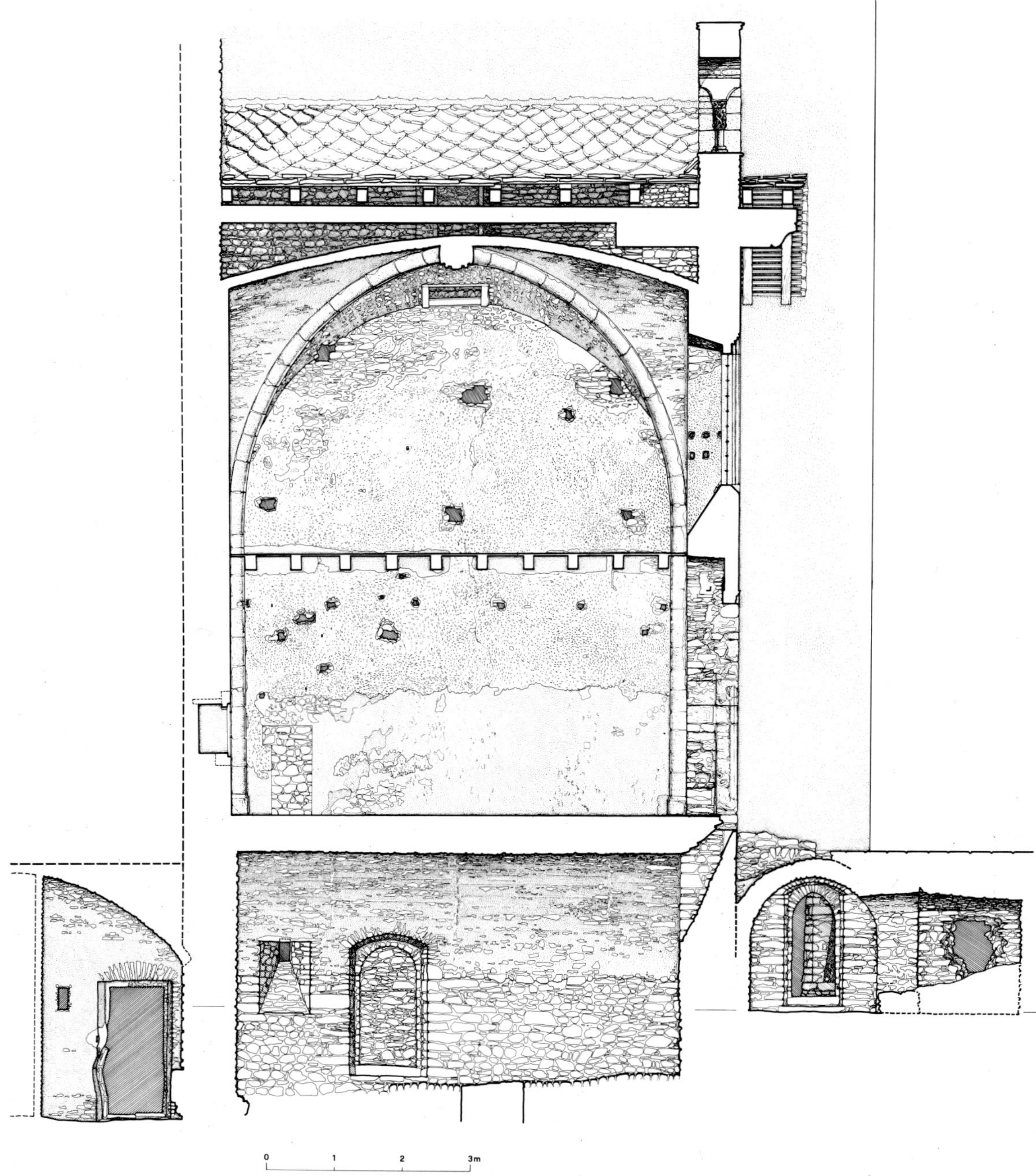

Fig. 18. Sezione nord-sud e prospetto interno est della cappella, nel corso dell'indagine (rilievo di F. Corni).

le della Cattedrale, posto nel corridoio est [39] e, fuori Aosta, con quello della cappella di Saint-Gilles a Verrès [40].

Il nostro intervento si è, comunque, limitato alla ricostruzione della curva dell'intradosso dell'arco, quella che presentava minori margini di incertezza in merito alla forma e le cui modanature erano ricostruibili sulla base degli elementi esistenti. Non è stata riproposta la ghiera esterna del portale, presumibilmente scalpellata per l'esecuzione di un affresco (US28).

[39] E. Brunod, *Catalogo degli enti e degli edifici di culto e delle opere di arte sacra nella Diocesi e Comune di Aosta*, cit., pp. 260-261 e p. 408; Id., *La Cattedrale di Aosta*, cit., p. 88.

[40] E. Brunod, *Catalogo degli enti e degli edifici di culto*, cit., *Bassa Valle e Valli laterali*, II, Aosta 1987, p. 19.

Fig. 19. Sezione est-ovest e prospetto interno nord della cappella, nel corso dell'indagine (rilievo di F. Corni).

Il portale è chiuso da una grata in ferro, di cui l'indagine ha rivelato tracce del sistema di ancoraggio laterale [41].

È ipotizzabile l'esistenza di una scala che superasse il dislivello fra la strada e la soglia in bardiglio.

È presente in facciata una finestra a carena rovesciata (US46), la cui lavorazione è identica a quella del portale. La facciata stessa culmina in un campanile a vela (US43) nel quale si apre una bifora, al cui centro sono posti un capitello, una stampella e una colonnina in stile romanico, evidentemente, di reimpiego.

[41] La presenza di un *grillage en fer* si ricava da un atto di visita pastorale del 1624 a cui accenna P.-E. DUC, *op. cit.*, VII, p. 8.

Fig. 20. Assonometria ricostruttiva. Periodo III, Fase I (disegno di F. Corni).

Un intonaco di colore bianco (US41) copre la facciata; il portale e la finestra sono dipinti di colore grigio scuro a calce, posato su una preparazione (intonachino) di calce e gesso. Nel corso della prima fase, per eseguire un affresco in facciata (US28), viene martellinata una superficie di intonaco di circa mt. 2,60 × mt. 2, tra il portale e la finestra (fig. 20). Gli elementi in nostro possesso non consentono di stabilire se l'affresco abbia rispettato o meno la ghiera esterna del portale. Ultimato l'affresco, la restante superficie è dipinta in grigio-bruno. È ragionevole supporre che sia stato rinnovato in questa fase il colore grigio scuro che ricopriva le modanature della finestra e del portale, anche se, sulle poche tracce di intonaco , non è possibile distinguere eventuali, diversi strati di colore.

Nell'affresco un'unica cornice inquadra una Madonna con Bambino al centro, a destra Santa Caterina d'Alessandria e San Nicola di Bari, a sinistra Santa Barbara e Santa Margherita. Un'iscrizione in caratteri gotici permette, oltre che di datare l'opera al 26 aprile 1512, di definirla

Fig. 21. Particolare del sistema di copertura. Dormiente annegato nella muratura perimetrale (foto A. De Tommaso).

ex-voto di un appartenente alla famiglia Malcastia (Macastial) [42]. In un momento successivo – non sappiamo se ancora in questa fase o nelle due seguenti – viene aggiunto, sulla destra, un pannello a tempera raffigurante San Grato [43].

Sulla parete est, al centro della facciata, sono presenti due aperture poste in asse: la prima (US48bis), alla stessa quota del portale, formata da due spalle in pietra calcarea e da un arco a tutto sesto in conci di pietra, la seconda, una finestra (US46bis), delle stesse dimensioni di quella sulla facciata principale, costituita da quattro blocchi di pietra calcarea lavorati.

Anche su questa parete è ipotizzabile la presenza di qualche gradino per superare il dislivello fra la soglia della porticina e il piano stradale.

La localizzazione dei lembi superstiti di intonaco in corrispondenza dell'angolo nord-est non ha consentito di capire se la facciata fosse o meno intonacata totalmente in questa fase. È lecito presumere, comunque, che almeno l'angolo nord-est lo fosse.

[42] Un Jacques Macastial, *citoyen d'Aoste*, appare come acquirente in un contratto del 31 marzo 1477 (J.-B. DE TILLIER, *Nobiliaire*, cit., p. 308). Un *egrege Filibert Macastial, citoyen d'Aoste* sposò nella prima metà del sec. XVII Cathérine Carrel (J.-B. DE TILLIER, *Nobiliaire*, cit., p. 66).

È molto probabile che il dedicante dell'affresco abitasse una casa confinante con la cappella. In una delibera comunale del 1810 (*Immeubles et place*, cit.), infatti, viene ricordato, a proposito di controversie sulla proprietà dello spazio antistante la cappella, un Mascatial che nel 1599 teneva *en fief du Prince une maison avec la table antérieure que l'on appelle maintenant bancage confinès entr'autres par la dite chapelle à la grande rue*.

[43] Il santo, raffigurato nell'atto di arrestare una tempesta di grandine, è rivolto a est e volge le spalle alla Madonna.

Fig. 22. Sottotetto. Tracce del doppio spiovente e delle successive sopraelevazioni (foto A. De Tommaso).

La parete sud, intonacata, è oggi obliterata da una casa che vi si appoggia. L'osservazione condotta nel sottotetto della cappella ha permesso di evidenziare al suo interno una finestrella (US45bis) di dimensioni inferiori alle altre, ricavata nella muratura, che non presenta elementi formali particolari. Sulla stessa parete, all'interno del piano terreno, è presente nell'angolo sud-ovest una nicchia (US47), sul cui bordo si vedono resti del sistema di chiusura, che risponde probabilmente ad esigenze di culto [44].

Nella parete ovest, anch'essa obliterata oggi da una costruzione, non vi sono aperture.

In questa prima fase l'edificio si presenta libero sui quattro lati [45] ed è coperto da un tetto a doppio spiovente, in legno, con un manto di lastre di pietra. Tracce evidenti della falda ovest sono visibili nella muratura della parete sud nel sottotetto attuale. Durante i lavori di rifacimento è stato ritrovato il dormiente annegato nella muratura della parete est; dato che su questo non sono state rilevate tracce di appoggi di capriate, nè delle travi di un eventuale solaio piano, se ne è dedotto che il tetto originario doveva essere formato da una trave di colmo di notevoli dimensioni – data la luce da coprire – da due dormienti sulle pareti est e ovest e dai puntoni di sostegno del tavolato e del manto di copertura (figg. 21, 22).

Dal momento che le indagini stratigrafiche e l'osservazione delle travi non hanno fornito indizi di una eventuale sostituzione della struttura portante principale (colmo e dormienti), si può ipotizzare che risalga all'origine la notevole sporgenza del tetto rispetto al filo della facciata dell'edificio. Una delibera comunale del 13 febbraio 1847 riguarda la richiesta della Commissione d'Ornato [46] di ridurre a non più di 70 cm. tale sporgenza sulla via principale; la riduzione fu effettivamente eseguita, come provavano i segni del taglio visibili sul colmo e sul dormiente annegato nel muro est.

[44] È possibile che contenesse il reliquiario posto *du coté de l'épître*, a cui accenna P.-E. Duc, *op. cit.*, VII, p. 8.

[45] Anche la chiesa ricordata nei documenti medievali era, secondo P.-E. Duc, *op. cit.*, VII, p. 7, libera sui quattro lati.

[46] Sulla Commissione d'Ornato, cfr. *Aosta. Progetto per una storia della città*, cit., cap. V, introduzione di M. Cuaz, p. 322 e sgg.

L'ipotesi che il sistema strutturale del tetto fosse visibile dall'interno dell'edificio e che, quindi, la costruzione della volta (US45) sia da collocare in un momento successivo a quello d'impianto si fonda unicamente sulla presenza nella parete sud della finestrella già ricordata, parzialmente obliterata dalla volta in questione. I dati forniti dalle indagini stratigrafiche effettuate all'interno della cappella in corrispondenza degli angoli nord-est e nord-ovest sembrano far propendere, però, anche se con qualche margine di incertezza, per la contemporaneità di volta e murature.

Il volume interno è, quindi, determinato da una volta sostenuta da quattro costolature in pietra calcarea (US50) con lavorazione ventrale, congiungentisi in una chiave su cui è scolpito lo stemma del Capitolo della Cattedrale. Una volta a botte (US53) separa l'ambiente al piano terra da quello attualmente interrato e regge il pavimento (US40) di mattonelle esagonali in pietra di colore grigio scuro e triangolari in pietra bianca (forse marmo) (fig. 23). Di questo pavimento rimane un lembo all'ingresso, insieme a negativi nella malta di posa originaria e ad alcune piastrelle (US51) ai quattro angoli, sotto le costolature. L'anomalia costruttiva suggerita dall'appoggio dei costoloni sul pavimento, da cui si potrebbe dedurre che la posa di questo abbia preceduto la costruzione della volta, può essere superata attribuendo alle lastre di pietra angolari solo la funzione di piano d'imposta, sia delle costolature, sia del pavimento, che sarebbe stato posato dopo la realizzazione della volta, utilizzando le quattro pietre d'angolo come piano di riferimento.

Le pareti interne sono rifinite da un intonaco (US41) di colore beige sul quale sono state rilevate deboli tracce di decori che non è stato possibile definire; l'intonaco si appoggia alle quattro costolature dipinte in beige chiaro.

Fase II

Viene evidenziata non tanto per trasformazioni del monumento, che non sembra subire mutamenti sostanziali, quanto, piuttosto, ai fini della comprensione del rapporto che intercorre fra la cappella e l'immediato contesto urbano.

In questa fase l'angolo nord-ovest della costruzione è mascherato per un'altezza di circa 7 mt. dal muro di un probabile edificio che gli si appoggia. Viene così obliterata la corrispondente fascia di intonaco originario, che qui non risulta ancora martellinato, come sarà invece nella fase successiva su tutta la facciata.

Non possediamo elementi certi per stabilire se l'addossamento si sia verificato prima dell'esecuzione dell'affresco e della tinteggiatura della facciata che gli si accompagna (fig. 24).

Periodo IV

Fase I

In questa fase la facciata nord è intonacata con uno strato di malta (US18 esterno) livellato sull'affresco e preceduto dalla martellinatura dell'intonaco originario. Le modanature del portale e della finestra sono modificate con il riempire di intonaco le scozie. La parete viene colorata di grigio chiaro, le modanature di grigio scuro; l'affresco rimane visibile.

Solo stabilendo una corrispondenza con quanto avviene all'esterno si possono collocare in questa fase la reintonacatura completa (US18) dell'interno della cappella e la realizzazione di un affresco (US24) sulla parete sud. Le costolature sono rese cilindriche per mezzo dell'intonaco che si livella alla nervatura ventrale. Le pareti sono colorate di beige e le costolature di grigio scuro, come le modanature esterne.

Sulla base dei dati stratigrafici queste operazioni potrebbero venire collocate anche nella fase successiva, dove, però, mancherebbe il parallelo con altre che avvengono all'esterno.

Un pavimento in lastre poligonali di pietra (US23) (figg. 25, 26, 27) sostituisce, alla stessa quota, quello originario in mattonelle esagonali e triangolari, di cui viene risparmiata una fascia in corrispondenza del portale d'ingresso.

Fig. 23. Assonometria ricostruttiva. Spaccato. Periodo III, Fase I (disegno di F. Corni).

Per quanto riguarda l'affresco interno, un sicuro *terminus ante quem* è il 1624, anno di stesura di un atto di visita pastorale contenente una descrizione che gli si adatta pienamente: *sur le mur était peinte Notre-Dame de Pitié, à droite Saint Grat et Sainte Agathe, à gauche Sainte Marguerite et Sainte Lucie* [47].

Nel timpano della cornice architettonica che inquadra la scena centrale è dipinto uno stemma nobiliare bipartito, di *alliance*, di cui è identificabile con certezza la metà sinistra, appartenente alla famiglia Fabri di Cly. Se nella metà destra, molto rovinata, si dovesse vedere, come sembra, la figura di un vitello, emblema della famiglia Bosel, lo stemma apparterrebbe a Jean Fabri di Cly, che aveva sposato, appunto, Lucie Bosel [48] (fig. 28). Dato che Jean Fabri di Cly morì nel 1574 o

[47] P.-E. DUC, *op. cit.*, VII, p. 8.

[48] Gli stemmi dei Fabri di Cly (leone rampante con martello in campo costellato di chiavi) e dei Bosel sono ripro-

Fig. 24. Assonometria ricostruttiva. Periodo III, Fase II (disegno di F. Corni).

nel 1576, si può ragionevolmente proporre un arretramento della data di esecuzione dell'opera, rispetto al 1624, valido anche nel caso in cui l'affresco fosse stato eseguito anni dopo la morte del committente.

In quest'epoca si accede ancora al piano interrato dell'edificio attraverso l'apertura a ovest, quindi dall'esterno.

dotti in J.-B. De Tillier, *Nobiliaire*, cit., tavole fuori testo nn. 25 e 174.

Lo stemma di *alliance* di Jean Fabri e Lucie Bosel è disegnato da J.-C. Mochet, *Porfil historial et diagraphique de la très antique cité d'Aouste*, manoscritto (seconda metà sec. XVII), foglio 1061 (*A.H.R.*).

Su Jean Fabri, consigliere di Stato, primo segretario reale e balivo onorario, v. J.-C. Mochet, *Porfil historial*, cit., *publié par les soins des A.H.R.*, Aoste 1968, p. 327; J.-B. De Tillier, *Historique*, cit., p. 466; Id., *Nobiliaire*, cit., pp. 249-251.

Fig. 25. Assonometria ricostruttiva. Spaccato. Periodo IV, Fase I (disegno di F. Corni).

Fase II

Poiché non è stato possibile stabilire con certezza quali fossero le parti integre dell'acciottolato che si ritiene posato al termine dei lavori di costruzione della cappella alla quota di rasatura del muro romano, le US35, 36, 37 (livelli di terreno con lamelle di pietra e resti carboniosi), genericamente sottostanti lembi dell'acciottolato, vengono riferite ad attività di rifacimento e integrazione del pavimento, attività indicate dalla disposizione stessa dei ciottoli in parecchi punti. I materiali contenuti in queste US riconducono a rifacimenti moderni, almeno relativamente alle zone indagate. La moneta contenuta nel riempimento di una fossa (US34) riporterebbe una di queste integrazioni a epoca non anteriore al 1680 [49]. Si può ritenere, quindi, che, in concomitanza con lavori

[49] Vittorio Amedeo II, duca di Savoia. Due denari (1680-1713).

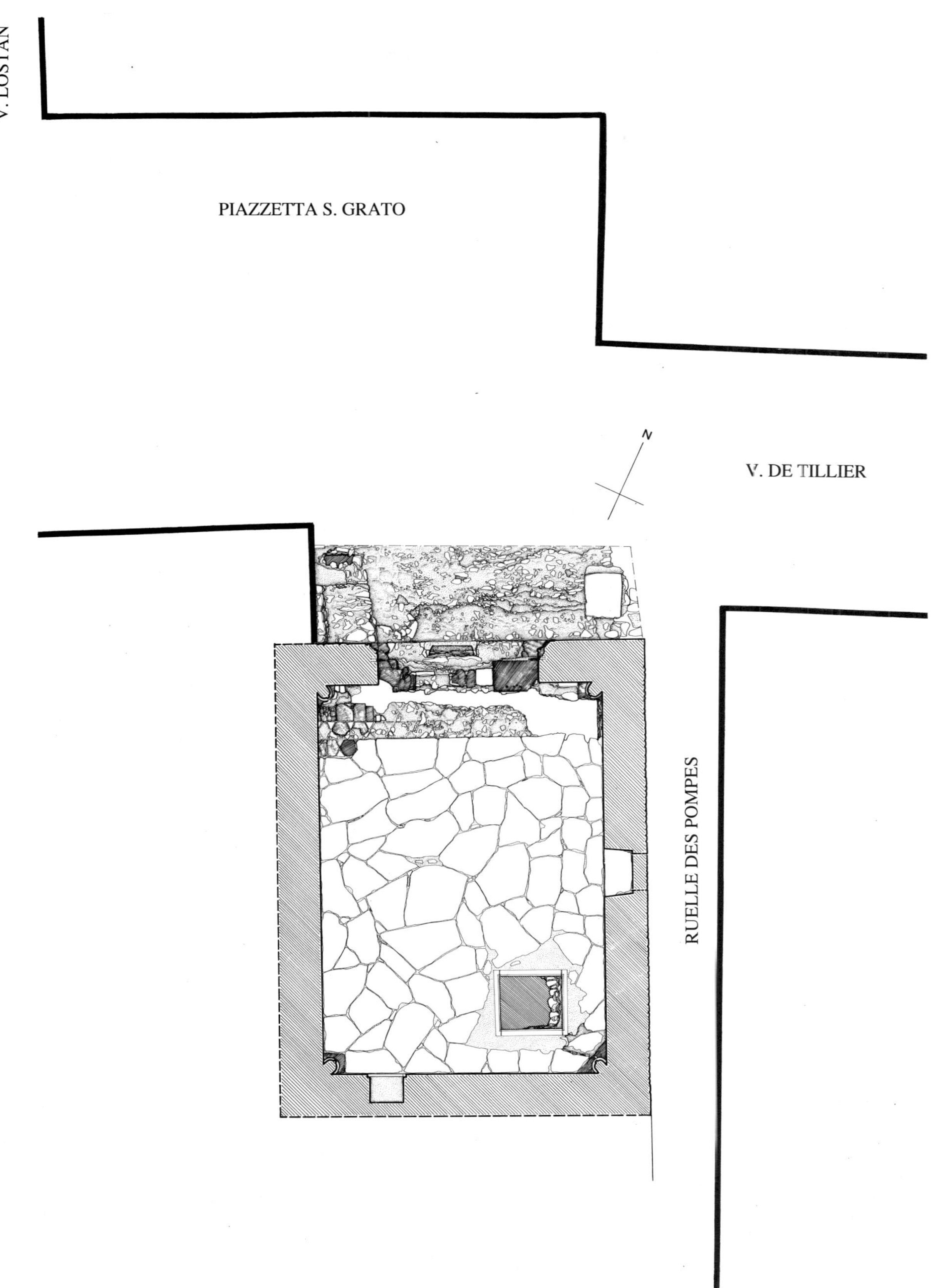

Fig. 26. Piano terra. Planimetria della cappella. Davanti all'ingresso, estradosso della volta di una delle cantine (rilievo di F. Corni).

Fig. 27. Assonometria ricostruttiva. Spaccato. Periodo IY, Fase I (disegno di F. Corni).

Fig. 28. J.-C. MOCHET, *Porfil historial et diagraphique* (manoscritto, seconda metà del sec. XVII). Stemma di *alliance* Fabri di Cly – Bosel. Aosta, *Archives Historiques Régionales* (foto F. Rollando).

che, pensiamo, si eseguissero nella case a sud e a ovest della cappella, sia stata effettuata anche la manutenzione straordinaria dell'ambiente interrato che, in quest'epoca, sembra ormai costituire, più che un annesso della cappella già in declino, un ambiente legato piuttosto alle case circostanti a sud e a ovest, come è dimostrato dal contenuto di successive delibere comunali, aventi a oggetto proprio l'appartenenza dell'ambiente interrato.

Questa fase, che riguarda quasi esclusivamente l'immediato contesto, viene inserita di seguito alla Fase I; in effetti, dato che oscilla cronologicamente entro due termini molto ampi, potrebbe essere contemporanea anche della Fase I, Periodo IV, della cappella.

Obliterando anche il secondo intonaco in facciata, il muro che si appoggia all'angolo nord-ovest della cappella è sopraelevato oltre la trave di colmo del tetto, che è trasformato in un solo spiovente (US22) (fig. 29). L'avantetto di facciata rimane a due falde. Si crea, così, un sottotetto accessibile dalle case a ovest e a sud.

Il Catasto Sardo del 1768 descrive a ovest della cappella un edificio di tre piani fuori terra, più una soffitta (casa Gerbore) [50]. La trasformazione del tetto dipende, evidentemente, dalla sopraelevazione della casa a ovest, con l'innalzamento del muro che nella Fase II del Periodo III obliterava l'intonaco originario. In un primo momento l'altezza della casa così sopraelevata raggiunge la quota del nuovo tetto della cappella; in seguito, tra il 1768 e il 1850 (Fase III), l'edificio viene ulteriormente sopraelevato. Nel Catasto Sardo è descritta anche, adiacente al lato sud della cappella, una casa a due piani fuori terra e un *galetas*; se ci si basa sull'altezza media dei piani degli edifici circostanti, quella della casa di cui si tratta nel Catasto Sardo non può superare, ragionevolmente, l'altezza della cappella e coinciderebbe con quella del muro che, nella Fase II del Periodo III, si appoggiava all'angolo nord-ovest dell'edificio. La casa a sud potrebbe aver fatto parte di un'unica costruzione, addossata ai lati ovest e sud della cappella e la cui realizzazione si collocherebbe tra la Fase II del Periodo III e le prime due fasi del Periodo IV.

La facciata nord della cappella viene ora ridipinta di grigio chiaro, viene disegnata una catena d'angolo a nord-est [51] e le cornici delle aperture sono colorate di giallo.

Da una delibera comunale del 12 maggio 1810 si ricava la presenza in facciata di un *portique ou vestibule... couvert par un avant toit qui déborde meme d'un pied l'allignement des maisons situées au couchant d'icelui* [52] (fig. 29). Tale struttura, che compare anche nella pianta del De Tillier del 1730, sembra essere costituita da due pilastri e da una parasta ad ovest, i quali, presumibilmente, reggevano una tettoia, di cui non si è trovata traccia [53]. La sua presenza non avrebbe comportato necessariamente l'obliterazione dell'affresco; può darsi, anzi, che fosse stata realizzata proprio a protezione di questo. D'altra parte, il 1730 costituisce solo un *terminus ante quem* per datare una struttura che, allo stato attuale della conoscenza dei documenti anteriori al De Tillier, poteva esistere già da qualche secolo. Nella pianta urbana del 1827 [54], che pure riporta altri portici esistenti lungo le vie, non c'è più traccia di una struttura del genere davanti alla cappella. Si può ritenere, quindi, che, almeno nella sistemazione con pilastro centrale, essa non sia stata mantenuta oltre il 1781, data in cui l'edificio diventa deposito delle pompe dei vigili del fuoco. La presenza di un pilastro centrale, infatti, avrebbe ostacolato, se non addirittura impedito, il passaggio delle pompe stesse.

[50] Il *Régistre Cadastral* – cosiddetto Catasto Sardo – sembra essere, per quel che riguarda la Valle d'Aosta, esclusivamente descrittivo.

[51] Non è stata trovata traccia della corrispondente a nord-ovest.

[52] *Immeubles et place*, cit., foglio 45, seduta del 9 maggio 1810. Nello stesso documento, al foglio 48, è riportata, fra l'altro, la definizione del termine *vestibule*: *d'après le grand Dictionnaire de Trevona Verbo vestibule, celui-ci n'est effectivement autre chose que l'entrée d'un batiment, espace, lieu ouvert qui est au devant des Salles et au bas de l'escalier.*

[53] Non è da trascurare, però, l'eventualità che i pilastri reggessero non una tettoia appoggiata alla facciata, ma l'aggetto del tetto stesso dell'edificio sulla strada. Tale ipotesi sembra, tuttavia, meno probabile, a causa della notevole altezza (circa mt. 9) che la colonna centrale avrebbe dovuto raggiungere.

[54] *Duché d'Aoste. Plan topographique de la ville d'Aoste*, cit..

Fig. 29. Assonometria ricostruttiva. Periodo IV, Fase II (disegno di F. Corni).

Sappiamo, comunque, che il tetto, sostenuto o no da colonne, aggettava sulla strada per un'ampiezza notevole, a copertura dello spazio sottostante, definito *place* [55].

All'interno dell'edificio si registrano in questa fase opere di manutenzione ordinaria; per esempio, della finestra a est, che presenta oggi una crepa stuccata e reintonacata.

[55] In molti documenti è ricordata la *place* di S. Grato, di cui difficilmente si potranno stabilire i confini. La proprietà dello spazio antistante la cappella, nel frattempo sconsacrata, è stata a lungo oggetto di dispute fra il Comune e i

La situazione relativa agli accessi sembra rimanere inalterata, sia nell'elevato che nell'interrato attuale.

Fase III

Nelle ultime due Fasi, III e IV, del Periodo IV si colloca la formazione degli ultimi strati legati all'uso dell'ambiente interrato. Si tratta del terreno che riempie lacune dell'acciottolato (US31), del deposito di terreno pressato con residui vari (US29 e 30) che ricopriva il pavimento in ciottoli e costituiva l'ultimo piano d'uso dell'ambiente, e del riempimento di fosse (US30bis e 33).

Su richiesta del Comune, la cappella, chiusa al culto e già trasformata in magazzino di attrezzi, è ceduta dal Capitolo della Cattedrale ai vigili del fuoco perché sia adibita a deposito di due pompe antincendio [56].

Viene modificato l'assetto dell'apertura principale a nord: un portale di forma rettangolare è inserito in facciata, dopo la demolizione della parte alta di quello originario. Il nuovo portale è più stretto ed è chiuso da un serramento in legno; viene realizzato costruendo un arco di scarico (US17) sorretto da due spalle in mattoni e travertino recuperato in parte dalla struttura demolita. L'arco di scarico rompe l'affresco, che presumibilmente non era già più visibile; al di sotto è alloggiato un architrave (US16) in pietra modanata che sorregge una lapide voluta dal Capitolo all'atto della cessione.

Il testo dell'epigrafe commemorativa della sconsacrazione ufficiale della cappella (*ad annum 1781 Cappella Sancti Grati*) è contenuto nella relativa delibera capitolare [57]. La lapide, però, reca la data del 1782, anno di approvazione episcopale della delibera [58] (fig. 30).

Al cambio di destinazione d'uso è presumibile faccia seguito un programma di manutenzione dell'edificio, attraverso la stesura di un intonaco esterno (US13bis) che riprende vaste lacune in facciata e copre riempimenti di fori vari, eseguiti con malta, mattoni e pietre. Uno strato di colore uniforma il tutto.

Si può collocare in questa fase il tamponamento (US26) della porticina sulla facciata est dell'edificio, che, però, oblitera solo l'intonaco originario, per cui, in teoria, la porta potrebbe avere smesso di funzionare a partire dalla Fase II del Periodo III. Poiché, tuttavia, non pare logico collocare tale modifica nel corso dell'uso religioso dell'edificio, sembra più probabile che l'aper-

proprietari della casa contigua a ovest. A seconda degli interessi, il limite settentrionale era posto a nord della *rue St. Grat* (via De Tillier), o a sud di questa (cfr. *Immeubles et place*, cit., fogli 71 e 423).

Sulla piazza di San Grato, sede del mercato delle castagne, cfr. L. COLLIARD, *La vieille Aoste*, I, cit., pp. 110 e 189; ID., *Vecchia Aosta*, cit., pp. 104-105.

In margine al documento del 1810 (v. sopra nel testo), in una nota aggiunta da altra mano, si osserva che *ce qui prouve évidemment que cette place a toujours appartenu à la ville et n'a jamais pu être la proprieté d'aucun particulier c'est qu'elle etait il ny a pas si longtems le lieu ou les condamnés subissoient les peine du carcan, de la berline et de l'estrapade dont l'avantoit porte encore les marques et dont les pouliers et autres à ce destinés sont déposés au bureau de la ville.*

[56] *Immeubles et place*, cit., foglio 43, delibera del 19.7.1780. Cfr. anche P.-E. DUC, *op. cit.*, VII, pp. 15-17.

L'elenco delle attrezzature custodite nel deposito di S. Grato si trova in M. COSTA, *Disposition et règlement divers en matière d'incendies à Aoste du XVIe au XIXe siècle*, in «Bibliothèque de l'Archivum Augustanum» *(B.A.A.)* XVII (1985), pp. 205-206.

[57] P.-E. DUC, *op. cit*, VII, p. 16.

[58] P.-E. DUC, *ibidem*. V. anche J.-A. DUC, *H.E.A.*, VIII, pp. 534-535. Sulla lapide è scritto *capella Sancti Grati ad annum MDCCLXXXII*.

L'atto di cessione prevedeva anche l'esecuzione in facciata di una nicchia per l'alloggiamento di una statua di S. Grato, da venerare durante l'annuale processione; di questa, però, non è stata trovata traccia. Una nicchia, invece, è stata evidenziata nel muro est della casa Gerbore, nell'angolo tra questa e la facciata nord della cappella, all'altezza dell'affresco; i materiali impiegati sono analoghi a quelli costitutivi delle spallette del nuovo portale. Si può avanzare l'ipotesi che sia questa la nicchia prevista dal contratto.

L'edificio, quindi, pure sconsacrato, conserva nel tempo memoria della sua antica destinazione; costituisce, infatti, tappa nella processione delle Rogazioni (R. AMIET, *Processionale Augustanum*, I, cit., pp. 258 e 261).

Fig. 30. Iscrizione commemorativa del passaggio di proprietà della cappella (foto F. Rollando).

tura sia stata tamponata con il cambio di destinazione d'uso della cappella, anche se forse non proprio all'inizio di questa fase, che dura un secolo e mezzo e nel corso della quale sono rilevabili diversi momenti di manutenzione, dei quali solo l'ultimo copre con uno strato di colore il riempimento intonacato della porticina.

Ancora nella facciata esterna est, si può collocare, a partire da quest'epoca, uno scasso di cui non è stato possibile stabilire la funzione, poi tamponato con mattoni pieni legati con malta di calce (US13). All'interno la cappella non subisce mutamenti sostanziali; è da attribuire a questa fase una serie di interventi successivi riguardanti essenzialmente il colore delle pareti.

Un preventivo di spesa del capitano dei pompieri, datato 27 agosto 1858, elenca una serie di lavori di manutenzione ordinaria e straordinaria da eseguirsi all'*hangar St-Grat* [59]. Alcuni non sono stati sicuramente effettuati (demolizione della volta, posa di un sottofondo e di un nuovo pavimento in lastre), altri, come la riparazione del tetto o il rifacimento di parti deteriorate dell'intonaco, è possibile che lo siano stati. Questo documento è importante perchè dimostra che nel 1858 l'edificio era ancora in possesso dei vigili del fuoco; il dato contrasta con le indicazioni ricavabili dalle delibere comunali del periodo compreso fra il 1810 e il 1822, in cui la cappella sembra, invece, essere stata posta in vendita e, con delibera del 9 luglio 1822, aggiudicata a tale Herbaz [60]. Non possediamo, d'altra parte, documenti dai quali si possa dedurre che il Comune abbia poi riac-

[59] *Immeubles et place*, cit., foglio 80.
[60] *Immeubles et place*, cit., foglio 52.

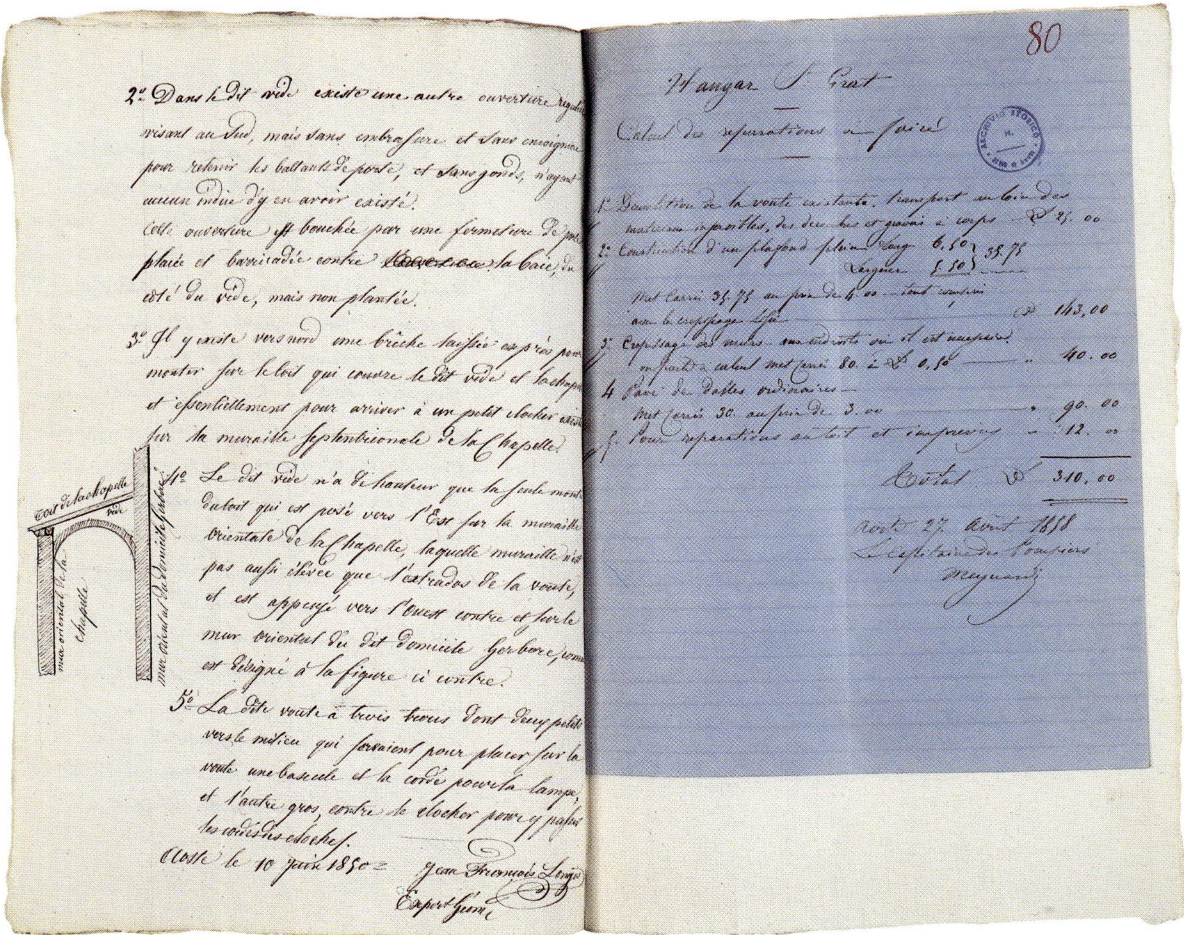

Aoste le 10 juin 1850

80

Hangar S. Grat

Calcul des reparations à faire

Total ₤ 310,00

Aoste 27 Avril 1858

Fig. 31. *Rapport de visite*,10 giugno 1850. Nel disegno a margine: sopraelevazione del muro orientale oltre il colmo del tetto a falda unica della cappella. Aosta, *Archives Historiques Régionales* (foto F. Rollando).

quistato l'edificio o ne sia, comunque, venuto di nuovo in possesso. Sta di fatto che nel 1858 il preventivo dei lavori porta la firma del capitano dei vigili del fuoco. Da un altro documento del 10 giugno 1850, relativo alla visita di un tecnico incaricato dal Comune (fig. 31), si ricava un dato interessante rispetto all'edificio adiacente alla cappella a ovest [61]. Nella sezione disegnata a margine si può notare, infatti, che il muro orientale della casa Gerbore si eleva ora al di sopra del colmo del tetto a una falda di S. Grato. Nella relazione, inoltre, si dice che il tetto della cappella si appoggia *contre et sur le mur oriental* della casa confinante a ovest. L'edificio in questione è sopraelevato , quindi, fra il 1768, data in cui il Catasto Sardo attribuisce alla casa Gerbore un numero di piani inseribili in un altezza che giunge al colmo del tetto ad una falda della cappella, e il 1850 (fig. 32).

Fase IV

Questa fase, per quanto ne sappiamo, è l'unica caratterizzata da uso privato dell'edificio.

Alla facciata nord viene appoggiata una vetrina (US4), coperta da una tettoia in ferro e ancorata al muro. L'operazione si inserisce in un programma di adattamento dell'edificio, secondo le esigenze della nuova destinazione d'uso.

All'interno si costruisce un soppalco in legno (US11) che, dividendo il volume, determina due spazi collegati da una scala a chiocciola in ghisa (US9). Al piano inferiore viene steso un nuovo

[61] *Immeubles et place*, cit., foglio 79.

Fig. 32. Assonometria ricostruttiva. Periodo IV, Fase III (disegno di F. Corni).

intonaco (US7), dopo la martellinatura di quello precedente, compresa la parte affrescata sulla parete sud, ed è realizzata una pavimentazione in assi di legno (US10). Al piano superiore si procede a una semplice ridipintura delle pareti. Le volte della cantina e della cappella sono forate in corrispondenza dell'angolo nord-est dell'edificio per permettere il passaggio della canna fumaria del sistema di riscaldamento. Si installa, inoltre, l'impianto elettrico (US8).

È probabile che l'ambiente interrato, ancora di proprietà Tascaz-Gerbore, abitanti nella casa a ovest secondo le delibere ottocentesche, sia riacquisito in questa fase [62]. La nuova situazione di proprietà determina probabilmente il tamponamento (US12bis) della porta fino a quel momento funzionante nel muro ovest dell'edificio e l'apertura di un nuovo accesso al piano sottostante, indipendente dalla proprietà confinante e ricavato attraverso la volta.

[62] *Immeubles et place*, cit., foglio 65 e *passim*.

Fig. 33. Assonometria ricostruttiva. Spaccato. Periodo IV, Fase IV (disegno di F. Corni).

Nel corso dell'indagine, durante la rimozione del pavimento in legno, tra questo e il pavimento in lastre di pietra, sono state rinvenute pagine di giornali del 1933, che costituiscono preciso riferimento cronologico per i lavori di cui sopra [63].

La perdita di dignità dell'edificio si manifesta all'esterno, sul lato est, con l'inserimento nel muro di un vespasiano che funzionerà fino quasi ai giorni nostri.

In quest'ultima fase l'immobile viene adibito prima a sartoria e negozio di abbigliamento, quindi, a magazzino e deposito dello stesso (fig. 33).

[63] Quotidiano «Il Tevere», del 10 ottobre e del novembre 1933.

UNA PROPOSTA DI PROGETTO*

L'analisi stratigrafica dell'edificio ha previsto la documentazione e la successiva rimozione degli intonaci, fino a quello relativo alla fase di impianto, e indagini sui piani pavimentali [1]. I risultati hanno indirizzato le scelte progettuali verso due modifiche strutturali di rilievo: la rimozione del portale settecentesco in facciata, con il ripristino di quello della fase tardo-gotica, e l'eliminazione del soppalco ligneo all'interno.

Il progetto di restauro dell'edificio, scaturito nelle sue linee generali dall'osservazione delle strutture e dai risultati della campionatura preliminare, è stato inteso come *iter* che si precisava con l'avanzare dell'indagine stratigrafica. Al termine di questa, e quando era così compiuto, per conseguenza, il processo di definizione delle possibilità progettuali all'interno del quadro evolutivo della struttura, si evidenziavano gli elementi ai quali venivano applicati gli accorgimenti tecnici che, in armonia con i dati acquisiti, costituissero l'espressione della volontà progettuale e il necessario raccordo tra la fase di conoscenza-progettazione e un appropriato riuso dell'edificio [2].

Al momento dell'intervento, questo risultava suddiviso in tre ambienti sovrapposti: una cantina, collegata al piano superiore attraverso uno squarcio nella volta, e due piani fuori terra, risultanti dalla interposizione nel volume di un soppalco in legno; una scala a chiocciola in ghisa univa i due livelli. Mentre gli ambienti sopra terra erano accomunati da funzioni analoghe, la cantina manteneva l'originaria diversità di destinazione.

Il ripristino dell'unitarietà del volume interno ci è sembrata una «richiesta» pressante dell'edificio, tale da non ammettere perplessità circa la rimozione del soppalco [3]. Questa decisione è stata sicuramente agevolata dal fatto che la struttura in questione, oltre a non possedere requisiti formali di pregio, rappresentava, in un certo senso, il segno tangibile del degrado funzionale e della incomprensione dell'edificio nei suoi valori architettonici, una scelta legata ad esigenze del momento [4]. Per di più, dopo che le campionature eseguite sulla parete di fondo avevano evidenziato su di essa la presenza di un affresco, è stato chiaro che il soppalco contrastava non solo con l'unitarietà spaziale, ma anche con la continuità di quell'elemento formale ad essa legato. La conservazione del soppalco ligneo sarebbe stata possibile solo se si fosse deciso di attuare un restauro rigorosamente conservativo e di mantenere, quindi, tutti gli elementi dell'ultima fase (Periodo IV, Fase IV), gli unici a testimoniare l'esistenza di uno spazio diviso in «sopra» e «sotto».

* In corso di realizzazione del progetto, quando erano già stati ricostruiti la scala d'ingresso e il profilo dell'arco tardo-gotico, riproposto sulla facciata scialbata il «disegno» del portale settecentesco e impostata l'integrazione del pavimento interno, i lavori sono stati sospesi per ordine del responsabile dell'Ufficio Beni Architettonici. In disaccordo con il direttore dei lavori e con gli autori, il progetto è stato in parte modificato: si è decisa la reintonacatura della facciata principale, con esclusione della parte affrescata, ed è stata riproposta anche la curva estradossale del portale, su cui ora l'integrazione dell'affresco si modella, falsando, a nostro avviso, la corretta percezione del rapporto intercorrente in origine tra affresco e portale. Inadeguato infine ci sembra il disegno del serramento in vetro, rispetto alla fisionomia della facciata.

[1] Sugli intonaci considerati indici di fasi, cfr. F. BONORA, *Nota su una archeologia dell'edilizia*, cit., p. 176, nota 3.

[2] Nel nostro progetto, per esempio, la scelta di un materiale trasparente, quale il vetro, per la porta d' ingresso deriva dalle indicazioni fornite dalla ricerca documentaria e stratigrafica, che ha evidenziato la presenza di una griglia in ferro, «trasparente».

[3] Se è vero che lo studio di un monumento fornisce gli indirizzi e indica le possibilità di intervento, e che si dovrebbero sempre privilegiare tali indirizzi, è altrettanto vero che le azioni svolte in un cantiere di restauro derivano pur sempre da una interpretazione dei dati scaturiti dalla ricerca. Gli interventi che il manufatto richiede sono mediati dalla teoria e passano attraverso un filtro interpretativo, costituito dalla preparazione, dalla sensibilità, dal potere decisionale del progettista, che ne condiziona il risultato finale.

[4] Fino a che punto le «richieste» del monumento sarebbero state accolte nel caso in cui il soppalco avesse mostrato una valenza ulteriore, rispetto a quella di pura testimonianza storica?

Sulla necessità di risolvere il conflitto fra esigenze dell'istanza storica e di quella estetica, attribuendo ad ognuna un «peso che va misurato con un atto, individuale e soggettivo senza dubbio, ma non per questo arbitrario, di valutazione e di giudizio», cfr. G. CARBONARA, *Questioni di principio e di metodo nel restauro dell'architettura*, in «Restauro» 36 (1978), p. 8.

La ricerca stratigrafica estesa alla totalità della superficie, dopo l'esecuzione della campionatura relativa agli strati di intonaco più recenti, ha messo in luce, come si è detto, sulla parete di fondo un affresco e sulle altre l'intonaco della stessa fase (Periodo IV, Fase I) e parte di quello più antico martellinato. L'affresco, interamente recuperato, è stato restaurato, mentre si è deciso di rimuovere sulle altre pareti il corrispondente intonaco, quasi del tutto assente su quella nord, e i cui lembi superstiti erano complessivamente insufficienti a giustificare un'azione integrativa. Il mantenimento per intero di questa fase avrebbe, fra l'altro, compromesso la lettura dei costoloni, parzialmente modificati nella loro forma proprio dalla stesura dell'intonaco secentesco che, mascherando la modanatura ventrale, ne arrotondava la sezione. Rimosso questo strato sono apparsi sulla sottostante superficie – intonaco del Periodo III, Fase I – i segni della martellinatura necessaria alla coesione fra i due rivestimenti, che è stata mantenuta a memoria, o testimonianza in negativo, dello strato rimosso.

Si è proceduto, quindi, all'integrazione delle lacune dell'intonaco [5] e delle parti disgregate delle costolature, che sono state ricostruite con malta di calce. Si è, poi, uniformata la superficie stendendovi tre strati di scialbatura, di volta in volta spazzolati per ottenere un effetto di trasparenza. Il grado di colore voluto è stato ottenuto con terre molto diluite; le costolature sono state differenziate con una colorazione più scura, valorizzando così il volume dell'edificio [6].

La rimozione dell'assito appartenente all'ultima fase d'uso della cappella (Periodo IV, Fase IV) ha posto in luce il pavimento in grandi lastre di pietra poligonali relativo alla fase dell'affresco interno (Periodo IV, Fase I), che appariva aver sostituito quello tardo-gotico, di cui restavano in quota le piastrelle sotto i quattro costoloni e un lembo nell'angolo nord-ovest. Quest'ultimo sembrava aver fatto parte di una fascia di pavimento rispettata dall'intervento secentesco, distrutta solo molto tempo dopo, con l'inserimento dell'impianto moderno di riscaldamento; ai margini della buca corrispondente restavano solo poche piastrelle e tratti del loro sottofondo in malta di calce.

Il nostro intervento ha previsto il restauro della parte con piastrelle in posto e la protezione dei negativi; l'integrazione del piano di calpestio è stata realizzata con un getto di resina epossidica, sul quale sarà riportato l'esatto profilo dei sottostanti lembi di sottofondo pavimentale [7]. All'interno dell'area così delimitata sarà ricostruito con linee incise il disegno del pavimento perduto, quale si può dedurre dai negativi.

Si è voluto così distinguere nell'integrazione la parte soprastante i negativi da quella che riempie semplicemente la fossa per l'inserimento dell'impianto di riscaldamento.

Considerato che l'indagine stratigrafica aveva indirizzato il restauro dell' interno verso il ripristino dell'unità originaria tardo-gotica, che non appariva turbata, né dal punto di vista spaziale, né da quello funzionale, dalla presenza dell'affresco di epoca successiva sulla parete di fondo, ci è sembrato opportuno valutare la possibilità di procedere in tal senso anche nel lavoro di ricomposizione della facciata esterna. I sondaggi stratigrafici, evidenziandone le fasi, ne avevano, in effetti, mostrato subito la sostanziale unitarietà, interrotta, in questo caso, dall'inserimento del portale settecentesco (Periodo IV, Fase III), che si configurava, più che altro, come struttura funzionale, quasi del tutto priva di dignità formale, se si eccettua la presenza di un coronamento costituito da un architrave reimpiegato. L'eventuale mantenimento di questa struttura che, a differenza dell'affresco interno, non sarebbe stata in nessun caso riconducibile entro una visione unitaria del prospetto dell'edificio, avrebbe compromesso la leggibilità del rapporto intercorrente tra il portale tardo-gotico e l'affresco che lo sovrasta. Ne è stata decisa, quindi, la rimozione, mentre la memoria, non

[5] È stato utilizzato un impasto di calce e inerti nelle seguenti proporzioni (in volume): sabbia dell'Orco 1,5; travertino macinato 1; grassello di calce 1.

[6] La ricerca stratigrafica ha rivelato un principio che sembra essere stato costantemente seguito nel tempo: quello della diversità di cromia fra le pareti e le costolature. È a tale principio generale che ci si è attenuti, piuttosto che alla esatta riproposizione delle tonalità originarie.

[7] I negativi sono separati dalla resina epossidica per mezzo di uno strato di fogli di polietilene su cui è stato gettato un manto di malta di calce, che ha la doppia funzione di proteggere il sottofondo pavimentale antico e di costituire il piano d'appoggio per la resina.

Fig. 34. Proposta di restauro della facciata. Assonometria (disegno di F. Corni).

solo dell'evento da essa testimoniato, ma anche dello squarcio prodotto nella facciata, è stata mantenuta con il riproporre sulla superficie ricostituita sopra l'arco il profilo del portale settecentesco, per mezzo di un sottile bordino in ferro, differenziando l'intonaco all'interno del perimetro e connettendolo con le parti fisse del nuovo serramento. Queste, infatti, opache e collocate esattamente nello spazio occupato dai piedritti settecenteschi, definiscono il perimetro del portale più recente all'interno dell'apertura tardo-gotica.

La relazione fra gli elementi delle fasi principali della facciata sarà, in questo modo, chiaramente leggibile.

Le integrazioni dell'intonaco nel perimetro dell'affresco si modelleranno in parte sulle reni dell'arco, mentre saranno «tagliate» dal bordino in ferro che rappresenta l'intervento lacerante.

Come si è già accennato, il rilievo delle parti residue dell'arco del portale tardo-gotico ci ha permesso di ricostruire, con scarso margine d'errore, l'andamento della curva intradossale, mentre non sono risultati sufficienti gli elementi in nostro possesso per definirne la linea estradossale. Si è, pertanto, decisa la ricostituzione della sola curva interna, prendendo a modello le parti residue della ghiera.

La ricomposizione architettonica della facciata ha previsto la realizzazione di una scala esterna proporzionata all'apertura gotica, che ha sostituito quella addossata alla cappella forse nell'ultima fase (Periodo IV, Fase IV) [8], e che, a sua volta, ne sostituiva una quasi sicuramente esistente già nel Periodo III, Fase I.

Le lacune dell'intonaco originario in facciata sono state integrate con malta di calce; come per l'interno, si è uniformato il tono cromatico generale con più mani di scialbatura di calce e terra posate e di volta in volta spazzolate, fino ad ottenere uno strato sottile di colore, sotto cui è leggibile il travaglio della parete (fig. 34).

La superficie della facciata est è stata scrostata per intero ed è stato realizzato un nuovo intonaco di malta di calce con l'aggiunta di un certo quantitativo di pozzolana «bionda» per migliorarne l'impermeabilità, mantenendo, nel contempo, una buona capacità di traspirazione e una buona resistenza meccanica [9].

Si è provveduto, poi, alla semplice pulitura delle parti in pietra costituenti le aperture, che saranno chiuse da due serramenti in ferro e vetro. Come per le costolature interne, si è applicato il principio della differenziazione anche alle parti in pietra lavorata. La finestra a carena rovesciata e il portale modanato in facciata sono stati scialbati.

Per quel che riguarda l'ambiente interrato, le pareti, in pietra a vista, sono state spazzolate ed è stato adottato un semplice trattamento antispolvero delle superfici. Per il pavimento si è scelta una soluzione di tipo funzionale, legata all'uso del vano come ambiente di servizio dell'edificio restaurato, destinazione che richiedeva un piano continuo. L'ambiente è stato suddiviso con pareti in mattoni per ricavarne un servizio igienico e uno spogliatoio. Il collegamento con il piano superiore è assicurato da una scala a chiocciola, che sostituisce la ripida scala in legno del Periodo IV, Fase IV, attraverso l'apertura già esistente nella volta.

È prevista la rimozione del tamponamento della porta d'accesso sul lato ovest, che funzionerà da eventuale uscita di sicurezza.

[8] I gradini sono in pietra di reimpiego, ottenuti dalla rilavorazione di lastre di pavimentazione di vecchi balconi. La modernità della struttura è denunciata dal rivestimento sulle alzate, eseguito con lo stesso materiale impiegato nell'integrazione del pavimento.

[9] Il nuovo intonaco è stato steso in tre strati successivi, controllando che il processo di presa non fosse troppo rapido. A tal fine, si è reso necessario umidificare la superficie per un periodo di circa dieci giorni con acqua nebulizzata e proteggere la parete con teli di nylon per impedirne l'essiccazione veloce.

Sono di seguito riportate le quantità di materiali usati per l'impasto (in volume): sabbia dell'Orco 1,6; pozzolana «bionda» 0,6; grassello di calce 1.

ANDREA VANNI DESIDERI

CONSIDERAZIONI SUL MATERIALE PROVENIENTE DALLA CAPPELLA DI SAN GRATO IN AOSTA

I materiali mobili provenienti dalle indagini nella cappella di S. Grato, in Aosta, sono scarsi e costituiscono nella maggior parte dei casi contesti eterogenei a causa di due principali motivi. Interventi successivi nel tempo ne hanno infatti inquinato la composizione, oppure devono la loro formazione ad eventi di lungo momento. Per questi motivi essi non hanno consentito di raggiungere datazioni attendibili per le fasi edilizie rilevate sul monumento ed al contrario gli archi cronologici coperti sono spesso molto ampi. I dati relativi ai contesti individuati sono sintetizzati in tabella 1 (fig. 35) [1].

Un solo strato precedente l'edificazione della cappella ha restituito materiali costituiti però esclusivamente da frammenti atipici di acroma, laterizi ed ossa animali (US 65).

Alcune unità stratigrafiche sono poi relative ad un arco di tempo compreso tra la fase I del Periodo III e la fase IV del Periodo IV (ante 1512-1933). Il contesto dell'US 58 presenta materiali troppo scarsi e poco utili ad una datazione. L'US 39 contiene materiali residuali di età tardo-romana (ceramica comune, terra sigillata chiara ed anforacei) insieme ad elementi attribuibili ad età rinascimentale. Due US (35, 36) mostrano somiglianze qualitative e quantitative nella composizione dei relativi contesti, purtroppo cronologicamente non affidabili comprendendo elementi residuali d'età romana fino a produzioni di questo secolo. Dall'US 35 proviene un frammento di forma chiusa in maiolica recante la tipica decorazione a tralcio di stile compendiario in giallo-bruno ed azzurro diluito, probabilmente da attribuire a produzioni dell'Italia centrale (Faenza?) databili tra la fine del XVI ed il XVII secolo. Da quanto visibile dai relativi contesti sembrerebbe confermata l'ipotesi che i due livelli costituissero in origine un solo strato successivamente inciso dalla buca e dal suo riempimento 34.

Il contesto dell'US 34, rappresentante appunto il riempimento di una buca, è più chiaramente leggibile. I reperti appaiono divisibili in due gruppi distinti, uno comprendente oggetti databili tra XVII e XVIII secolo, l'altro, più numeroso, include materiali appartenenti al nostro secolo. Tra i primi sono da menzionare una pipa in gesso (fig. 36, n. 75), il fondo di un piatto graffito con il motivo centrale dell'uccellino (fig. 36, n. 74, fig. 44, n. 74) ed una scodellina graffita (fig. 6, n. 73; fig. 44, n. 73). Trattandosi del riempimento di una buca è plausibile che i materiali più antichi provengano dagli strati intaccati (probabilmente US 35 e 36) mentre i più recenti siano invece contemporanei o di poco successivi all'escavazione.

Dall'US 29 (cfr appendice), rappresentata da un livello di accumulo sul piano pavimentale della cantina, provengono ugualmente materiali eterogenei: terraglia, vetri ed alcune monete. Mentre gli elementi più recenti (terraglia e vetri) sembrano appartenere a produzioni databili tra la

[1] Nella tabella i reperti sono espressi in numero minimo di forme, tranne il caso dei materiali naturalistici. Le unità stratigrafiche contrassegnate da un asterisco indicano che la schedatura dei relativi reperti è riportata in appendice, mentre per le restanti, contenendo piccoli frammenti in precario stato di conservazione, è stata omessa la schedatura puntuale.

fine del XIX ed il XX secolo, quelli più antichi trovano esemplificati vetri di tipo rinascimentale sia d'uso comune (fig. 37, n. 58) che di pregio (fig. 37, n. 59) [2]. In particolare quest'ultimo rappresenta un tipo piuttosto diffuso in Italia ed in Europa a partire dal XVI secolo. Evidenti differenze sono state notate nel materiale vetroso che costituisce i vari elementi del calice, più opaco, sottile e bolloso nello stelo figurato rispetto alla coppa ed al piede. Questa diversità, oltre che ad essere connessa con le proprietà fisiche richieste dalla diversa lavorazione delle varie parti, hanno fatto ipotizzare una differenziazione di manodopera, almeno nella stessa bottega, forse in ragione delle capacità diverse richieste da tali lavorazioni. In accordo con quanto accade per ceramiche e vetri, il gruppo di monete include emissioni comprese tra il XVII ed il XIX secolo [3].

Un piccolo contesto omogeneo proviene dal riempimento (US 42, cfr appendice) di una buca pontaia effettuato dall'esterno del muro perimetrale ovest della cappella durante la sopraelevazione dell'attigua casa Gerbore (Periodo III, fase II, 1624-1768). Accanto a due forme da fuoco (un'olla acroma ed un tegame decorato ad ingubbio, fig. 36, n. 39) sono presenti quattro forme aperte graffite tra cui tre ciotole decorate con il motivo centrale dell'uccellino (fig. 36, nn. 13, 18, 19; fig. 44, nn. 13, 18) diffuso tra XVII e XVIII secolo.

Dal sottotetto della cappella, risultato della modifica del tetto da doppia ad unica falda, effettuato tra il 1624 ed il 1768, proviene il contesto più numeroso (US 22, cfr appendice). La sua struttura è però composita trattandosi di oggetti ivi deposti, probabilmente perchè inservibili, durante il lungo periodo dell'esistenza del vano, fino cioè alla sua definitiva chiusura al più tardi nel 1933. Il contesto è composto da oggetti d'uso comune con forte preponderanza di forme da fuoco o comunque da cucina seguite da usuali oggetti da mensa e solo limitatissimi capi di un qualche pregio estetico. L'assenza di ceramica acroma in un contesto di tal genere indica come la classe sia già da tempo scomparsa anche dalle dotazioni di cucina, sostituita dalla più funzionale invetriata. Quest'ultima (figg. 38-39) appare per di più quasi esclusivamente limitata ad usi di cucina (uso esteso alla mensa solo nei casi di decorazione ad ingubbio (fig. 42, nn. 49, 20, 24, 8), mentre già l'ingubbiata (fig. 40, nn. 46, 22, 42, 11, 35; fig. 41, nn. 16, 25, 3; fig. 45, nn. 16, 3) presenta una maggiore articolazione di forme, indice del suo estendersi nell'attrezzatura domestica dall'uso di cucina fino a quello di mensa, forse in quest'ultimo caso come surrogato economico delle maioliche. Tutto ciò sembrerebbe indicare per la maggior parte del contesto un periodo compreso tra la fine del XVIII secolo e tutto il successivo.

Le caratteristiche tecnologiche di questo contesto sono abbastanza omogenee. Gli impasti sono generalmente ben trattati e sempre ben cotti. Quando gli inclusi sono visibili si presentano di dimensioni selezionate e si tratta per lo più di miche e quarzi. Il fatto che quando compaiono nello stesso impasto quelli micacei siano dimensionalmente ben distinti, in quanto sempre più minuti, rispetto alle anche notevoli dimensioni del quarzo può far supporre che mentre i primi facciano parte delle caratteristiche naturali dell'argilla, i quarzi siano in realtà l'unico degrassante aggiunto. Sulla provenienza del materiale argilloso, considerato anche l'uso comune dei prodotti, si può pensare a zone non molto distanti anche sulla base delle caratteristiche composizionali macroscopiche che indicano argille risultanti dalla disgregazione di rocce presenti in Valle d'Aosta.

Alcuni oggetti sono sicuramente di seconda scelta e forse declassati ad usi diversi da quelli previsti, come ad esempio l'olla invetriata (fig. 39, n. 4) che presenta fessurazioni passanti la parete verificatesi in cottura oppure la ciotola 49 (fig. 42, n. 49), il catino 9 (fig. 42, n. 9) ed il piatto 36 (fig. 41, n. 36; fig. 45, n. 36) interessati da vistose sbollature ed attaccature della vetrina. Le superfici non visibili sono sempre meno rifinite. Su diversi oggetti si nota un costante intento di risparmiare sulla coperta di ingubbio e vetrina, limitandola alle zone funzionalmente più importanti confermando il carattere economico di tali produzioni ed il loro rivolgersi ad un mercato di limitate possibilità economiche. Le forme aperte mostrano l'uso costante di distanziatori a «zampa di gallo» e lo stacco è sempre del tipo a cordicella mentre le olle presentano, nei pochi casi visibili,

[2] Cfr: Lappe 1983, p. 210, Abb. 13, n. 5; Antico Gallina 1989, p. 726, fig. 6; Uboldi 1991, pp. 47-48, n.10.

[3] Si tratta, in particolare, di: Carlo Emanuele II, Torino, 1648-1650, mezzo soldo di secondo tipo; Napoleone III, 1855, 5 centesimi. Le determinazioni sono state eseguite da M. Orlandoni che qui si ringrazia.

stacco del tipo a lama. Una caratteristica comune a quasi tutte le forme ansate da cucina è il sistema di applicazione dell'estremità inferiore delle anse mediante impressioni digitali che in qualche caso sembrano acquisire valore decorativo (fig. 38, n. 5). Lo stesso fenomeno è stato notato alla Novalesa [4] ed a Palazzo Madama [5].

Tra gli oggetti più antichi figurano una scodella graffita (fig. 42, n. 12; fig. 45, n. 12) ancora di tipo tardo-rinascimentale, la ciotola ingubbiata con prese plastiche (fig. 40, n. 15; fig. 45, n. 15) di tipo settecentesco ed una scodella marmorizzata (fig. 41, n. 45; fig. 45, n. 45) la cui bicromia ne indica l'appartenenza ad una fase tarda di produzione, tra XVII e XVIII secolo. Un boccale ingubbiato (fig. 41, n. 3; fig. 45, n. 3) è di più difficile collocazione cronologica sebbene sia confrontabile con analoghi capi testimoniati a Trino [6] e datati al tardo XVI secolo. La serie di olle invetriate, ingubbiate o maculate, come i tegami decorati ad ingubbio sono probabilmente da riferire a tarde produzioni di XIX-XX secolo.

Il bicchiere tronco-conico in pietra ollare con riparazione (fig. 43, n. 14; fig. 45, n. 14), considerando l'eterogeneo contesto di provenienza, è di problematica datazione. Le sue caratteristiche tecnologiche comunque, come la sottigliezza della parete e del fondo, così come l'accurata finitura e la parete svasata tenderebbero a porre la sua datazione in un periodo in cui la tecnica produttiva dispone di ottima e specializzata manodopera ma anche di più sviluppati mezzi. Potrebbe così essere suggerito un periodo compreso tra età tardo-rinascimentale e proto-industriale [7].

I due elementi in terra refrattaria cruda (fig. 43, nn. 71-72) presentano un foro a sezione quadrata corrispondente all'inserzione dell'asse del tornio sul quale sono stati sagomati mediante l'uso di modani. Si tratta con tutta probabilità di anime per la realizzazione in fusione di oggetti non identificabili ed il cui rapporto con la cappella non è certo. Il fatto che non presentino tracce di fuoco indica che non furono mai utilizzati forse perché danneggiati già in fase di lavorazione.

[4] GALLESIO-PANTO 1981, p. 385, n. 31.

[5] La ceramica di scavo in Palazzo Madama, in Torino 1982, p.144, n.5 (acroma); pp. 160-161, nn. 28-29 (invetriata); p. 250, n. 151 (decorata ad ingubbio); p. 254, n. 160 (decorata ad ingubbio).

[6] DONATO-VASCHETTI 1980, p. 274, tav. I-a, n. 23, p. 275, tav. I-b, n. 31.

[7] Una seriazione cronologica di tali prodotti è stata di recente proposta (MOLLO MEZZENA 1987) limitatamente al periodo IV-XI secolo d. C.. Risulterebbe da tale studio l'impoverimento progressivo di forme e tecniche culminato in età barbarica. I contenitori comprendono infatti quasi esclusivamente alte forme tronco-coniche, con uniche varianti dimensionali, caratterizzate da pareti sempre rettilinee e fondi più spessi e poco rifiniti, soprattutto internamente. L'attività estrattiva della materia prima e della sua lavorazione è ben documentata in Valle d'Aosta (MOLLO MEZZENA 1987, tav. I) ma manca a tutt'oggi uno studio condotto su tali manifatture che potrebbe invece rivelarsi tanto più utile per una migliore precisazione cronologica di forme e varianti in quanto la valle ha costituito per secoli un importante centro produttore con capacità di diffusione ben oltre i confini regionali.

APPENDICE [8]

Periodo III, fase II (ante 1768)

US 42 (Buca pontaia)

ACROMA

38) Frg di parete di olla probabilmente globulare. Impasto selezionato, durissimo, bruno, con numerosi inclusi micacei.
Sp 3-4.
Evidenti solchi di tornitura interni. Superficie esterna percorsa in parte da sottilissime striature orizzontali. Diffuso annerimento esterno da uso che interessa anche lo spessore per mm.1.

DECORATA AD INGUBBIO

39) 3 frgg di forma aperta tronco-conica a breve tesa confluente (tegame?).
Impasto selezionato, duro, arancio, con inclusi micacei e quarzosi.
Vetrina giallastra, sottile, granulosa, solo interna.
Decorazione in ingubbio biancastro a fasce concentriche.
Sp 4-7.

GRAFFITA

13) 8 frgg ricomposti di ciotola emisferica ad orlo everso e piede a disco concavo.
Impasto depurato, durissimo, rosato, senza inclusi visibili.
Vetrina giallastra, sottile, lucida, cavillata, interna e traboccante.
Ingobbio biancastro, interno e traboccante.
Decorazione schematica graffita a punta e stecca, solo interna, con uccellino centrale, tralci vegetali eccentrici e doppia filettatura presso l'orlo. Dipinta in verde-ramina e giallo-ferraccia diluiti.
H 59; D max (ricostruito) 165; D piede 66; Sp parete 3-8; Sp fondo 9.
Stacco a cordicella. Cadute di vetrina. Traccia di «zampa di gallo» nel cavo.

18) Frg di ciotola analoga alla precedente.
Impasto depurato, durissimo, rosato, senza inclusi visibili.
Vetrina con tonalità verde, sottile, lucida, cavillata, solo interna.
Ingobbio biancastro, solo interno.
Decorazione graffita a punta, solo interna, con uccellino nel fondo fra tralci vegetali. Dipinta in verde-ramina e giallo-ferraccia molto diluiti.
H cons 45; D piede 70; Sp parete 3-8; Sp fondo 5.
Solchi di tornitura visibili nel cavo. Alcune fessurazioni del biscotto. Stacco a cordicella. Difetti nel graffito che spesso non scopre l'impasto.

19) Frg di ciotola analoga alle precedenti.
Impasto analogo ma con minuti inclusi biancastri.
Vetrina giallastra, sottile, lucida, cavillata, solo interna.
Ingobbio biancastro, solo interno.
Resti di decorazione graffita a punta con uccellino nel fondo fra tralci vegetali. dipinta in verde-ramina molto diluito.
H cons. 31; D piede 62; Sp parete 3-7; Sp fondo 8-10.
Stacco a cordicella. Traccia di «zampa di gallo». Solchi di tornitura visibili nel cavo. Alcune fessurazioni del biscotto.

[8] I numeri si riferiscono a quelli d'inventario apposti sugli oggetti. Le misure sono espresse in millimetri.

55) Frg di orlo di scodella o ciotola.
Impasto depurato, durissimo, rosato.
Vetrina giallastra, sottile, traboccante.
Ingobbio biancastro, traboccante.
Decorazione graffita a punta ad archi pendenti presso l'orlo e doppia filettatura. Tracce di verde-ramina molto diluito.
Sp parete 4-5.
Cadute di vetrina.

Periodo III, fase II - Periodo IV, fase IV (ante 1768 - ante 1933)

US 22 (Sottotetto)

INVETRIATA

5) 15 frgg in parte ricomposti di catino tronco-conico con orlo verticale, bordo esternamente ingrossato ed un'ansa verticale a bastoncello impostata sul bordo e sulla parete dove termina con una triplice impressione digitale.
Impasto selezionato, durissimo, arancio, con minuti inclusi micacei e quarzosi, anche di grandi dimensioni.
Vetrina arancio, sottile, disposta all'interno e traboccante sul bordo, sull'ansa e sulla parete.
Decorazione incisa a crudo sotto il bordo a linea ondulata.
H cons 170; D max (ricostruito) 530; Sp parete 5-8; La max ansa 25; Sp max ansa 21.
Superficie esterna approssimativamente rifinita. Estesa devetrificazione e distacchi della vetrina.

10) 3 frgg ricomposti di coppetta emisferica ad orlo everso e fondo piano.
Impasto depurato, durissimo, arancio, senza inclusi visibili.
Vetrina bruna, spessa, lucida, cavillata, traboccante.
H 50; D max (ricostruito) 177; D fondo (ricostruito) 70; Sp parete 3; Sp fondo 1-3.
Superficie esterna bruna. Attaccatura all'esterno dell'orlo. Tracce d'usura al perimetro del fondo.

32) Frg di piccola forma aperta a corpo probabilmente emisferico e breve colletto verticale.
Impasto depurato, durissimo, rosa-bruno, senza inclusi visibili tranne alcuni minutissimi elementi micacei.
Vetrina giallastra, sottile, lucida, cavillata, disposta solo sulla metà inferiore della superficie interna.
H cons 45; D orlo (ricostruito) 138; Sp parete 3-4.
Annerimento della superficie esterna.

40) Frg di fondo piano di tegame tronco-conico (?).
Impasto selezionato, durissimo, rosa-bruno, con minuti inclusi micacei e grandi elementi quarzosi.
Vetrina giallastra, sottile, interna. Vetrina bruna, sottile, esterna.
Sp fondo 8-11.
Usura al fondo.

17) 10 frgg ricomposti di grande olla a corpo piriforme schiacciato. Orlo esternamente ingrossato e confluente su breve collo tronco-conico, spalla arrotondata e pareti tronco-coniche, fondo leggermente concavo. Dotata di almeno due anse verticali a bastoncello, disposte a 45°, impostate subito sotto l'orlo e sulla spalla dove terminano con una impressione digitale.
Impasto selezionato, durissimo, arancio o bruno con inclusi lucenti micacei minutissimi con qualche elemento quarzoso di maggiori dimensioni (max mm.1).
Vetrina giallastra, sottile, disposta all'interno e limitatamente al fondo con gocciolature verso l'alto.
H max 219; D bocca (ricostruito) 222; D max (ricostruito) 283; D fondo 189; Sp pareti 5-10; Sp fondo 5; La anse 19; Sp anse 13.
Tutta la superficie esterna è interessata da sottilissime striature da tornitura; vistosi solchi di tornitura all'interno presso la base delle pareti. Queste ultime appaiono costituite da due strati di impasto, identici in composizione e spessore, a volte non perfettamente aderenti, rilevabili in corrispondenza delle fratture. Riparazione antica realizzata mediante almeno cinque cuciture, di cui tre conservano il filo di ferro (D mm. 1,5), attraverso fori conici praticati a cotto dall'esterno (D mm.5-2x7). Dalla posizione

delle cuciture la frattura antica è avvenuta con andamento a spirale (probabilmente lungo la tornitura) tale però da non determinare il distacco delle parti. Dalle tracce di lisciatura esterna si deduce la presenza in origine di quattro anse verticali simili a quelle esistenti.

37) 2 frgg ricomposti di olla a corpo globulare schiacciato. Breve collo tronco-conico con orlo ingrossato all'esterno ed all'interno, mancante del fondo. Ansa verticale a bastoncello con costolatura mediana, impostata all'orlo ed al massimo diametro dove termina con una impressione digitale.
Impasto selezionato, durissimo, beige con numerosissimi inclusi prevalentemente quarzosi (max mm.1).
Vetrina giallastra, sottile, disposta internamente e traboccante presso l'ansa.
H cons 134; D bocca (ricostruito) 172; D max (ricostruito) 200; Sp pareti 4-5; La anse 13; Sp anse 19.
Tracce esterne di fuoco al massimo diametro; tracce di fuoco esterne ed interne (anche in frattura) presso il fondo. Cadute della superficie lisciata esterna e della vetrina. Vistose tracce di tornitura all'interno.

26) Olla frammentaria a corpo globulare schiacciato mancante del fondo. Brevissimo collo svasato con orlo leggermente ingrossato e defluente. Due anse a bastoncello diametralmente opposte, impostate all'orlo e sul massimo diametro dove terminano con una impressione digitale.
Impasto selezionato, durissimo, arancio, con minutissimi inclusi micacei più frequenti in superficie (esito della lisciatura o di un ingubbio) e quarzosi (assenti in superficie)(max mm.2).
Vetrina rossastra, disposta internamente (dove è più spessa verso il fondo e cavillata) e traboccante tra le anse.
H cons 105; D bocca 153; D max 172; Sp pareti 5; La anse 20; Sp anse 11.
La lisciatura esterna è limitata ai 2/3 superiori della forma che inferiormente è rifinita a lama. Vistose tracce di tornitura all'interno. Incrostazione carboniosa diffusa esternamente su tutta la metà superiore. Le anse recano tracce di usura per sfregamento (determinando una lucidatura) nella parte superiore interna dell'anello dovute ad un sistema di sospensione probabilmente in metallo.

4) 7 frgg in parte ricomposti relativi ad un'olla a corpo globulare schiacciato mancante del fondo. Breve collo tronco-conico con orlo ingrossato esternamente. Due anse verticali a bastoncello, impostate all'orlo ed al massimo diametro dove terminano con una impressione digitale, e tracce dell'attacco inferiore di una terza simile (forse in origine quattro).
Impasto selezionato, durissimo, arancio, con minutissimi inclusi micacei più frequenti in superficie (esito di lisciatura o ingubbio) ed elementi quarzosi assenti in superficie (max mm.2) e poco frequenti.
Vetrina arancio, sottile, disposta all'interno a rivestire solo la metà inferiore con colature verso l'alto.
H cons 108; D bocca (ricostruito) 212; D max (ricostruito) 244; Sp parete 5-6; La ansa 17; Sp ansa 12.
Tracce interne di tornitura. Superficie esterna totalmente annerita. Fessurazioni passanti la parete verificatesi in cottura, in un caso con fuoriuscita della vetrina (forse causati da inclusi).

30) Fondo piano con avvio di pareti svasate di olla a corpo probabilmente globulare o piriforme.
Impasto selezionato, duro, arancio, con minutissimi inclusi micacei.
Vetrina arancio, sottile, disposta internamente con colature esterne, più spessa nel fondo dove è cavillata.
H cons 65; D fondo 93; Sp parete 3-7; Sp fondo 4.
Tracce interne di tornitura e solchi nella vetrina causati da strumento metallico appuntito.

48) Frg di fondo in tutto identico al n° 46 ma senza ingobbio.
H cons 27; D piede 61; Sp parete 7-11.
Stacco a cordicella. Attaccatura interna di «zampa di gallo». Usura al piede.

29) Frg di olla cilindroide a basso ventre, orlo leggermente everso, carena a metà altezza su cui è applicata una presa a linguetta orizzontale con impressioni digitali.
Impasto selezionato, durissimo, arancio, con inclusi micacei e quarzosi.
Vetrina rossastra, sottile, lucida, solo interna, traboccante.
H cons 127; D orlo (ricostruito) 204; Sp parete 4-8.
Finitura a lama presso il fondo. Usura all'orlo.

43) Frg di fondo di olletta globulare a fondo piano con incisura orizzontale esterna a metà del corpo.
Impasto depurato, durissimo, arancio-bruno, con minutissimi inclusi micacei.
Vetrina bruna, sottile, lucida, solo interna.
Sp parete 4; Sp fondo 4-8.
Annerimento superficiale esterno da uso.

«TACHES NOIRES»

21) Frg di piatto con basso cavo a calotta, breve tesa confluente e fondo piano.
Impasto depurato, durissimo, arancio, senza inclusi visibili.
Vetrina bruna, spessa, lucida, cavillata, traboccante.
Decorazione interna a «taches noires».
H 24; D max (ricostruito) 180; D fondo 92; Sp parete 5-6; Sp fondo 4-6.
Attaccature di «zampe di gallo» all'interno. Accentuata usura all'orlo ed al perimetro del fondo.

33) Frg di tegame tronco-conico ad orlo leggermente everso.
Impasto selezionato, durissimo, arancio, con inclusi minuti micacei e quarzosi (anche di grosse dimensioni).
Vetrina bruna, sottile, traboccante.
Decorazione a «taches noires» solo interna.
Sp parete 6.
Superfici approssimativamente rifinite con evidenti solchi di tornitura. Incrostazione esterna carboniosa da uso.

53) Frg di tegame analogo al precedente ma dotato di beccuccio.
Impasto selezionato, durissimo, arancio, con inclusi micacei e quarzosi.
Vetrina arancio, sottile, traboccante.
Decorazione a «taches noires» solo interna.
Sp parete 6-7.
Superfici approssimativamente rifinite.

51-52) 2 frgg di altrettanti coperchi a calotta con breve tesa aggettante sul colletto.
Impasti: 51 selezionato, duro, arancio, con inclusi micacei e quarzosi; 52 depurato, durissimo, bruno, senza inclusi visibili.
Vetrine: 51 arancio, spessa, lucida, solo esterna; 52 marrone, sottile, lucida, solo esterna.
Decorazione a «taches noires», solo esterna.
H cons 27 (51), 23 (52); D colletto (ricostruito) 127(51), 110(52); D tesa (ricostruito) 148 (52); Sp parete 4-6 (51), 4-8 (52).

INGUBBIATA

15) Ciotola frammentaria tronco-conica con orlo verticale a bordo ingrossato e piede a disco concavo. Presa a linguetta in forma di palmetta con mascherone centrale realizzata a stampo ed applicata orizzontalmente sotto il bordo.
Impasto selezionato, durissimo, rosato, con inclusi micacei ed elementi quarzosi.
Vetrina giallastra con circoscritte tonalità verdi, solo interna e sulla faccia superiore della presa, più spessa e cavillata nel fondo.
Ingubbio giallastro solo interno e sulla faccia superiore della presa, traboccante.
H max 68; D orlo 155; D piede 62; Sp parete 5-7; Sp fondo 8-18.
Stacco a cordicella. Cadute interne di vetrina. Tracce d'usura all'orlo e sul perimetro della presa con asportazione di vetrina ed ingubbio. Solchi esterni ed interni di tornitura. Usura al perimetro del piede. Annerimento esterno diffuso nella zona opposta alla presa. Graffi interni da strumenti metallici.

46) Fondo di ciotola probabilmente emisferica con piede a disco concavo.
Impasto depurato, durissimo, arancio, senza inclusi visibili.
Vetrina bruno-giallastra, spessa, lucida, cavillata, solo interna.
Ingubbio biancastro, solo interno.
H cons 52; D piede 65; Sp parete 5-11.
Attaccature interne di «zampa di gallo». Stacco a cordicella. Usura al piede.

22) 4 frgg in parte ricomposti di coppetta tronco-conica ad orlo lievemente everso.
Impasto depurato, durissimo, arancio e beige verso l'esterno, con inclusi invisibili.
Vetrina senape, lucida, spessa, cavillata, bruna presso l'orlo dove è più spessa e mostra gocciolature verso l'alto, traboccante.

Ingubbio biancastro, interno, traboccante.
H cons 45; D max (ricostruito) 174; Sp parete 4.
Superfici molto ben rifinite.

42) Frg di coppetta probabilmente in tutto simile alla n° 49.
Impasto depurato, durissimo, arancio, con minutissimi inclusi micacei.
Vetrina giallastra, solo interna, spessa e cavillata.
Ingubbio giallastro, solo interno.
H cons 33; Sp parete 5-7; Sp fondo 5-7.
Usura interna della vetrina e dell'ingubbio. Usura ed affumicatura al perimetro del piede ed in parete.
Stacco a cordicella.

11) 3 frgg ricomposti di tegame tronco-conico con orlo a breve tesa confluente e fondo piano.
Impasto selezionato, durissimo, rosato, con inclusi micacei ed elementi quarzosi.
Vetrina giallastra solo sul fondo interno dove è cavillata.
Ingubbio biancastro disposto su tutta la superficie interna e traboccante.
H max 78; D orlo (ricostruito) 282; D fondo 190; Sp parete 5; Sp fondo 7.
Stacco a cordicella. Tracce di fuoco su parte del fondo e della parete. Superfici esterne approssimativamente rifinite. Cadute di vetrina. Tracce di strumenti metallici taglienti sil fondo interno. Usura al perimetro del fondo.

23) 3 frgg ricomposti di tegame ad alto corpo tronco-conico con orlo ingrossato ed everso.
Impasto selezionato, durissimo, rosato, con numerosi inclusi micacei e quarzosi (questi ultimi anche di grosse dimensioni).
Vetrina crema, sottile, a buccia d'arancia, solo interna.
Ingubbio biancastro, solo interno.
Sp parete 5-10.
Finitura sommaria. Solchi di tornitura molto visibili. Tracce di annerimento esterno.

35) Impugnatura a cannone cavo applicata sull'orlo di forma aperta a pareti svasate (tegame?).
Impasto selezionato, durissimo, arancio, con inclusi micacei e quarzosi.
Vetrina giallastra, solo interna, sottile.
Ingubbio biancastro, solo interno.
D cannone 38; Sp parete cannone 5; Sp parete 5.
Solchi interni di tornitura. Annerimento della superficie inferiore [9].

31) Frg di parete di forma aperta a pareti svasate.
Impasto depurato, duro, arancio, con inclusi micacei.
Vetrina giallastra, solo interna, traboccante.
Ingubbio giallastro, solo interno.
Sp parete 6-8.
Cadute di vetrina ed ingubbio.

16) Olla frammentaria a corpo piriforme, breve colletto leggermente svasato con incisura mediana e fondo piano. Ansa verticale a nastro insellato impostata all'orlo e sul massimo diametro dove termina con impressione digitale.
Impasto depurato, duro, arancio, con inclusi micacei e rari elementi quarzosi.
Vetrina giallastra con tonalità verdastre, solo interna, traboccante, più spessa sul fondo dove è cavillata.
Ingubbio giallastro, solo interno e risparmiante il collo.
H 107; D orlo (ricostruito) 150; D max 160; D fondo 89; Sp parete 4-7; Sp fondo 4-7; La ansa 21; Sp max ansa 10.
Sottili striature esterne da tornitura. Stacco a lama.

[9] Cfr: GALLESIO-PANTO 1981, p. 385, n. 30 (in questo caso l'ansa è applicata sulla spalla di una forma chiusa decorata ad ingubbio); CERRATO-COLTELLAZZO-MORRA 1991, p. 158, fig. 93, n. 3 (datato alla prima metà del XVI secolo).

25) 2 frgg ricomposti di olla a basso ventre, collo tronco-conico ad orlo ingrossato esternamente. Grande presa a linguetta orizzontale, applicata tra collo e corpo e modellata da impressioni digitali che ne marcano anche le estremità.
Impasto selezionato, durissimo, arancio, con inclusi micacei e quarzosi.
Vetrina giallastra-verdina, esterna ed interna, granulosa, sottile e totalmente cavillata all'esterno.
Ingubbio biancastro, solo esterno.
H conservata 123; D orlo (ricostruito) 188; Sp parete 4-6; Sp presa 5-7.
La vetrina deve la sua rugosità alla presenza di una sabbia quarzosa diffusa. Annerimento da fuoco nella parte inferiore della superficie esterna. Cadute esterne di vetrina. Incrostazioni cerose sulle fratture.

3) 10 frgg parzialmente ricomposti di boccale a corpo piriforme, collo svasato, bocca trilobata e fondo a disco piano. Ansa verticale a nastro tricostolato impostata sotto l'orlo e sul massimo diametro.
Impasto depurato, poco duro, arancio, con minutissimi inclusi micacei ed elementi di dimensioni macroscopiche anche quarzosi.
Vetrina giallastra, sottile, disposta solo nella metà superiore esterna, con colature all'interno.
Ingubbio biancastro disposto solo nella metà superiore della superficie esterna.
D fondo (ricostruito) 105; Sp parete 4-7; Sp fondo 7; La ansa 39; Sp ansa 9.
La vetrina non copre completamente l'ingubbio e presenta distacchi crioclastici.

27) 2 frgg ricomposti di vasetto forse a corpo globulare, alta spalla e breve colletto tronco-conico.
Impasto selezionato, duro, arancio, con inclusi micacei e quarzosi.
Vetrina giallastra, sottile, granulosa, solo interna.
Ingubbio giallastro, traboccante.
H conservata 49; D bocca (ricostruito) 83; Sp parete 4-5.

MACULATA

36) Frg di piatto a parete tronco-conica, bordo obliquo e fondo piano.
Impasto selezionato, durissimo, arancio con inclusi micacei e quarzosi.
Vetrina giallastra, di spessore non uniforme, in parte granulosa, traboccante.
Ingubbio biancastro, solo interno.
Decorazione a maculazioni bruno-rosse.
H max 30; Sp parete 4-6; Sp fondo 5-7.
Superficie esterna approssimativamente rifinita e brunita in cottura. Attaccatura sotto il bordo del capo sottostante (seconda scelta?). Stacco a cordicella. Cadute di vetrina.

7) 2 frgg ricomposti di ciotola o tegame tronco-conico con alto collo aggettante e fondo piano. Resto di ansa o presa orizzontale presso il bordo.
Impasto depurato, durissimo, rosato, con minutissimi inclusi micacei e quarzosi.
Vetrina giallastra, sottile, granulosa, solo interna, traboccante.
Ingubbio biancastro, solo interno, traboccante.
Decorazione a maculazioni in verde.
H 51; D max 212; D fondo 143; Sp parete 5-6; Sp fondo 4-10.
Cadute di vetrina.

6) 3 frgg ricomposti di olla a corpo sferico schiacciato, collo svasato, alta spalla e fondo piano. Presa orizzontale a linguetta ondulata, impostata sulla spalla e terminante con due impressioni digitali. Cordone plastico applicato al perimetro del fondo con impressioni digitali.
Impasto depurato, bruno, durissimo, con minutissimi inclusi micacei e quarzosi.
Vetrina giallastra, spessa, lucida, esterna ed interna.
Ingubbio biancastro, solo esterno.
Decorazione a maculazioni in verde.
H 120; D orlo (ricostruito) 209; D fondo 210; Sp parete 6; Sp fondo 6-7.
Superfici ben rifinite. Annerimento diffuso della metà inferiore per uso. Graffi da strumenti metallici nel fondo interno. Cadute di vetrina.

MARMORIZZATA

45) Frg di piatto a fondo piano.
Impasto depurato, duro, arancio, con minutissimi inclusi micacei.
Vetrina con tonalità verdognola, granulosa, cavillata dove è più spessa.
Decorazione in ingubbio rossastro e bianco a marmorizzazione.
H conservata 19; D fondo 112; Sp parete 4; Sp fondo 4-6.
Stacco a cordicella. Inclusi di colorante verde nella vetrina. Superficie esterna brunita in cottura ed usurata al perimetro del fondo.

DECORATA AD INGUBBIO

20) 2 frgg di ciotola emisferica ad orlo everso e piede a disco concavo.
Impasto selezionato, durissimo, rosato, con numerosissimi minuti inclusi micacei ed elementi quarzosi (max mm 1).
Vetrina rossastra, sottile, solo interna con colature esterne.
Decorazione in ingubbio giallastro a filettature presso l'orlo, motivi ad avvolgimenti sulle pareti e filettature nel fondo.
H conservata 46; D piede 57; Sp parete 4-9; Sp fondo 3-7.
Stacco a cordicella. Cadute di vetrina, specialmente in corrispondenza della decorazione. Esternamente distacchi crioclastici della superficie dell'impasto (in qualche caso in corrispondenza di inclusi quarzosi) in forma circolare o polilobata. Tracce di fuoco esterne. Usura al perimetro del piede.

49) Frg di ciotola con piede a disco concavo.
Impasto depurato, durissimo, arancio, con numerosissimi inclusi micacei e rari elementi quarzosi.
Vetrina bruna, spessa, cavillata, solo interna con colature esterne.
Decorazione in ingubbio giallastro a spirale nel fondo.
H conservata 29; D piede 61; Sp parete 5-8; Sp fondo 5-14.
Stacco a cordicella. Sbollature ed attaccature sulla vetrina (seconda scelta ?). Patina superficiale esterna rosso scuro, da cottura. Tracce di fuoco. Usura al perimetro del piede.

24) 2 frgg ricomposti di piccola scodella con cavo a calotta, tesa confluente e piede a disco piano.
Impasto selezionato, durissimo, rosato, con minuti inclusi micacei e rari elementi quarzosi.
Vetrina arancio all'interno, più spessa sul fondo.
Decorazione in ingubbio giallastro a filettature concentriche sulla tesa e nel cavo dove sono inscritte da una doppia linea ondulata.
H max 43, D piede (ricostruito) 95; Sp parete 4-5; Sp fondo 6.
Superficie esterna con sottilissime striature (cfr n° 17) da tornitura e con debole annerimento superficiale da cottura. All'interno tracce di strumenti metallici taglienti.

8) 2 frgg ricomposti di scodella a fondo piano mancante della tesa.
Impasto selezionato, duro, arancio, con inclusi micacei e quarzosi.
Vetrina bruna, sottile, granulosa, solo interna.
Residui di decorazione interna in ingubbio giallastro.
H conservata 28; D fondo 110; Sp parete 5; Sp fondo 4-7.
Vetrina quasi completamente caduta. Superfici approssimativamente rifinite.

9) 4 frgg ricomposti di catino o tegame tronco-conico con breve tesa confluente ad orlo rialzato e fondo piano.
Impasto depurato, duro, arancio pallido, con minutissimi inclusi micacei.
Vetrina arancio, solo interna, spessa e lucida, traboccante.
Ingubbio arancio su tutto l'interno, traboccante.
Decorazione a gocciolature di ingubbio biancastro e colore verde.
H 55; D orlo (ricostruito) 300; D fondo (ricostruito) 185; Sp parete 5; Sp fondo 4.
Sottilissime striature esterne da tornitura. Attaccature in seconda cottura dei pezzi contigui impilati, all'esterno ed all'interno (seconda scelta ?).

2) 4 frgg ricomposti di tegame a basso corpo tronco-conico con orlo a breve tesa confluente con versatoio e fondo piano.

Impasto selezionato, duro, arancio, con minuti inclusi micacei e numerosi elementi quarzosi (dimensioni medie mm. 0,8).
Vetrina arancio all'interno e traboccante dalla tesa.
Decorazione in ingubbio giallastro a filettature concentriche sulla tesa, sulla parete e sul fondo dove sono inscritte da una linea ondulata.
H max 59; D orlo 225; D fondo 162; Sp parete 6; Sp fondo 7.
Superficie esterna sommariamente rifinita. Sul fondo tracce di stacco a cordicella. Tutta la superficie esterna mostra tracce diffuse di esposizione al fuoco che ha determinato l'annerimento delle pareti e del fondo per buona parte del loro spessore. Nel fondo cadute di ingubbio (causate dal calore ?) e tracce di strumenti metallici taglienti.

28) Frg di forma analoga alla n° 2 ma con parete arrotondata verso il fondo.
Impasto selezionato, duro, arancio/rosato, con inclusi micacei evidenti soprattutto in superficie e numerosi minuti elementi quarzosi.
Vetrina arancio/giallastra all'interno, più spessa sul fondo dove è cavillata, traboccante dalla tesa.
Decorazione in ingubbio giallastro analoga al n° 2.
H max 60; D orlo (ricostruito) 262; D fondo (ricostruito) 172; Sp parete 5-6; Sp fondo 6.
Annerimento superficiale esterno, almeno in parte dovuto alla cottura. Incrostazioni calcaree sulle fratture. Stacco a lama.

70) 8 frgg parzialmente ricomposti di grande tegame tronco-conico con breve orlo confluente ricadente all'esterno con pizzicottature alterne e fondo piano.
Impasto selezionato, durissimo, rosato, con inclusi micacei ed elementi quarzosi frequentissimi (mediam. mm 0,7).
Vetrina giallastra all'interno e traboccante sulla tesa con spessore non uniforme.
Decorazione in ingubbio giallastro su tutto l'interno a filettature concentriche alternate a linee ondulate singole o doppie.
H 94-101; D orlo 340; D fondo 264; Sp parete 7-10; Sp fondo 6-9.
Forte deformazione dell'orlo. Vistose tracce di tornitura all'esterno. Stacco a cordicella. Annerimento superficiale esterno diffuso.

GRAFFITA

12) Scodella frammentaria con cavo a calotta, tesa confluente e piede a disco piano.
Impasto depurato, durissimo, arancio, con minutissimi inclusi micacei.
Vetrina giallastra, spessa, lucida, solo interna.
Ingubbio biancastro, solo interno.
Decorazione graffita a punta e stecca con motivo floreale radiante nel cavo.
H conservata 48; D piede 75; Sp parete 5-7.
Stacco a cordicella. Tracce di «zampa di gallo». Usura ed annerimento da fuoco al piede.

TERRAGLIA

47) Vasetto a coppa con piede ad anello modanato.
Impasto depurato, durissimo biancastro.
Rivestimento vetroso, lucido, spesso, uniforme.
Decorazione esterna dipinta a motivo vegetale in azzurro in prima cottura, con aggiunta successiva in verde, rosso e lustro aureo.
H conservata 50; D piede 56; Sp parete 3.
Forma eseguita con modano. Tracce di distanziatore a tre punti di appoggio sul piano del piede (forse del tipo ad asticciola a sezione triangolare come quelli impiegati nelle «case» o muffole). All'interno del piede punzonatura ottenuta, prima del rivestimento, con timbro metallico «3:».

PIETRA OLLARE

14) 7 frgg ricomposti di bicchiere tronco-conico a parete leggermente concava e fondo leggermente convesso. Incisura perimetrale all'interno del fondo. Interno molto ben rifinito e lucido. Esterno rugoso ed incrostato di patina carboniosa.

H 100; D orlo 124; D fondo 96; Sp parete 6-8.
Riparazione antica eseguita mediante sette cuciture con filo di rame (a 3 passaggi) di mm.0,5 circa, attraverso fori eseguiti con trapano dall'esterno (D mm.2 circa). Tracce di lavorazione a scalpello all'esterno del fondo.

REFRATTARIO

71) Elemento cilindrico con spalla accentuata e collo tronco-conico mancante dell'estremità; dotato di foro centrale a sezione quadrata passante longitudinalmente.
Impasto selezionato, tenero, avorio, granuloso con minuti inclusi micacei. Sottile pàtina grigia esterna.
H cons 165; D max 110; D min 56; foro 25×25.
Tracce di uso di modani.

72) Elemento tronco-conico con caratteri tecnici identici al precedente.
H cons 75; D max 96; D min 78; foro 24×23.

Periodo IV, fasi III - IV

US 29

TERRAGLIA

34) Frammento di collo di forma chiusa (boccale ?) ad orlo everso, bordo ingrossato ed ansa verticale a doppio bastoncello impostata sotto il bordo. Impasto depurato, durissimo, giallastro. Rivestimento bianco, lucido, uniformemente spesso.
Sp. orlo 5; Sp. ansa 15; La ansa 28.

VETRI

58) Collo tronco-conico di bottiglia con imboccatura ad imbuto. Vetro soffiato, verdastro, liscio, con numerose bolle.
H cons. 85; D max bocca 51; Sp. parete 2.
Devetrificazione diffusa a desquamazioni opache ed iridescenti.

59) Bicchiere a calice frammentario mancante della coppa. Stelo cavo sagomato a stampo con due maschere leonine separate da motivo pseudo - araldico. Vetro soffiato, incolore, con minutissime bolle.
H cons. 84; D piede 71; D max stelo 30; Sp. piede 1-2.
Lo stelo figurato è stato realizzato separatamente dalla coppa e dal piede. Sembra inoltre di notare una differenza di qualità del vetro tra lo stelo (più opaco, sottile e bolloso) ed il resto (leggerissima tonalità giallo-verdina) che inoltre sembra meno soggetto a devetrificazione.

60) 2 frgg contigui di parete di grande forma chiusa in vetro soffiato, verdino, liscio, con bolle.
Sp. 2-3.

62-63) 3 frgg di vetri atipici relativi ad almeno 2 forme chiuse. Vetro soffiato, incolore (nel n. 62 verdino), liscio.
Sp. mm. 0,5 - 2.

64) 2 frgg di piede di bicchiere a stelo (o calice). Vetro soffiato, incolore, liscio.
Sp. mm. 0, 5.

65) Bicchierino cilindrico monoansato in vetro stampato, incolore, con rare piccole bolle. Decorazione in rilievo a doppia fascia dentellata orizzontale racchiudente serie di motivi vegetali.
H cons. 60; Sp. parete 3 - 4; H ansa 44; Sp. ansa 9.
Devetrificazione incipiente sotto forma di leggere desquamazioni iridescenti.

66) Frg di tappo piriforme baccellato, forse di bottiglia. Vetro incolore, stampato, pieno.

H cons 49; D max 34.

ABBREVIAZIONI BIBLIOGRAFICHE

ANTICO GALLINA 1989 – M. ANTICO GALLINA, *Segnalazione di ceramica medievale al Museo Civico di Alessandria*, «Archeologia Medievale», XVI, 1989, pp.719-728.

CERRATO-CORTELLAZZO-MORRA 1991 – CERATTO N., CORTELLAZZO M., MORRA C., *La ceramica del XIII-XVI secolo*, in *Montaldo di Mondovì. Un insediamento prostorico. Un castello*, a cura di E. Micheletto e M. Venturino Gambari, Roma 1991, pp. 117-190.

DONATO-VASCHETTI 1980 – G. DONATO-L. VASCHETTI, *La ceramica tardo e post-medievale di Trino Vercellese*, «Atti del XIII Convegno Internazionale della Ceramica, Albisola», 1980, pp.263-276.

GALLESIO-PANTÒ 1981 – S. GALLESIO-G. PANTÒ, *Proposte per una classificazione preliminare dei materiali dagli scavi dell'Abbazia di Novalesa*, in La Novalesa. Ricerche, fonti documentarie, restauri, Torino, 1981, pp. 359-393.

LAPPE 1983 – U. LAPPE, *Mittelalterliche Glaser und Keramikfunde aus Erfurt*, «Alt-Turingen», 1983, pp. 182-212.

MOLLO MEZZENA 1987 – R. MOLLO MEZZENA, *Primi elementi per lo studio della pietra ollare in Valle d'Aosta*, in «*La pietra ollare dalla preistoria all'età moderna*», Como, 1987, pp. 59-114.

Torino 1982 – *Torino nel basso medioevo: castello, uomini, oggetti*, a cura di S. Pettenati, Torino, 1982.

UBOLDI 1991 – M. UBOLDI, *I vetri*, in *Scavi MM3*, a cura di D. Caporusso, Milano, 1991, pp. 47-48.

MATERIALI PROVENIENTI DAI SAGGI IN S. GRATO

FASI	I	III	III-IV	III-IV	III-IV	III-IV	IV	IV	IV	IV	IV	IV
US	65	58	42*	39	36	35	34	33	31	30 bis	29*	22*
MATERIALI												
Post-classici												
Acroma	1	1	1	1	1	4	1		1			
Invetriata		1			7	1	5		5			17
Dec. a ingubbio			1									8
Ingubbiata				1	1		4		5			12
Graffita			4				2					1
Maiolica					1	1						
Terraglia							1		5		1	1
Gres						1	2		1		1	
Laterizi	7	4		34	7	1		1	4			
Vetro rin.				1		1			1		2	
Vetro mod.					5	3	7		26		5	
Pietra ollare						2	2		2	1		1
Monete										1	3	
Metallo		3		4	10	4			6			
Pietra				2		1	2		1			
Gomma							2					
Cuoio					1							
Legno					5			1				
Sughero						1	1	1	1			
Gesso												
Carbone	*	*		*	*	*			*	*		
Ossa	13	12		43	57	16		5	17	7		
Romani												
C. comune				1								
T. sig. chiara				1		1		1	1			
Anforacei				1		1		1				

Fig. 35. Materiali provenienti dai saggi nel sottosuolo espressi in numero minimo di forme. I materiali dei contesti contrassegnati dall'asterisco sono schedati in appendice.

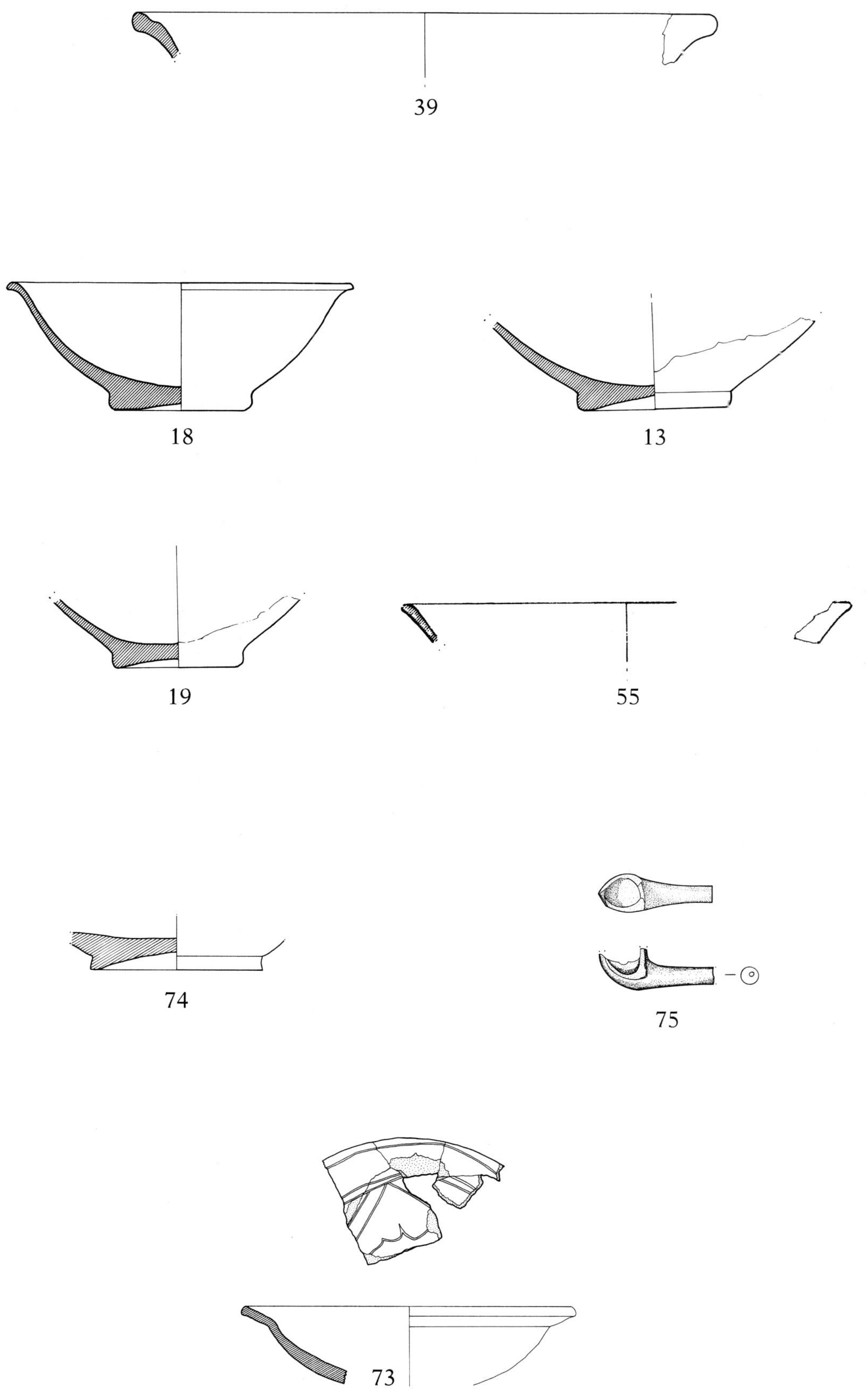

Fig. 36. US 42: ceramica decorata ad ingubbio (39), graffita (13, 18, 19, 55)(disegni di F. Del Vecchio). US 34: graffita (73, 74), gesso (75) (disegni di C. Colet Kahlen).

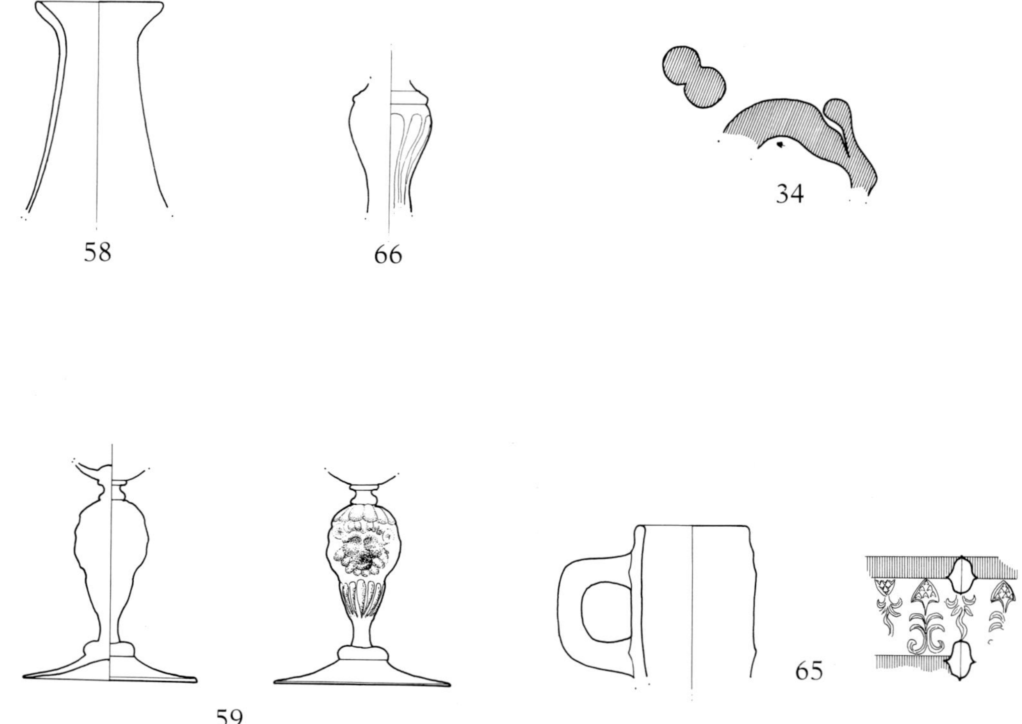

Fig. 37. US 29: terraglia (34), vetri (58, 59, 65, 66) (disegni di F. Del Vecchio).

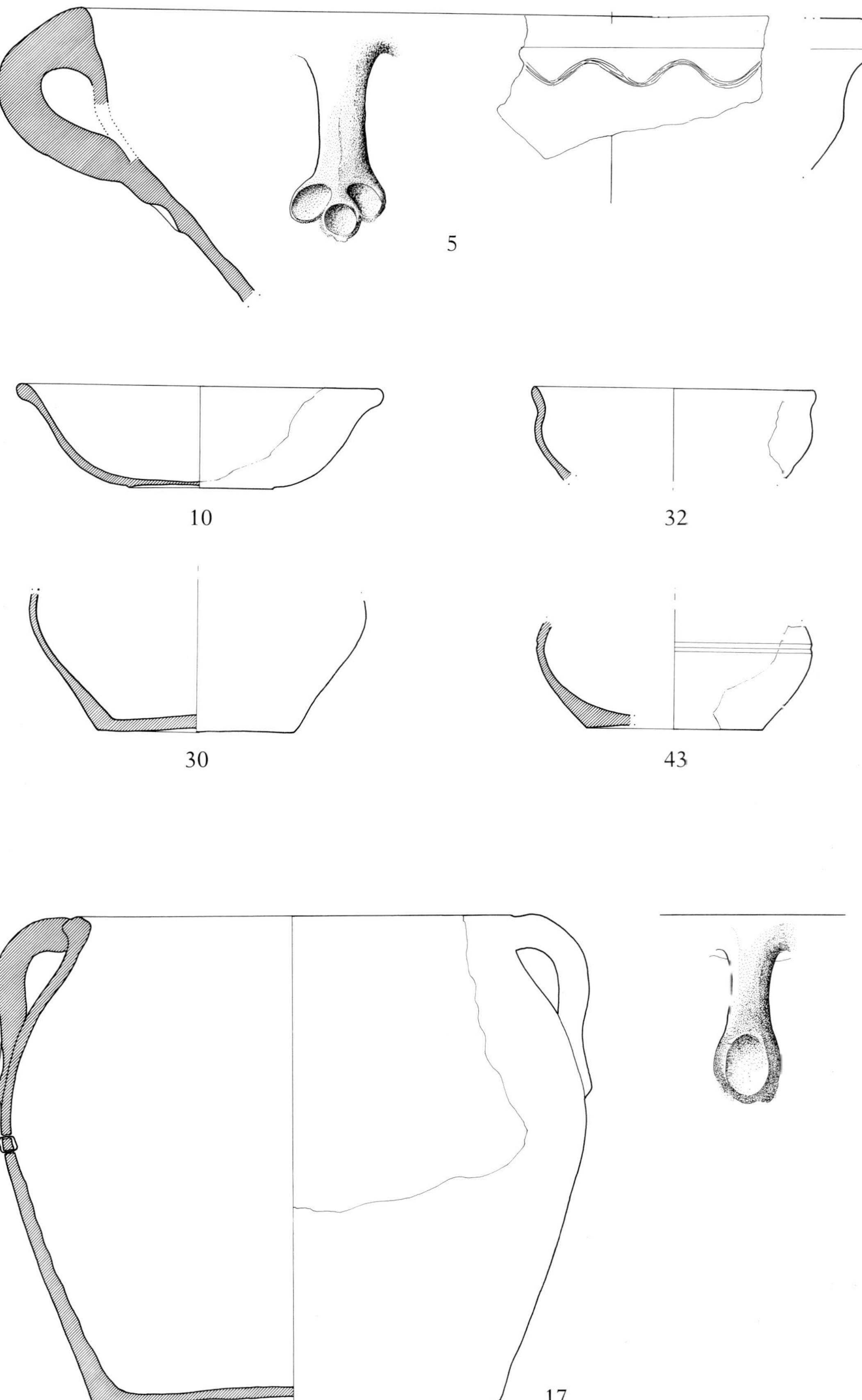

Fig. 38. US 22: invetriata (disegni di F. Del Vecchio).

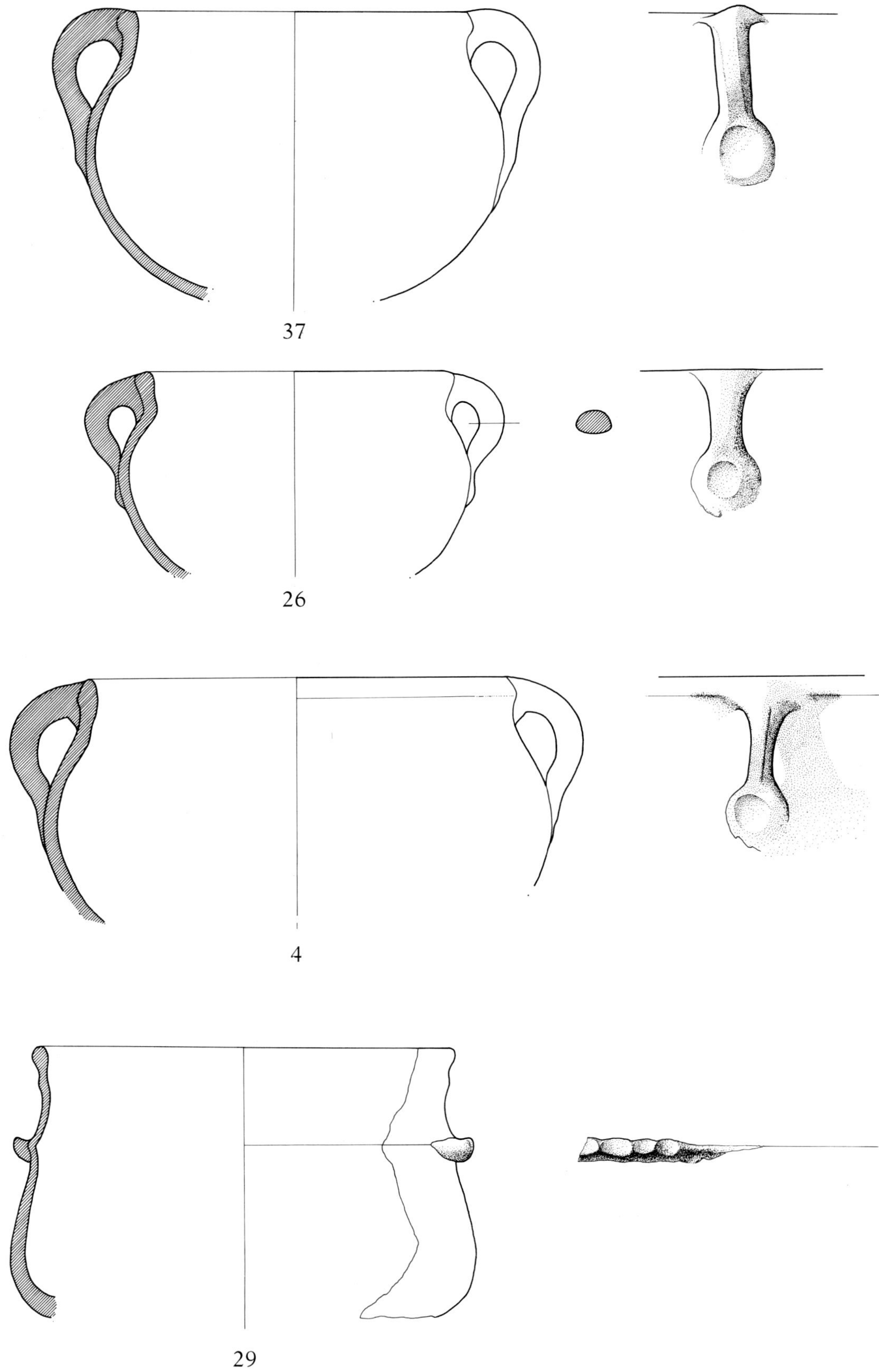

Fig. 39. US 22: invetriata (disegni di F. Del Vecchio).

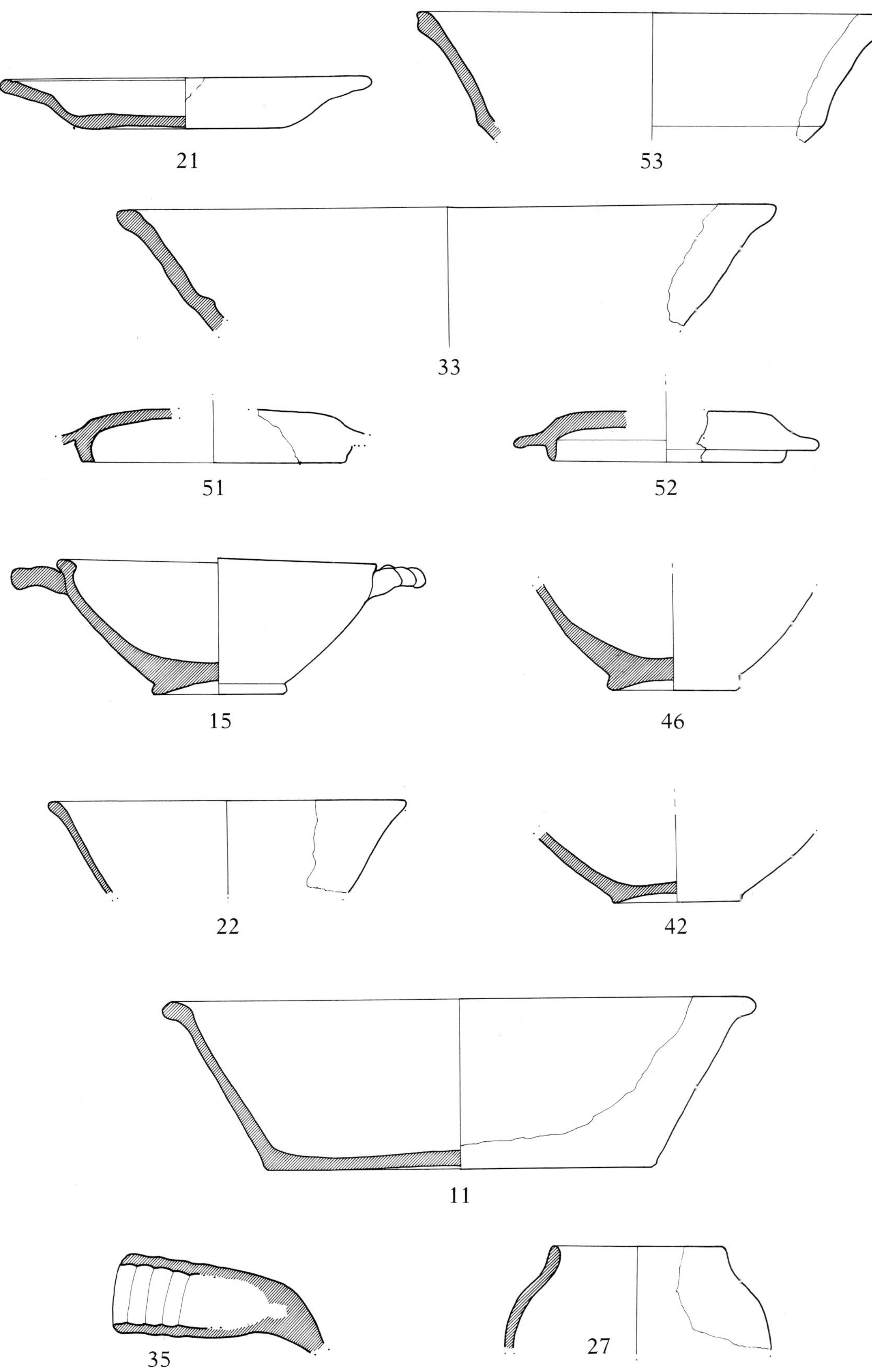

Fig. 40. US 22: invetriata a «taches noires» (21, 53, 33, 51, 52), ingubbiata (15, 46. 22, 42, 11, 35, 27) (disegni di F. Del Vecchio).

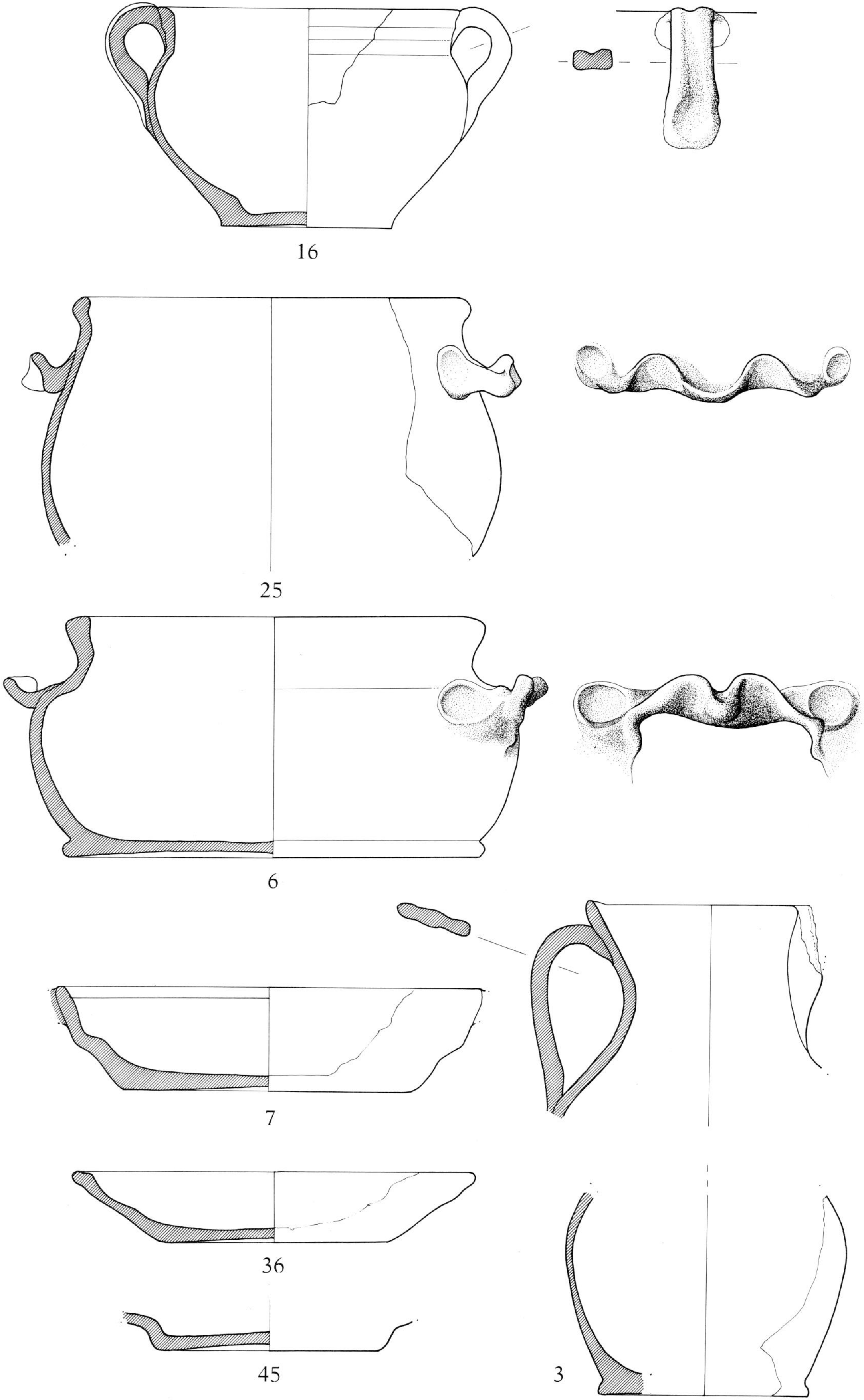

Fig. 41. US 22: ingubbiata (16, 25, 3), maculata (6, 7, 36), marmorizzata (45) (disegni di F. Del Vecchio).

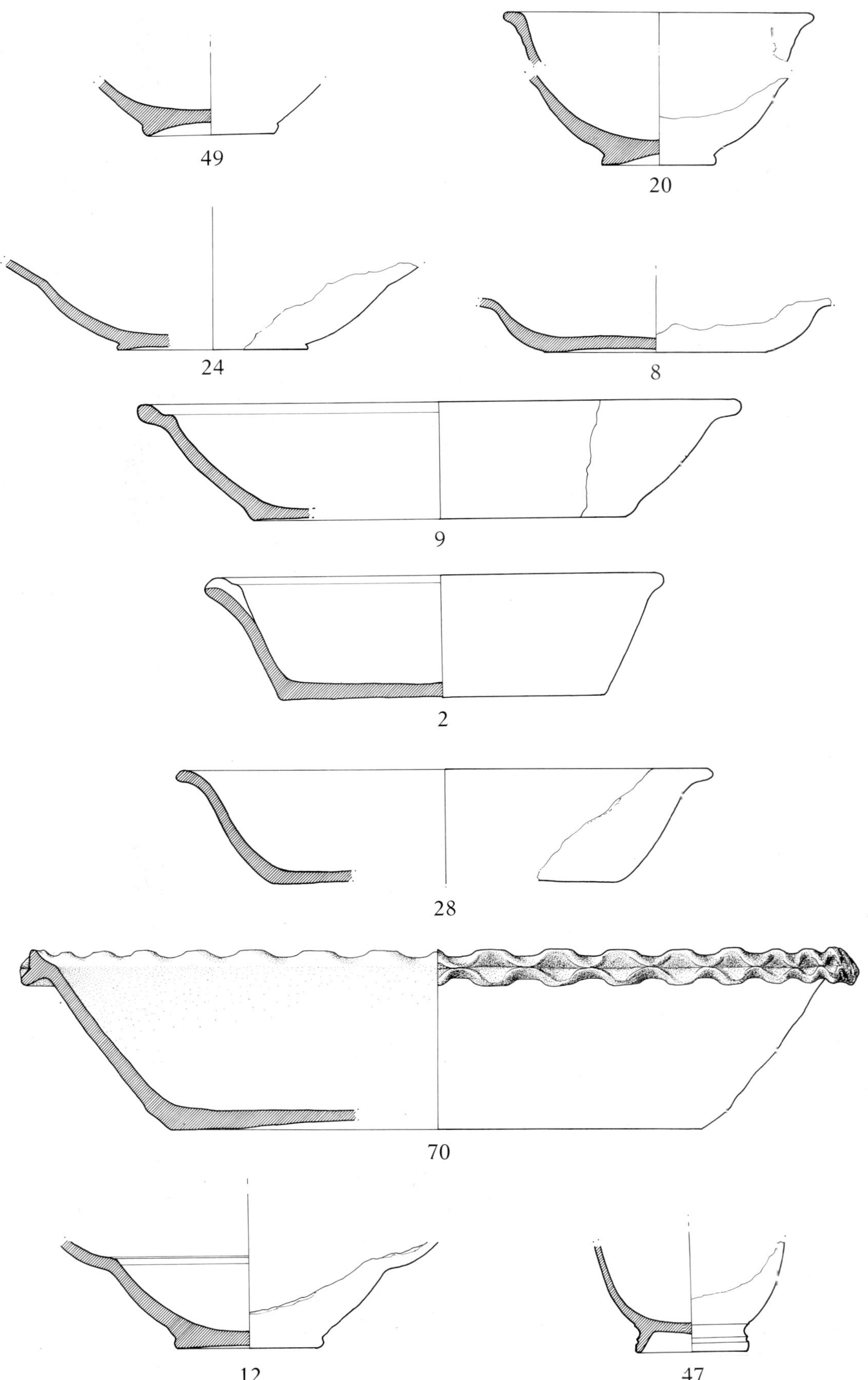

Fig. 42. US 22: ceramica decorata ad ingubbio (49, 20, 24, 8, 9, 2, 28, 70), graffita (12), terraglia (47) (disegni di F. Del Vecchio).

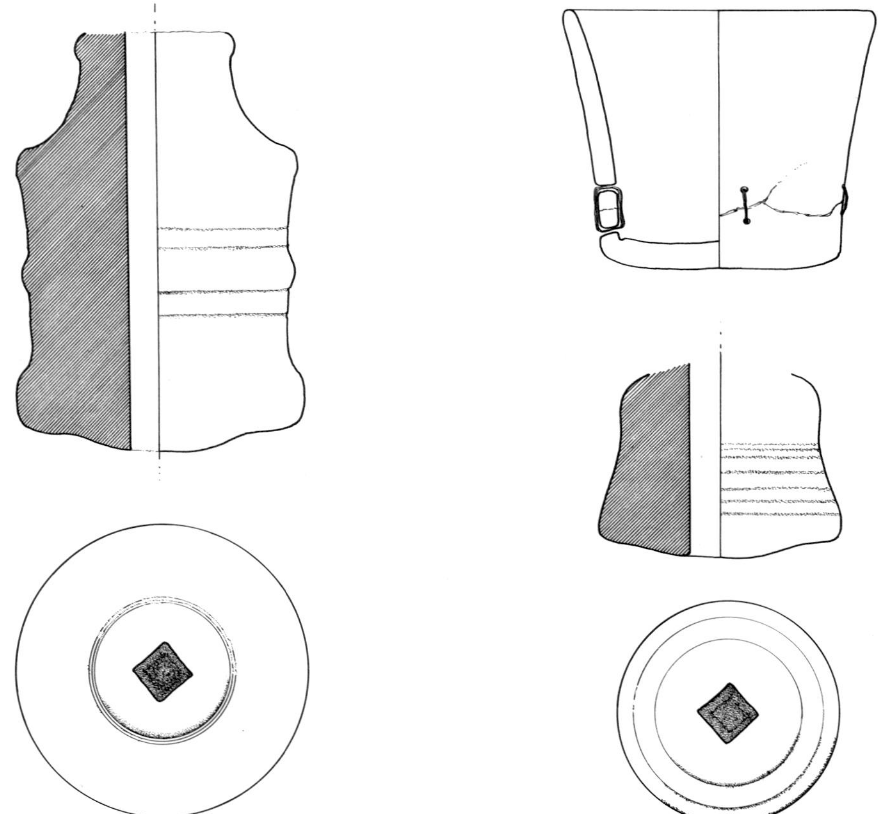

Fig. 43. US 22: pietra ollare (14), manufatti in terra refrattaria (71, 72) (disegni di F. Del Vecchio).

13

18

73

74

Fig. 44. US 42: graffita (13, 18). US 34: graffita (73, 74) us 22: ingubbiata (15, 16) (foto di F. Rollando).

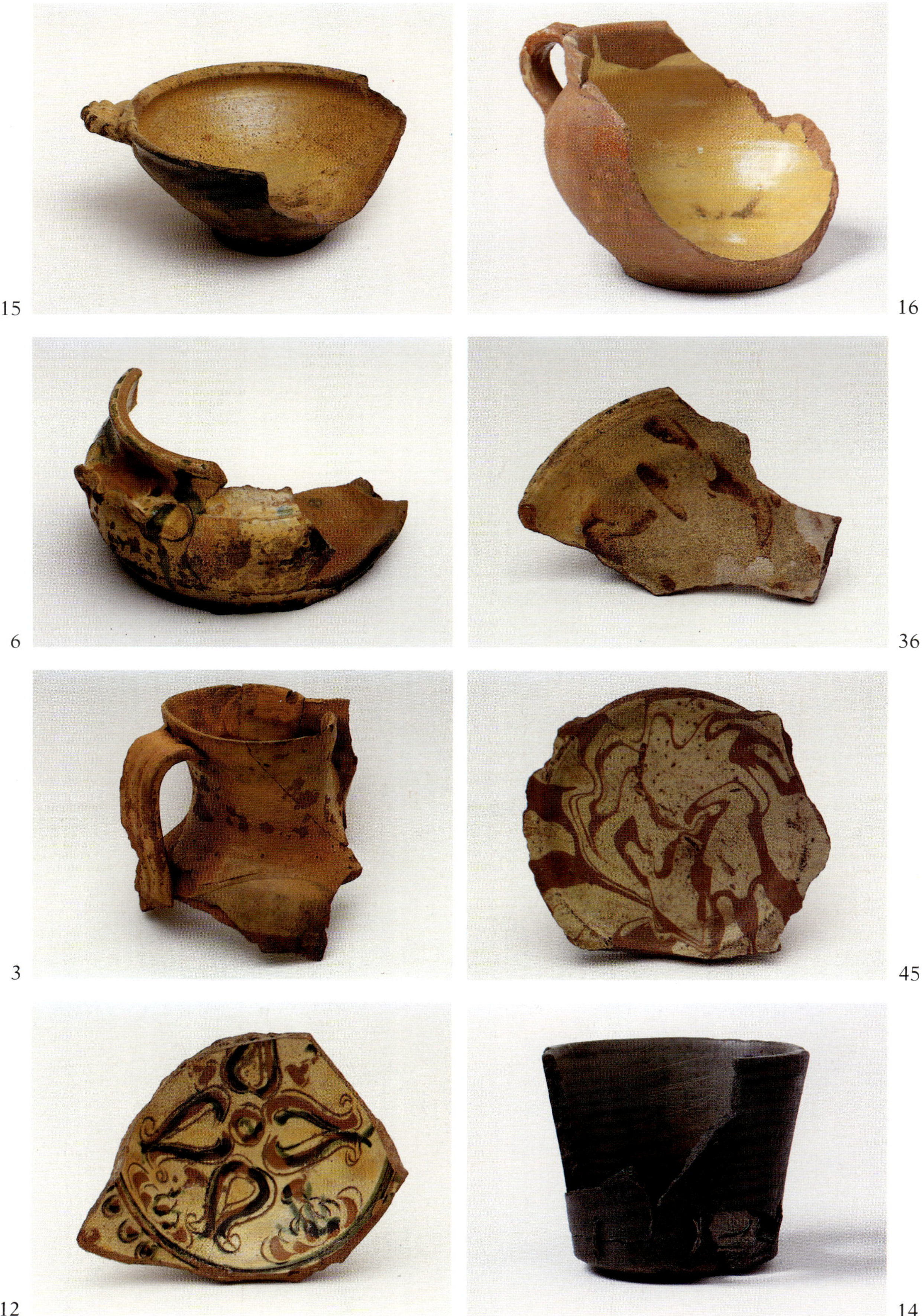

Fig. 45. US 22: ingubbiata (3), maculata (6, 36), marmorizzata (45), graffita (12), pietra ollare (14) (foto di F. Rollando).

Bruno Orlandoni

LA CAPPELLA DI SAN GRATO AD AOSTA E LA SUA DECORAZIONE PITTORICA

1. I termini generali del problema

Citata fin dall'inizio del XIII secolo come «ecclesia Sancti Grati» [1], l'attuale cappella del santo protettore della diocesi di Aosta, in via de Tillier, è sempre stata considerata tradizionalmente edificio di fondazione romanica solo parzialmente rimaneggiato in epoca tardogotica.

Fino all'attuale campagna di restauri non era però mai stata oggetto di studio approfondito.

In realtà i dati archeologici e di restauro acquisiti nell'attuale campagna di lavori forniscono inequivocabilmente un quadro di riferimento del tutto inedito.

Il monumento sembra un organismo assolutamente omogeneo, edificato unitariamente nel corso di una sola – probabilmente breve – campagna in cui si sarebbero erette le mura e, contestualmente, costruiti il campaniletto a vela e la volta a crociera, messi in opera gli elementi in pietra lavorata del portale, della finestra carenata di facciata, della più semplice ma sempre raffinata finestra orientale.

Questi nuovi dati omogeneizzano oltre ogni attesa una situazione che, evidentemente in maniera ingannevole, sembrava fortemente contraddittoria.

Nodi fondamentali di questa contraddizione erano l'inserimento, all'interno della struttura, evidentemente gotica, della postierla orientale, ora murata, e del campaniletto a vela con la sua colonnina con capitello a nodi, inequivocabilmente romanica, databile non oltre la fine del XII secolo e molto più probabilmente al secolo precedente.

In realtà la postierla è di una tale semplicità strutturale e formale da potersi datare quasi a qualsiasi epoca. Si potrà semmai – volendone fissare la concezione e l'esecuzione ai secoli XII o XIII a cui sembrerebbe maggiormente pertinente – pensare al riuso nel nuovo edificio gotico di elementi recuperati in un più antico edificio romanico, per esempio nella stessa cappella che dovette precedere, almeno dalla fine del XII secolo, la costruzione attuale.

Così sempre ad un riuso si dovrà pensare per la colonna del capitello a vela; riuso ben più evidente e anomalo, in questo caso, che necessiterà di una adeguata motivazione.

Per tutto il resto la cappella rivela un aspetto sostanzialmente unitario ed omogeneo e, soprattutto, sembra presentare un assetto storicamente ben definito.

Nella sua struttura squadrata e fortemente verticalizzata, negli elementi decorativi quali la carenatura della finestra di facciata o le costolonature della volta ricadenti fino a terra, nell'andamento ascensionale dell'interno – un vero e proprio pozzo – l'edificio denota infatti inequivocabilmente una datazione al XV secolo.

[1] V.L. Colliard, *Vecchia Aosta*, Aosta 1986 pag. 104.

2. Ipotesi di datazione in base agli elementi linguistici

I termini di questa datazione possono definirsi con relativa precisione analizzando singoli elementi dell'edificio e raffrontandoli con elementi analoghi documentati in Valle e di datazione sicura.

Le più antiche finestre carenate in Valle, per esempio, sembrano apparire tra Verrès e Fénis negli anni che vanno dal 1390 al 1396.

I costoloni di volta ricadenti fino a terra sono presenti invece nella cappella sepolcrale di Ibleto di Challant a Saint-Gilles, in costruzione nel 1405, fondata economicamente nel 1407 e consacrata nel 10.

I due decenni dal 1390 al 1410 sembrano quindi fornire le prime basi per l'individuazione di un termine di datazione post quem.

Un altro riferimento permette un ulteriore spostamento in avanti di questo termine.

Alcuni elementi superstiti in loco e le tracce in negativo di altri elementi rimossi permettono infatti una ricostruzione dettagliata del pavimento della cappella: un pavimento a piastre in marmo nero e bianco dal raffinato disegno geometrico. Un pavimento ricco, di lusso in una regione in cui la maggior parte delle chiese parrocchiali era semplicemente pavimentata in legno quando non con battuti in terra.

Un pavimento, soprattutto, che non può non ricordare quello in marmo bianco e grigio del coro di San Francesco di Aosta, oggi perduto ma ancora descritto dal de Tillier, e quello a piastrelle bianche e nere ancora in opera sul coro della Cattedrale di Aosta, databili il primo probabilmente al decennio 1410-1420, il secondo alla campagna di costruzione della tomba di Francesco di Challant da parte di Stefano Mossettaz, tra il 1429 e il 1434 [2].

Altri elementi, come le tipologie semplificate dei costoloni o quelle delle modanature del portale e della finestra, sembrano suggerire un ulteriore passo in avanti, fin verso il 1450, aprendo di fatto solo verso la metà del secolo i termini di una forbice di datazione che, a rigore, sembrerebbero potersi chiudere a '500 inoltrato.

In realtà anche quest'ultimo termine sembra potersi precisare meglio. Se è vero che elementi analoghi a quelli di San Grato sono presenti in Valle in cantieri minori fino alla fine del '500, non si dovrà infatti prescindere dalla dimensione reale del cantiere aostano di cui ci occupiamo, che fu sì minore, ma non periferico, anzi centrale, e quindi tale da potersi confrontare con i maggiori cantieri della Valle e della città.

Proprio in questa direzione si dovrà osservare come gli elementi scolpiti presenti in questi cantieri, dai portali del Palazzo Lostan o della prevostura di Aosta, di primissimo '500, alle finestre crociate del cortile di Verrès, costruite sotto Renato di Challant tra il 1536 e il 38, rivelino altra complessità rispetto agli elementi di San Grato [3].

Il 1512 che, datando l'affresco votivo della facciata della cappella, fornisce un inequivocabile termine ante quem alla costruzione, dovrà quindi arretrarsi almeno di qualche anno per non cadere troppo a ridosso di quei decenni 1510-1540 che vedono in Valle l'affermarsi di tipologie decorative di notevole complessità.

[2] Su Fénis v. B. Orlandoni-D. Prola, *Il castello di Fénis*, Aosta 1982. Sulla cappella di Saint-Gilles v. B. Orlandoni, *La produzione artistica ad Aosta durante il tardo medioevo* (pag. 208 e nota 46) in M. Cuaz (a c. di) *Aosta, progetto per una storia della città*, Aosta 1987. Sui pavimenti di San Francesco e della Cattedrale v: B. Orlandoni, *La chiesa e il convento di San Francesco ad Aosta* e B. Orlandoni, *I mausolei degli Challant di Fénis*, entrambi in AA.VV. *La chiesa di San Francesco in Aosta*, Torino 1986.

[3] Il cantiere di Verrès non è mai stato studiato analiticamente. Le campagne del '500, condotte dal capofabbrica spagnolo Pietro de Valle, sono documentate da pagamenti citati in Bori, *Le fortificazioni di Verrès nei documenti dell'Archivio Challant 1536-1538*, in Atti della Società di Archeologia e Belle Arti, VIII 5 Torino 1917. Sul portale della Prevostura di Aosta (edito in E. Brunod, *La Cattedrale di Aosta*, Aosta 1975 pag. 519) è scolpito uno stemma che per analogia con quello dell'omonima famiglia di Mondovì credo doversi attribuire al canonico Bartolomeo Pensa, che non fu mai prevosto della Cattedrale ma che fu in compenso maestro di fabbrica tra la fine del XV e l'inizio del XVI secolo.

Fig. 1 – Aosta. Cappella di San Grato. Facciata.

Fig. 2 – Aosta. Cappella di San Grato. Interno.

Fig. 3 – Verrès. Cappella sepolcrale di Ibleto di Challant. Interno (1405-1410).

Fig. 4 – Saint-Pierre. Castello dei Saint-Pierre. Portale di ingresso, particolare (1450 c. ?).

Fig. 5 – Aosta. Chiostro della Cattedrale (1443-1460).

Fig. 6 – Le Bourget du Lac. Chiostro del priorato. Costoloni frammentari (1460 c.).

Fig. 7 – Verrès. Cappella sepolcrale di Ibleto di Challant. Costoloni della volta.

Fig. 8 – Aosta. Cappella di San Grato. Costoloni della volta.

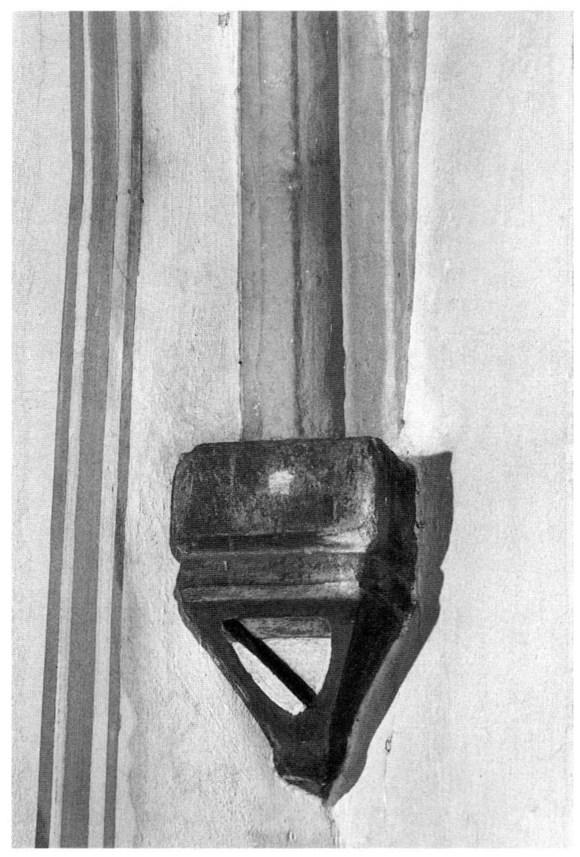

Fig. 9 – Aosta. Chiesa del convento di Santa Caterina (oggi di San Giuseppe). Costoloni della volta absidale.

Fig. 10 – Villeneuve. Chiesa di Santa Maria. Chiave di volta (I metà del XVI sec. ?).

Fig. 11 – Aosta. Cattedrale. Battistero (già cappella di San Vincenzo). Chiave di volta (1470 c. ?).

Fig. 12 – Aosta. Collegiata di Sant'Orso. Cappella di Sant'Anselmo (già di Sant'Andrea). Chiave di volta.

Fig. 13 – Verrès. Cappella sepolcrale di Ibleto di Challant. Chiave di volta.

Fig. 14 – Aosta. Cappella di San Grato. Chiave di volta.

Fig. 15 – Aosta. Chiostro della Cattedrale. Portale di sud est (1453-1460 ?).

Fig. 16 – Aosta. St. Martin de Corléans. Chiesa di San Martino. Portale (fine del XV sec. ?).

Fig. 17 – Aosta. Cappella di San Grato. Portale (ricomposto).

Non solo, mentre gli affreschi di facciata si sovrappongono all'intonaco originale della parete testimoniando una certa separazione di tempi tra esecuzione muraria e decorazione pittorica, si deve osservare come non sia neppure possibile istituire validi raffronti tra gli elementi della cappella e altri elementi architettonici presenti in cantieri capitolari posteriori al 1495.

Significativa, per esempio, a San Grato, è l'assenza di elementi confrontabili con quelli – chiavi di volta, mensole, costoloni – approntati in grande serie per essere usati nei cantieri del capitolo e di Giorgio di Challant, tra il 1495 e il 1505, in Cattedrale, a Sant'Orso, a Issogne.

Essendo San Grato sicuramente un cantiere capitolare, come testimonia lo stemma sulla chiave di volta della cappella, sembrerebbe da escludersi un'esecuzione nell'arco di quel decennio, quando quasi sicuramente sarebbe stato d'obbligo un ricorso agli stessi elementi in uso nelle maggiori chiese aostane.

L'elemento di fine secolo più vicino a quelli presenti a San Grato mi pare il portale della parrocchiale di Corléans, che credo debba datarsi agli anni immediatamente successivi al passaggio della chiesa al capitolo della Cattedrale sancito da una bolla di Innocenzo VIII del 1488 [4], quindi attorno al 1490 circa.

Il decennio 1440-50 e il lustro 1490-95 sembrerebbero quindi i margini estremi della datazione possibile per quanto riguarda la cappella.

3. Alcuni dati storici: la fabbriceria della Cattedrale di Aosta

Questo per quanto riguarda gli elementi stilistici.

Alcuni dati storici permetterebbero però di suggerire, all'interno di questo mezzo secolo, un giro di anni più limitato in cui racchiudere la costruzione dell'edificio.

Nella storia dell'arte tardomedievale aostana esiste una data chiave che fino ad oggi non è stata sufficientemente presa in esame dagli studiosi. È il 1456.

Nei mesi iniziali di quell'anno il vescovo Antoine de Prez e il capitolo della Cattedrale deliberavano di riprendere i lavori al chiostro e agli edifici capitolari «nimia vetustate consumptis», assumendo anche i provvedimenti utili al reperimento dei fondi necessari al riguardo.

Le delibere erano ratificate il primo luglio 1456 da Papa Callisto III diventando operanti e rappresentano la istituzione di una vera e propria fabbriceria della Cattedrale [5].

I lavori che nell'arco degli 8 decenni successivi avrebbero radicalmente trasformato l'assetto e l'arredo della chiesa madre della diocesi aostana sarebbero stati resi possibili proprio da questa fabbriceria e in ciò consta la centralità della data e dell'evento.

Le delibere in questione sembrano riguardare in parte anche proprio la nostra cappella.

Il reperimento dei fondi necessari alla fabbrica sarebbe infatti avvenuto tramite l'annessione di una cappellania alla mensa capitolare. Il capitolo avrebbe dovuto indicare un canonico che, col ruolo di «magister fabricae», avrebbe devoluto alla fabbriceria parte dei redditi della cappellania annessa alla mensa riservando il resto al proprio mantenimento.

Ora la cappellania incamerata era proprio quella di San Grato.

Non si sono fin qui reperiti dati sulle modalità di attuazione delle delibere in questione, si può però stabilire con certezza che questa dovette essere pressoché immediata.

Il lavoro che dai documenti capitolari del 1456 risulta più urgente è la ricostruzione del chiostro, che procedeva a rilento dal 1443, ed effettivamente nel 1460 tale ricostruzione era terminata e sancita dalla data e dai nomi del vescovo e dei canonici in carica scolpiti sui capitelli del monumento [6].

Niente di più facile, quindi, che, appena terminata la costruzione del chiostro – assolutamente urgente dato lo stato cadente del monumento – la neonata fabbrica della Cattedrale decidesse –

[4] V.E. Brunod, *Diocesi e comune di Aosta*, Aosta 1981, pag. 260.

[5] Tutti questi dati sono desunti da J.A. Duc, *Histoire de l'Eglise d'Aoste*, vol. IV.

[6] Sul chiostro della Cattedrale v. ora G. Abrardi/S. Pulga, *Osservazioni sul restauro del chiostro della Cattedrale di Aosta*, in BASA, Nuova serie, III, 1991.

quasi per indennizzare idealmente il santo i cui fondi erano serviti a completare la costruzione del chiostro – di far riedificare la cappella.

Se questa – che per ora resta una ipotesi – si dovesse rivelare corretta, si potrebbe anche ipotizzare una plausibile spiegazione della presenza, nel nuovo monumento tardogotico, della colonna col capitello romanico, tra l'altro in posizione di grande evidenza, sul campaniletto a vela al centro del fastigio di facciata.

Questa potrebbe ben provenire dalla precedente cappella romanica di San Grato, ma potrebbe anche provenire proprio dal chiostro della Cattedrale e rappresentare una sorta di prestito storico, volto a suggellare visivamente un vero e proprio gemellaggio simbolico tra i due monumenti in quell'ottica di «restauratio» che è così frequentemente documentata in tutta la storia medievale [7].

4. Alcuni dati storici: il culto di San Grato in Valle d'Aosta

Si può osservare come, del resto, gli stessi anni attorno al 1460 segnassero un momento d'oro nell'evoluzione del culto di San Grato. È noto infatti come, fino alla fine del XIII secolo, il santo, per quanto conosciuto, come dimostra proprio l'esistenza della nostra cappella, non fosse particolarmente centrale nell'agiografia locale.

Il XIV secolo vede piuttosto affermarsi esplicitamente il culto di Sant'Orso.

Nel 1359 si eseguiva la straordinaria cassa reliquiaria per la collegiata che faceva paio con un busto argenteo del santo, oggi purtroppo perduto, citato dalle fonti come dono del canonico François de Runa. Ma già dall'inizio del secolo era nata un'iconografia specifica per il santo, che appariva per la prima volta individuabile grazie all'attributo dell'uccello posato sulla spalla, nel contraltare della parrocchiale di Villeneuve ora al Museo Civico di Torino, databile verso il 1300 o poco dopo [8].

Si deve osservare come, se è vera la notizia della scoperta della tomba del vescovo Grato proprio verso il 1300 nella chiesa di San Lorenzo, questa scoperta non debba aver determinato particolari sommovimenti per almeno tre quarti di secolo.

È solo al tempo dell'episcopato di Giacomo Ferrandini, dopo il 1370, che il culto di San Grato sembra veramente decollare, con la fondazione di nuove cappelle e chiese dedicate al santo, solitamente accostato al popolarissimo Sant'Antonio abate, che si sommano a quella – fino a quel momento unica – di cui ci stiamo occupando.

Nel 1380 Ferrandini fonda la cappellania dei Santi Grato e Antonio in Cattedrale; nel 1393 ai due santi viene intestata la nuova chiesa parrocchiale di Valgrisanche e nel 1420 ancora agli stessi santi si intesterà la nuova parrocchiale di Valtournanche.

Contemporaneamente è sempre Ferrandini – con un lascito testamentario di una serie di gobelets d'argento – a porre le basi per la complessa operazione di costruzione della grande cassa reliquiaria che occuperà di fatto tutta la prima metà del '400 [9].

È proprio questo straordinario oggetto a sancire l'acquisizione di un vero e proprio ruolo di centralità di Grato nel culto locale e ci si chiede se l'operazione, voluta da Ferrandini e puntigliosamente perseguita dai suoi successori, soprattutto Moriset, Prangins e Antoine de Prez, non sia stata anche e soprattutto la cosciente costruzione di un vero e proprio simulacro del potere e del prestigio episcopale,da contrapporre da un lato a Sant'Orso, dall'altro ai santi – Maurizio, Giorgio, Vittore – specifici della devozione cortese e nobiliare, veramente strabordante nelle fondazioni di primo '400, soprattutto degli Challant.

Gli effetti dell'operazione si coglievano forse già prima della consegna del reliquiario, se è ve-

[7] Una risposta parziale a questa ipotesi potrà venire dall'analisi dettagliata di tre capitelli romanici (inediti) reperiti nel corso dell'ultimo restauro nei muri di fondazione del chiostro.

[8] Sul paliotto di Villeneuve v. ora G. Romano, Recensione a L. Bellosi, *La pecora di Giotto*, in Bollettino d'Arte n. 35-36, pp. 97-100.

[9] Sulla scoperta della tomba di San Grato v. J.A. Duc cit. vol. III. Sulle fondazioni di cappelle e parrocchie e sul ruolo del vescovo Ferrandini v. J.A. Duc cit., vol. IV.

ro che Amedeo VIII, per compensare la Cattedrale del dono di una reliquia trasmessa poi a Moncalieri, donava in cambio il busto argenteo ora nel tesoro della chiesa [10].

La costruzione della cassa, con alterne vicende, giungeva a termine nel 1458, proprio a ridosso degli anni che mi sembrano stilisticamente ideali per la costruzione della cappella, e doveva esercitare uno stimolo determinante sulla cultura artistica locale.

Da un lato, infatti, assistiamo, dopo il 1458, al vero e proprio dilagare in tutta la regione di decine di cassette reliquiarie argentee che all'esemplare della Cattedrale chiaramente si riferiscono.

Da un altro lato assistiamo finalmente alla nascita dell'iconografia specifica del santo con l'attributo della testa del Battista che lo caratterizzerà poi fino ai nostri giorni.

5. L'ICONOGRAFIA DI SAN GRATO

Si deve osservare come l'icona argentea apposta alla cassa della Cattedrale presenti San Grato ancora privo di attributi, e saremmo prima del 1421, nell'ambito dell'attività dell'orafo piemontese Guglielmo da Locana, anche se il simulacro sarebbe stato reso pubblico – come si è detto – solo nel 1458 –. Ancora prima del 1469 il San Grato degli stalli del coro della Cattedrale sarebbe stato privo di attributo.

Esistono però almeno tre esemplari che rappresentano il santo con la testa del Battista che sono posteriori al santo argenteo della cassa ma che cadono invece cronologicamente attorno al coro della Cattedrale e che potrebbero anche essere di qualche anno precedenti.

Si tratta della grande statua in pietra della torre di Saint-Gilles a Verrès, dell'icona lignea della parrocchiale di Quart, oggi nel tesoro della Cattedrale di Aosta, e di uno sportello di provenienza sconosciuta nel tesoro della stessa Cattedrale [11].

Tralasciando l'icona di Saint-Gilles, che potrebbe anche essere più tarda, e datare al primo '500 in concomitanza con la ricostruzione della torre su cui è esposta – anche se i suoi tratti stilistici sembrano ben più consoni alla grande scultura litica aostana della prima metà del XV secolo – si può concentrare l'attenzione sugli altri due esemplari.

Lo sportello della Cattedrale, per esempio, che fa coppia con un altro recante l'immagine di un santo martire, reca sul retro un dipinto molto malandato ma culturalmente localizzabile.

Si tratta di un'opera riferibile a linguaggi pittorici di derivazione svizzera vallesana, documentati a Sion fin dagli sportelli dell'altare di Gluringen, verso il 1440. Tali linguaggi mi sembrano presenti in Valle, solo in forma leggermente più elaborata, anche nel messale di François de Prez – che credo doversi datare subito dopo il 1464 [12] – e nell'affresco votivo della cappella sepolcrale di Ibleto di Challant a Saint-Gilles che, rappresentando quasi sicuramente Luigi di Challant bambino – non Giorgio di Challant come si è sempre sostenuto – dovrebbe datarsi al 1467, per la precisione al momento della vittoria dei protettori dello stesso Luigi sulla coalizione formata da Caterina di Challant e dalla famiglia de Chissé [13].

Non è possibile stabilire la destinazione dei due bassorilievi che, data la loro originaria mobilità, dovranno essere pensati quanto meno in rapporto ad un altare a sportelli o ad un armadio.

Ne va però sottolineata, assieme al taglio orizzontale del margine superiore (improbabile per un altare di metà '400), la proporzione singolarmente allungata: 188 cm. di altezza per 52 di base.

Proprio la proporzione, che sarebbe piuttosto inconsueta sia per un altare che per un armadio normale, potrebbe suggerire un altro utilizzo, come ante di chiusura della cassa di un organo [14].

[10] Sul busto di San Grato v. B. ORLANDONI, *Arte e architettura dal romanico alla Rivoluzione Francese* (pag. 105, nota 49) in M.C. RONC (a c. di) *La Valle del Cervino*, Torino 1990.

[11] Le statue di Saint-Gilles sono praticamente inedite. Sullo sportello della Cattedrale v. E. BRUNOD, cit., 1975, pp. 270-272. Sul San Grato di Quart v. AA.VV., *Museo del Tesoro Cattedrale di Aosta*, Aosta 1985, scheda 43.

[12] Sull'altare di Gluringen v. C. LAPAIRE *Les plus anciens retables gothiques du Valais*, in Vallesia. Sul messale des Prez v. E. ROSSETTI BREZZI, *La pittura in Valle d'Aosta*, Firenze 1989, pp. 28-30.

[13] L'affresco di Saint-Gilles è analizzato in N. GABRIELLI, *Rappresentazioni sacre e profane nel castello di Issogne*, Torino 1959, pag. 181, nota 2.

[14] Le proporzioni dei pannelli (h/b = 3,61) coincidono effettivamente con quelle degli elementi verticali dei pochi esemplari di portelle d'organo «nordiche» giunte a noi: da quele dipinte da Peter Maggemberg nel 1437 circa a Valère

Fig. 18 – Aosta. Collegiata di Sant'Orso. Cassa di Sant'Orso (particolare con San Grato) (1359).

Fig. 19 – Aosta. Cattedrale. Reliquiario ligneo dipinto proveniente dalla cappella di San Grato (fine del XIII, inizio del XIV sec.).

Fig. 20 – Aosta. Cattedrale. Cassa di San Grato (particolare con San Grato) (1410-1420).

Fig. 21 – Aosta. Cattedrale. Busto di San Grato (1430-1450 c.).

Fig. 22 – Aosta. Cattedrale. Coro. Dossale di stallo con San Grato (1465-1469 c.).

Fig. 23 – Verrès. Saint-Gilles. Torre campanaria. Statua litica di San Grato (II metà del XV sec.?).

Fig. 24 – Aosta. Cattedrale. Sportelli intagliati con i santi Pantaleone (?) e Grato (1460-1470 circa ?).

Fig. 25 – Aosta. Cattedrale. Statua lignea di San Grato (dalla parrocchiale di Quart) (metà del XV secolo).

Fig. 26 – Morgex. Chiesa parrocchiale. Affresco con San Grato (1490).

È solo un'ipotesi, ma va sviluppata perché qualora si riuscisse a provarla sarebbe possibile legare gli sportelli alla data del 1468, in cui il mastro organaro Pierre Leyde de Jisin costruiva proprio un nuovo organo per la Cattedrale. L'organaro tra l'altro era di Friburgo, la qualcosa ricondurrebbe alla matrice chiaramente svizzera del linguaggio pittorico degli sportelli.

Anche la loro parte scultorea non è priva di riscontri in area aostana. La mano responsabile della figura di San Grato sembra infatti la stessa responsabile anche di una icona di santo vescovo (forse Martino) della parrocchiale di Corléans, e non appare lontana da quella dell'autore di una predella con Cristo gli apostoli e le sante Lucia e Margherita oggi al Museo Civico di Torino [15].

Purtroppo nessuna di queste opere è riferibile a situazioni storiche precise.

Il riferimento della predella di Torino alla parrocchiale di Saint-Pierre, dove si trovava l'unico altare di Santa Lucia documentato nella diocesi entro la fine del '400, potrebbe indurre a datazioni poco oltre il 1446, anno in cui la chiesa, ampiamente rimaneggiata, veniva riconsacrata. Sono però sempre solo ipotesi.

Come quelle possibili per il San Grato di Quart. Questo sembra riferibile ad una Vergine addolorata di Calvario – di concezione un po' più dotta – della stessa parrocchiale, ed è, ad evidenza, opera della stessa mano responsabile di una più nota Santa Caterina del Museo Regionale aostano [16].

Sono tutte opere che sembrano implicare una derivazione abbastanza diretta dalla grande scultura litica dei Mossettaz e che troverebbero una datazione ideale nei due decenni attorno alla metà del secolo o pochissimo dopo.

Il Primo San Grato con la testa del Battista a cui si possa assegnare una data sicura è comunque di poco posteriore, e appare negli stalli del coro di Sant'Orso, pagati – e quindi terminati – nel 1487 [17].

6. L'ARCHITETTO DELLA CAPPELLA DI SAN GRATO: UN'IPOTESI PER MARCELLO GÉRARD DE SANCTO MARCELLO

Una data molto credibile per l'inizio della ricostruzione della cappella di San Grato sembrerebbe quindi potersi collocare subito dopo la consegna della cassa di San Grato e dopo la chiusura del cantiere del chiostro della Cattedrale, in quello che è il momento di maggior sviluppo del culto del santo.

Si può anche supporre, come si è visto dall'omogeneità decorativa e di concezione della cappella, che tale ricostruzione non sia durata molti anni, e a tale conclusione sembrano portare anche i dati in nostro possesso sui successivi lavori intrapresi dalla fabbrica della Cattedrale.

Questa, dopo aver provveduto alla ricostruzione del chiostro, avrebbe messo in cantiere il rifacimento dell'intera serie degli stalli del coro. Datati genericamente al 1470 circa, gli stalli devono essere stati terminati in realtà nel 1469, come testimonia una lettera inviata dal Capitolo della Cattedrale al re di Sardegna nel 1821, ed essere stati iniziati quindi come minimo 3 o 4 anni prima, almeno verso il 1465-66 [18].

(h/b = 3,68) a quelle di Holbein per il duomo di Basilea, del 1528 (h/b = 4,16 e 4,06). In entrambi questi casi i pannelli verticali, che chiudevano la cassa con le canne maggiori, facevano tutt'uno con pannelli a profili superiori inclinati che chiudevano le casse con le canne più piccole, disposte solitamente in ordine di altezza degradante.

É possibile che ad Aosta i diversi pannelli fossero incernierati tra loro. Si può comunque osservare come il tema iconografico dell'Assunta – titolare della Cattedrale – dipinto su un panello, connesso alla presenza di San Grato, sembri indicare una collocazine di rilievo nell'arredo della chiesa.

[15] Sul San Martino v. B. ORLANDONI, in AA.VV., *La chiesa di San Francesco in Aosta*, Torino 1986, illustraz. 132 a pag. 170.

La predella del Museo Civico di Torino è edita in L. MALLÈ, *Museo Civico d'arte antica di Torino. Le sculture*, Torino 1965, pag. 139 e tav. 93.

[16] Per l'addolorata di Quart v. AA.VV., *Museo del Tesoro Cattedrale di Aosta*, Aosta 1985, pp. 132-133. Per la Santa Caterina v. AA.VV., *Arte sacra in Valle d'Aosta*, Aosta 1969, scheda n. 76.

[17] Sul coro di Sant'Orso v. ora A.M. CAREGGIO, *Gli stalli della Collegiata di Sant'Orso in Aosta*, Aosta 1991.

[18] La lettera è edita in R. BERTON, *Les stalles de la cathédrale d'Aoste*, Novara 1961. La sicurezza della datazione

Si potrebbe quindi racchiudere la costruzione della cappella tra il 1460 e il 1465 circa.

Anche un preciso dato stilistico sembrerebbe confermare questa possibilità.

L'elemento architettonico che più di tutti sembra potersi raffrontare a quelli presenti a San Grato è rintracciabile ad Aosta proprio nel chiostro della Cattedrale. Si tratta del portale orientale di accesso alla navata settentrionale della chiesa, in cui le modanature, i plinti di base, lo stesso trattamento della pietra coincidono quasi letteralmente con quelli del portale di San Grato.

Anche un altro elemento è comune al chiostro e alla cappella: sui costoloni cilindrici della volta di San Grato si stende come un sottile, stretto nastro di pietra che dalla chiave scende fino a risvoltare sui plinti di base.

Nastri del tutto analoghi coprono le mezzerie laterali di alcune delle basi delle colonne del chiostro, risalendo poi con continuità sulle colonne fino a ricoprire i capitelli e a profilarsi al centro degli intradossi degli archi.

Ora se la forte analogia dei due portali è già di per sé significativa, l'analogia di questo particolare decorativo sembra veramente determinante: quasi una firma.

Si tratta infatti di un elemento molto particolare: una vera e propria rarità documentata in Valle d'Aosta – mi pare – in un solo altro caso, sui costoloni della volta absidale della chiesa conventuale di Santa Caterina.

Sembra quindi possibile ipotizzare che almeno in una parte del chiostro e nella cappella di San Grato abbiano lavorato maestranze comuni, probabilmente uno stesso capomastro tagliapietre che si potrebbe ben identificare nell'aostano Marcello Gérard di Saint-Marcel, documentato al chiostro dal 1453 al 1460 e poi ancora presente a Jovençan nello stesso 1460 con l'incarico di scegliere l'area adatta alla costruzione del nuovo campanile parrocchiale.

In quest'ultima occasione al Gérard e ad un tale «Bertino de Villanova» si dava potestà «eligendi locum proficum et ad minorem expensam» e «adpreciandi et pactandi cum dicto dompno Petro (curato) mediante eorum tamen iuramento, expensis dictorum parrochianorum» [19].

In altri termini si dava al Gérard l'incarico di approntare un vero e proprio preventivo dell'opera e quindi, verosimilmente, un vero e proprio progetto.

Può essere ulteriormente significativo il fatto che l'apertura del cantiere a Jovençan era prevista per 5 anni dopo, cioè per il 1465, e che la prima pietra sarebbe stata effettivamente posata il 25 aprile di quell'anno[20].

Sommando questi diversi elementi mi pare che esistano dati documentari e stilistici sufficienti ad ipotizzare:

1) un'attività di Marcello Gérard al chiostro della Cattedrale prima a rilento dal 1453 al 1456, poi con maggiore intensità dal 1456 al '60.

2) Un'impostazione del progetto di San Grato da parte dello stesso Gérard nello stesso 1460 con apertura del cantiere quasi immediata e programmazione di durata dei lavori per circa 5 anni.

3) Una progettazione, ancora una volta da parte di Gérard e sempre nel 1460, del futuro campanile di Jovençan con un'ipotesi di apertura del cantiere nel 1465 al momento della chiusura del cantiere di San Grato.

4) Probabilmente un intervento se non del Gérard almeno di maestranze a lui vicine nella costruzione della nuova volta del coro di Santa Caterina in anni non lontani dalla metà (terzo quarto) del secolo.

Naturalmente non è questa l'occasione per ricostruire dettagliatamente la personalità del lathomus valdostano.

Mi sembra però utile segnalare quelli che, a mio avviso, dovranno essere i futuri approfondimenti necessari al riguardo.

ad un anno preciso sembra implicare l'esistenza di fonti informative oggi perdute, per esempio un'iscrizione nella parte di stalli smantellata poi nei decenni immediatamente successivi.

[19] V.E. Roullet, *Vita religiosa nella diocesi di Aosta tra il 1444 e il 1525*. Tesi di laurea, Università degli studi di Torino, Facoltà di lettere e filosofia, Anno Accademico 1981-1982, pag. 321.

[20] V. J.A. Duc, cit., vol. V, pag. 10.

Figg. 27-28-29-30 – Aosta. Chiostro della Cattedrale. Particolari dei pilastri (1443-1460).

Fig. 31 – Jovençan. Campanile della chiesa parrocchiale (1465-1470).

Sarà necessario innanzitutto riprendere dettagliatamente l'analisi del chiostro aostano per poter finalmente discernere, con l'aiuto degli esiti del recente restauro, la parte da assegnarsi allo stesso Gérard da quella già precedentemente – dal 1443 al '46 – realizzata dall'architetto savoiardo Pierre Berger.

Una prima osservazione al riguardo mi sembra già possibile.

Se è vero che alla seconda fase di costruzione del chiostro si può assegnare il portale orientale, alla prima, su progetto del Berger, si potrebbe assegnare il portale occidentale, che sembra effettivamente precedente di un paio di decenni, testimoniando una cultura per certi versi meno esuberante e più sobria e rigorosa, quale quella che doveva essersi manifestata in Valle fin dai cantieri di Verrès.

Confrontati gli elementi salienti della cultura del chiostro e della cappella e interpolati gli elementi deducibili dall'analisi del coro di Santa Caterina e del campanile di Jovençan – che però per ora non mi sembra presentare elementi decorativi di particolare significato –, si potrà poi prendere in esame un ultimo cantiere, o meglio il poco che ne resta.

Non si è infatti mai osservato come alle tipologie dei capitelli del chiostro aostano rimandino in buona parte i capitelli degli stipiti del portale aperto nella cinta esterna del castello di Saint-Pierre.

Si tratterà, cercando altri elementi antichi superstiti nel castello, di capire se il rapporto delle maestranze attive a Saint-Pierre vada cercato proprio con Marcello Gérard o non, piuttosto, ancora con il più anziano Pierre Berger.

Già fin d'ora si possono segnalare i rapporti tra Saint-Pierre e la Cattedrale almeno per via di committenze: Bonifacio di Saint-Pierre, canonico, era stato tra i committenti a Jean de Malines della cassa reliquiaria di San Grato nel 1421. Suo fratello Giovanni, pure lui canonico, figura tra i committenti proprio del chiostro a Pierre Berger. Alla convenzione, stipulata nel 1443, assisteva come testimone un terzo Saint-Pierre, Giovanni, cavaliere. Questo Giovanni non appare nelle genealogie di de Tillier ma da una prima collazione di dati documentari sembra possibile pensare che si trattasse di un nipote dei due canonici, figlio del loro fratello Raimondo, ancora minorenne nel 1430 e morto probabilmente prima del 1461.

Di un quarto fratello, Umberto, infine, era figlio Luigi di Saint-Pierre, pure lui canonico della Cattedrale. Il suo nome apparirà nel 1460 su un capitello del chiostro in posizione d'onore: stando alla più recente ricostruzione di Abrardi e Pulga avrebbe dovuto fare riscontro al nome del vescovo De Prez, su una delle due colonne a lato del varco di accesso sud al cortile interno del monumento. Probabilmente sempre a Luigi si riferisce infine lo stemma Saint-Pierre intagliato sul cielo di uno degli stalli del coro della Cattedrale del 1469 [21].

[21] Giovanni di Saint-Pierre – ignoto al de Tillier – è citato nei documenti delle udienze generali del 1430 come nipote di Umberto di Giovanni I (v. Arch. St. Torino Sez. Corte Cité et duché d'Aoste, pacco III doc. 4 e pacco IV doc. I) ed è forse nuovamente individuabile in un altro documento del 31 agosto 1461 (v. Ibidem Duché d'Aoste pacco XII Saint-Pierre doc. 6) in cui il canonico Luigi agisce a nome dei suoi parenti «Raimondo e figli di Giovanni di Saint-Pierre».

Date le ricorrenze dei nomi sembrerebbe possibile immaginare Giovanni come figlio di un Raimondo di Giovanni I che secondo il de Tillier (v. J.B. de Tillier, *Nobiliaire du Duché d'Aoste*, ed. Aoste 1970 pag. 543) avrebbe passato «sa vie sans alliance».

Giovanni I di Saint-Pierre avrebbe avuto 5 figli: Giacomo, il canonico Bonifacio, Umberto (padre del canonico Luigi), il canonico Giovanni e Raimondo padre del nostro Giovanni. Questi sarebbe stato a sua volta padre di un altro Raimondo e di altri figli di cui si ignora il nome.

É verosimile che Giovanni di Raimondo fosse minore nel 1430 quando i suoi feudi erano riconosciuti ai Savoia dallo zio Umberto, e che fosse già morto nel 1461 quando per conto dei suoi figli agiva il cugino Luigi.

7. Una digressione: la cultura artistica ad Aosta attorno alla metà del XV secolo

Può essere utile a questo punto, prima di passare ad analizzare le decorazioni pittoriche della cappella, che interessano però l'arte del XVI secolo, cercare di riassumere la situazione generale della cultura figurativa locale nei due decenni posteriori alla metà del '400, per capire in quale ambito vadano inserite da un lato la costruzione della cappella di San Grato, da un altro l'attività complessiva del lathomus Marcello Gérard.

Già in altre occasioni ho sottolineato come il sesto decennio del '400 sembri essere stato un momento di stasi e insieme di svolta nella storia dell'arte in Valle [22].

Il lungo periodo che va dal 1390 al 1440 aveva visto la straordinaria affermazione delle grandi committenze nobiliari degli Challant e del vescovo Moriset. Nelle ricostruzioni – o costruzioni ex novo – dei castelli di Verrès, Fénis e Aymavilles, e nella decorazione delle cappelle sepolcrali di Saint-Gilles, di San Francesco e della Cattedrale di Aosta il gotico internazionale aveva segnato uno dei capitoli più alti dell'arte in Valle che aveva avuto i suoi maggiori interpreti nello scultore Stefano Mossettaz e nell'orafo Jean de Malines. Poco oltre il 1450 entrambi dovevano essere ancora vivi – il primo è documentato ancora nel 1455, il secondo nel 1458 – ma è evidente che il problema della loro successione doveva essere già aperto.

Nel 1442 con Francesco di Challant era morto l'ultimo grande committente della generazione «internazionale» mentre i suoi eredi o aspiranti tali – da Giacomo di Challant ai Sarriod d'Introd – dovevano essere sì portatori di un gusto più moderno ma non dovevano avere grandi occasioni di dimostrarlo, impegnati com'erano a sfibrarsi nella guerra di successione che avrebbe sconvolto gli equilibri politici della Valle fino al 1457.

La fondazione della nuova fabbrica della Cattedrale nel 1456 avrebbe finito per assolvere ad un ruolo ancora più determinante proprio se si tiene conto di questa situazione.

In un momento di palese crisi della grande committenza laica, finiva per porsi come nuovo grande polo unificante della committenza religiosa.

In questo quadro va inserita innanzitutto la produzione scultorea che sembra muoversi almeno parzialmente a rimorchio di quella del mezzo secolo precedente.

Partendo dalle opere che si sono già esaminate in rapporto all'iconografia di San Grato si può osservare come il maestro del San Grato di Quart riveli una derivazione diretta, con influssi solo più popolareggianti, dalla fase matura di Mossettaz, mentre il maestro dei due sportelli della Cattedrale sembri sommare a questi motivi una certa conoscenza delle novità pittoriche Witziane degli anni Quaranta del secolo. Non si può neppure escludere che i due scultori avessero una qualche connessione reciproca perché diverse opere minori, come una Pietà già a Bonavesse, un San Nicola a Montjovet, un altro a Variney, rivelano modi intermedi tra i due [23].

Doveva poi essere già pienamente operante Jean de Chetro, associato a Jean Vion nell'impresa del coro della Cattedrale, ma verosimilmente attivo già da prima, per conto proprio, in opere minori.

Un Johannes de Chiestro appare testimone già nel 1443 alla riunione dei capifamiglia per l'elezione dei sindaci a cui è accertata la partecipazione di Stefano Mossettaz e di Jean de Malines. Se si riuscisse a dimostrare la coincidenza di questo Giovanni con lo scultore sarebbe possibile anticipare di almeno un decennio le sue opere più palesemente giovanili, come il sant'Antonio di Chevrot ora nel tesoro della Cattedrale di Aosta.

Giovanni appare sempre comunque come una voce sopravvissuta al passato, con le sue insistite citazioni dei grandi cicli scultorei del secondo quarto del secolo [24].

[21] V. B. Orlandoni, *I mausolei degli Challant di Fénis*, cit., pp. 123-125.

[23] Sulla pietà di Bonavesse v. E. Brunod, *Bassa Valle e valli laterali vol. I*, Aosta 1985, pag. 427. Sul San Nicola di Montjovet v. E. Brunod, *Bassa Valle e valli laterali vol. II*, Aosta 1987, pag. 273. Sul San Nicola di Variney v. E. Brunod, 1981, cit., pag. 315.

[24] Sul problema delle origini di Jean de Chetro v. E.E. Gerbore *Sur les traces de Jean de Chetro*, in Le Flambeau n. 135, 1990.

Più innnovativa appare la situazione nel settore della pittura.

Qui sembra assumere un ruolo particolare la connessione tra il messale di François de Prez, l'affresco votivo con San Giorgio nella cappella sepolcrale di Saint-Gilles e la parte pittorica dei due presunti sportelli d'organo della Cattedrale di Aosta.

Prescindendo dalla datazione al 1468 di questi ultimi – che è tutta da dimostrare – mi pare fuori di dubbio la collocazione attorno al 1465 del messale de Prez e mi pare interessante la possibilità di datare anche l'affresco di Saint-Gilles al 1467 [25].

La forte connessione tra queste opere permette di fissare al decennio 1460-70 una chiara influenza Svizzera sulla pittura aostana.

Oltre alla conoscenza dell'altare di Gluringen e del messale di Urbano Bonivard [26] gli autori – o l'autore – delle opere aostane sembrano infatti rivelare anche una buona conoscenza di una serie di opere miniate vallesane che si è soliti attribuire ad un anonimo maestro denominato miniatore de Supersaxo, attivo almeno dal 1455 al 1471 [27].

La presenza ad Aosta del tolosano Antoine de Lonhy, forse già attorno al 1464-65 con i disegni per la pianeta de Prez [28], non dovette quindi essere un fatto esclusivo né incontrastato, ma solo il nodo di un complesso momento evolutivo in cui voci postwitziane e modi «mediterranei» si mescolavano con le loro novità su un tessuto in cui persisteva ancora il peso dei capolavori creati da Stefano Mossettaz nella prima metà del secolo, mentre l'oreficeria assumeva a modello la grande cassa di San Grato.

Una cultura in bilico tra innovazione e conservazione, quindi, in cui Gérard sembra aver giocato un ruolo soprattutto sul secondo fronte.

Se nel chiostro della Cattedrale la ripresa pressoché integrale del più antico progetto di Pierre Berger poteva essere stata forzata dalla sua qualità, oltre che dall'esistenza di materiali già approntati, a San Grato le scelte progettuali dovevano essere state ben più libere; eppure ci appaiono per certi versi ancor più conservatrici, con le loro citazioni di più antichi celebrati monumenti locali, dalla cappella di Saint-Gilles ai pavimenti di San Francesco e della Cattedrale.

Gerbore ricorda anche il documento del 1443. La difficoltà ad accettare l'identificazione dello scultore nel personaggio omonimo citato nel 1443 è legata all'interpretazione dell'autoritratto che Giovanni ci lascia negli stalli della Cattedrale.

Se lo scultore era trentenne nel 1469, difficilmente avrebbe potuto testimoniare nel 1443 a 4 anni di età. In realtà il ritratto potrebbe rappresentare al massimo un quarantenne o poco più e il 1469, quasi sicuramente anno di chiusura dei lavori, non è necessariamente l'anno di esecuzione del ritratto. Basta pensarlo eseguito all'inizio dei lavori per arretrarne la datazione verso il 1465-66, se non prima.

Il problema non è solo anagrafico. Se Jean de Chetro fosse nato agli inizi degli anni venti, anziché alla fine degli anni trenta le sue continue citazioni della grande produzione aostana del terzo e quarto decennio del secolo avrebbero un significato molto meno conservatore. Sarebbero solo il logico riferimento a quei testi su cui lo scultore si era formato come garzone nel corso del decennio 1430-40.

Sulle opere minori di Jean de Chetro v. B. ORLANDONI in M. CUAZ, cit., 1987, pag. 227, nota 144 e bibliografia relativa.

[25] Quest'ultima operazione diventa possibile qualora si rinunci a vedere nel bambino di fronte a San Giorgio, Giorgio di Challant, come proposto da N. Gabrielli (v. INFRA nota 13). In realtà la presenza di quel santo nell'affresco può essere motivata anche solo dal fatto che a lui era intestata la cappella.

Anche l'interpretazione iconografica che si dà solitamente all'affresco – Giorgio di Challant «presentato» al suo santo protettore – mi pare errata. La scena della «presentazione» implicava il santo stante, immobile in piedi, o meglio ancora in Maestà. A Saint-Gilles invece il santo guerriero sta uccidendo il drago. L'immagine andrebbe quindi definita: «San Giorgio uccide il drago e libera la principessa... e un giovane principe». La particolarità iconografica – quasi unica che io sappia – dell'affresco sta proprio nella presenza del ragazzo che molto verosimilmente è un giovane che aveva bisogno dell'aiuto del santo, cioè di un aiuto militare. Ora lo Challant che si sia trovato bambino in una situazione di questo tipo non è Giorgio, ma semmai Luigi, spodestato dalla cugina Caterina e dai Chissé nel 1462 e reinsediato da una lega di suoi seguaci e parenti in seguito ad una vittoria militare conseguita nella piana di Verrès nel 1467. A quella data Luigi aveva 13 anni (v. L. VACCARONE, *I Challant e loro questioni per la successione ai feudi dal XII al XIX secolo*, Torino 1893.

[26] V. E. ROSSETTI BREZZI, 1989, cit., p. 29.

[27] V. J. LEISIBACH-A. JÖRGER, *Livres sédunois du moyen âge*, Sion 1985.

[28] V. E. ROSSETTI BREZZI, 1989, cit., p. 28.

Anche il campanile di Jovençan si inserisce senza particolare originalità nella serie aperta, forse a fine '300, dal campanile francescano di Aosta e precede di qualche anno i maggiori capolavori di questa tipologia, realizzati tra la fine degli anni '70 e il decennio successivo dall'architetto gressonaro Yolli de Wuetto a Etroubles e a Gignod [29].

8. La fabbrica della Cattedrale di Aosta e la sua attività dalla fondazione alla metà del XVI secolo

I dati documentari e stilistici reciprocamente concatenati permettono quindi di avanzare tre ipotesi fondamentali:

1) La datazione e l'attribuzione della cappella di San Grato al lustro 1460-65 su progetto di Marcello Gérard.
2) La ricostruzione di un primo corpus operativo di questo architetto.
3) La ricostruzione della serie dei primi cantieri gestiti dalla nuova fabbrica della Cattedrale.

Questa serie dovrebbe comprendere:

1) 1456-1460. La fase finale della costruzione del chiostro.
2) 1460-1465 circa. La costruzione della cappella di San Grato.
3) 1465-1469 circa. La costruzione dei nuovi stalli lignei del coro ad opera di Jean Vion e di Jean de Chetro.
4) 1468. Contestualmente a quest'ultimo lavoro la sistemazione del nuovo organo – da parte di Pierre Leyde de Jisin di Friburgo – che si deve immaginare riccamente intagliato e dipinto e connesso al coro in quanto posto quasi sicuramente sul jubé.

A giudicare dalle delibere istitutive della fabbrica nel 1456 si dovrà poi ipotizzare una immediata ricostruzione degli edifici capitolari.

Questa sarebbe stata attuata dal primo fabbricere ricordato dalle fonti, il canonico Ugo Ferrein di Courmayeur che, come ricorda P.E. Duc «reparavit aulam nostram capitularem et campanile ante consummationem fulguris que evenit 1518 die 5 iunii» [30].

Dati sicuri sui lavori al campanile sono stati ritrovati recentemente da L. Garino e G. Thumiger in una serie di pagamenti conclusivi dei lavori databili attorno al 1482.

La prima serie del decennio 1460-70 potrebbe quindi essere seguita da una seconda serie di lavori che dovrebbe comprendere:

5) 1470-1480 circa. La ricostruzione della sala capitolare.
6) 1475 c. - 1482. Il restauro del campanile (verosimilmente consistito nel sopralzo del campanile meridionale con i due piani di bifore sottarco e con la guglia di coronamento).
7) 1488-1490 circa. Restauri alla parrocchiale di Corléans nuovamente acquisita al controllo del Capitolo.
8) 1490 circa. La costruzione di una nuova cappella dedicata sempre a San Grato, ricordata da J.A. Duc, questa volta adiacente al corpo della Cattedrale [31].

Col 1494-95 circa si sarebbe infine aperta la campagna finale di completo restauro della chiesa vera e propria che si sarebbe protratta sotto la fabbriceria del canonico Bartolomeo Pensa, per concludersi poi, a '500 inoltrato, sotto le fabbricerie di Jean Gombaudel prima e di Pierre de Bosel poi.

A questa terza serie di lavori bisognerà assegnare sicuramente:

[29] Sulle tipologie dei campanili in Valle nel Quattrocento v. B. Orlandoni, *La chiesa e il convento di San Franceso ad Aosta*, cit.

[30] V. P.E. Duc, *Annuaire du diocèse d'Aoste. Curés de Courmayeur.*

[31] J.A. Duc, cit., vol. V.

Fig. 32 – Aosta. Cattedrale. Sportelli dipinti con l'Assunta e donatore e un santo e donatore (retro degli sportelli intagliati V. foto 24) (1460-1470 circa ?).

Fig. 33 – Aosta. Cattedrale. Messale di François de Prez (1465-1470 ?).

Fig. 34 – Verrès. Cappella sepolcrale di Ibleto di Challant. Affresco con San Giorgio la principessa e un giovane donatore (verosimilmente Luigi di Challant) (1467 ?).

1) La costruzione delle nuove volte (1495-1500 circa?) che avrebbe portato alla distruzione del sontuoso soffitto ligneo scolpito da Stefano Mossettaz tra il 1429 e il 1434 su commessa di Francesco di Challant.

2) La risistemazione di tutto il coro e del deambulatorio.

3) La realizzazione di un primo ciclo di vetrate dipinte (1500 c?).

4) Forse anche la costruzione del grande ciborio marmoreo alto sei metri, purtroppo demolito a fine Settecento e di cui resterebbe oggi il solo sportello in ferro battuto al Museo Civico di Torino [32].

5) Nel 1516 il magister fabricae Gombaudel doveva ordinare ancora l'armadio gotico delle reliquie oggi conservato nella sagrestia del tesoro [33],

6) mentre l'ampliamento e la risistemazione dell'ala occidentale dell'edificio obbligavano a costruire una nuova facciata iniziata nel 1522 e terminata, pare, nel 1526 [34].

7) Contestualmente a questa ultima fase di lavori si ordinavano 8 vetrate (forse però mai eseguite) al maestro ginevrino Joachim Helbarant, per le finestre delle due prime campate dell'edificio [35].

Di pari passo alle grandi commesse capitolari patrocinate dalla fabbrica – e tutte regolarmente segnalate dall'apposizione dello stemma del capitolo – dovevano procedere anche le decorazioni delle nuove cappelle, queste però affidate a commesse che, anche quando promosse dagli stessi membri del capitolo, devono considerarsi sostanzialmente commesse personali e private.

La cappella della famiglia Pensa, nel vano nord del deambulatorio, doveva venire risistemata, forse nel 1512-18, con un altare ligneo di gusto striegeliano da cui dovrebbero provenire le tre icone dei santi Dionigi, Stefano e Barbara oggi a Saint'Etienne.

Quella di Santa Lucia, all'inizio della navata meridionale, era fatta affrescare, forse dallo stesso Gombaudel, al pittore denominato recentemente «maestro di Pietro Gazino», già responsabile della parte pittorica della decorazione della facciata.

Nel 1546 Mencia di Braganza donava il nuovo grande trittico per l'altare maggiore, di cui restano oggi i due sportelli laterali al castello di Issogne, mentre nel 1549 si rifaceva nuovamente l'organo, ad opera di Jacques Breder di Losanna, per il cospicuo prezzo di 400 fiorini.

Già nel 1542 però, il vescovo Pietro Gazino, assistito dai canonici Vaudan, D'Avise e Berthod, aveva riconsacrato ben 18 nuovi altari della chiesa, soffermandosi in particolare proprio su quello di San Grato in cui si erano sigillate delle reliquie di San Giocondo.

Credo che a questo evento alluda simbolicamente la grande tela con due episodi della vita di San Grato eseguita probabilmente nello stesso 1542 per l'altare della Cattedrale, e non prima, per la cappella di via de Tillier, come si è recentemente affermato [36].

Il problema delle decorazioni pittoriche degli altari della Cattedrale nel corso del '500 ci riconduce comunque ancora una volta alla cappella di San Grato in via de Tillier.

[32] V.E. BRUNOD, 1981, cit., p. 461.

[33] La data dell'armadio è ricordata in J.A. DUC cit., vol. VII, p. 437.

[34] La data d'inizio della costruzione della facciata è registrata dal Vaudan, edito in A.P. FRUTAZ, *Le fonti per la storia della Valle d'Aosta*, Roma 1966.

[35] V. AA.VV., *Museo del Tesoro Cattedrale di Aosta*, cit., 1985, p. 38.

[36] Sulla grande tela di San Grato v. ora AA.VV., *Museo del Tesoro Cattedrale di Aosta*, cit., pp. 44-45 e E. ROSSETTI BREZZI 1989, cit., pp. 55-56 e ill. 75-76.

Sempre al Maestro di Pietro Gazino si è proposto di attribuire anche gli affreschi della cappella di Cours (v. G. ROMANO, *Presentazione* a E. ROSSETTI BREZZI, 1989, cit., pag. X). La proposta è forse accettabile per quanto riguarda la figura del San Cristoforo sulla destra della facciata, ma va nettamente respinta per il Battista della parte sinistra e per l'Annunciazione e l'Adorazione dei magi che sovrastano il portale. La mano responsabile di queste scene è infatti senza paragone più modesta di quella del maestro di Pietro Gazino e va piuttosto confrontata con quella dell'anonimo maestro che nel 1546 datava i profeti della volta di Villeneuve e nel 1559 l'ultima cena della navata centrale di Morgex.

Mi sembra piuttosto che un ulteriore approfondimento della personalità del maestro di Pietro Gazino possa venire dall'analisi di una inedita tavola con San Giovanni Battista proveniente – pare – da Verrès, acquisita dalla Regione Valle d'Aosta alla Collezione Craveri, e dalla riconsiderazione di una serie di 4 vetrate a tondo giunte al Museo Civico di Torino da casa Ternengo di Biella (su cui v. L. MALLÈ, *Museo Civico di arte antica di Torino, vetri, vetrate, giade, pietre dure*, Torino 1971, pp. 270-273).

La maggior sorpresa seguita al restauro, per quanto attiene allo specifico della pittura, è infatti consistita nel ritrovamento di due piccoli ma significativi cicli pittorici: uno votivo sulla facciata e uno all'interno, sulla parete absidale.

9. L'affresco votivo della facciata e l'apparizione dei modi pittorici lombardi in Valle d'Aosta

La facciata della cappella di San Grato è decorata nella sua fascia centrale, sopra il portale e sotto la finestra carenata, dai resti sufficientemente leggibili di un affresco votivo.

L'affresco consta di una fascia principale con i santi Nicola e Caterina, la Madonna col Bambino e le sante Barbara e Margherita, eseguita con la tecnica del buon fresco, a cui si accosta sulla sinistra una figura di San Grato, dipinta in parte a tempera e conservata meno bene delle precedenti.

Quest'ultima figura è posteriore alle altre che fanno invece parte di una sequenza unitaria e omogenea.

L'affresco reca nello spazio intermedio tra la testa purtroppo scomparsa della Madonna e quella di Santa Barbara, la scritta di dedica da cui sappiamo che il committente fu un «Malcastia civis», «anno millesimo quingentesimo duodecimo, die XXVIta aprilis».

Naturalmente sarebbe quanto mai utile sapere qualcosa di più di questo Malcastia che dalla scritta di dedica sembrerebbe un cittadino qualunque e che però finanzia un intervento chiave nella storia dell'arte valdostana.

Il 1512 che vede la realizzazione dell'affresco è anno di piena attività di quei cantieri che, dopo essere stati «di Giorgio di Challant» erano ora patrocinati dal suo non meno attivo nipote Carlo: prevosto di Saint-Gilles.

Nel 1507 un maestro Stefano non altrimenti conosciuto, ancora per conto di Giorgio, aveva affrescato la Madonna col bambino e il donatore – oggi purtroppo perduti – sulla lunetta del portale di Sant'Orso.

L'anonimo maestro di Wuillerine terminava la decorazione di Issogne con gli affreschi del salone «baronale», per passare poi ad Aosta dove nel 1514 dipingeva la tavola con il miracolo della guarigione della storpia che si usa oggi come suo «name piece» [37].

Nel 1518, alla corte di Carlo a Verrès, era presente anche un pittore francese, Salvador Vidardi di Bayonne [38].

In Cattedrale aveva cominciato a lavorare come «magister fabricae» il lorenese Jean Gombaudel, braccio destro di Carlo di Challant, che,come si è visto, nel 1516 ordinava il goticissimo armadio delle reliquie della sagrestia del tesoro.

Volendo ricordare altre opere a completare il quadro della produzione locale attorno al terzo lustro del '500 si possono ancora elencare la torre di Saint-Gilles e la cascina La Murasse a Verrès, sistemate entrambe nel 1512 sempre per volere di Carlo di Challant [39], e le tre sculture «striegeliane» dei santi Dionigi, Barbara e Stefano, oggi a Saint'Etienne di Aosta ma in origine quasi sicuramente sull'omonimo altare della Cattedrale, di patronato della famiglia Pensa.

Sono tutte opere di impostazione prevalentemente nordica, in cui le tracce italiane, padane, si possono cercare al massimo in tenui limitate citazioni, quali alcuni stilemi del maestro di Wuillerine – per altri versi poi molto «nordico» – o quali l'adozione di una classicheggiante grafia epigrafica latina nella scritta di dedica della peraltro flamboyante torre di Saint-Gilles.

In effetti si è sempre pensato ed affermato che il Rinascimento italiano fosse entrato in Valle

[37] Sulla cultura pittorica di primo 500 ad Aosta v. B. ORLANDONI, scheda n. 21 («*Maestro della volta di Sant'Orso*») in AA.VV., *La chiesa di San Francesco in Aosta* cit.. B. ORLANDONI in M. CUAZ (a cura di) 1987 cit., pp. 228-234 e note relative. E. ROSSETTI BREZZI 1989, cit.

[38] Non si sono fin qui individuate opere assegnabili a questo pittore. Non si può neppure escludere – anche se è tutto da dimostrare – una sua identificazione proprio nel maestro di Wuillerine.

[39] Sulla torre di Saint-Gilles e sulla Murasse v. A. ZANOTTO, *Castelli valdostani*, Aosta 1975 pp. 148-149.

d'Aosta «in forme lombarde» tra il 1522 e il 1526 in quel vero e proprio Sacro Monte stenografato che sono le terrecotte policrome della facciata della Cattedrale.

Ora l'affresco votivo della Cappella di San Grato ci costringe a mutare radicalmente opinione.

L'affresco è infatti anch'esso squisitamente lombardeggiante, e ciò in una data di un decennio esatto precedente a quella di apertura del cantiere della facciata del Duomo.

Il maestro dell'affresco di San Grato, di buona levatura e di cultura assolutamente consapevole, si muove infatti in un ambito che potrebbe anche partire da Spanzotti ma che, comunque, saltando le riprese quasi neogotiche di Defendente Ferrari, va a guardare soprattutto – e direttamente – alle fonti più pure del lombardismo di fine Quattrocento. A Foppa e, direi soprattutto, a Bergognone, che viene citato non solo nelle tipologie fisionomiche ma fin nelle gamme cromatiche, intense e a volte quasi cupe, con verdi, marroni, rossi scuri e granata in posizioni dominati.

L'influenza dei modi lombardi sull'affresco votivo di San Grato è effettivamente palese su un arco stilistico piuttosto ampio. Il nodo centrale del rapporto sembra però collocarsi proprio nella personalità del Bergognone.

I santi aostani guardano con relativa precisione ai santi affrescati dal maestro di Fossano in San Satiro (la santa Caterina aostana alla Maddalena Milanese, la santa Margherita alle sante Chiara e Barbara) e anche ad opere chiaramente da queste derivate: più che alla santa Barbara del Bergognone la santa Barbara aostana sembra derivare infatti da un'altra omonima santa ora a Berlino ma dipinta sempre per la stessa chiesa di San Satiro dal Boltraffio.

I santi del Bergognone sarebbero databili al 1494-97, la santa Barbara di Boltraffio al 1505 [40].

Il maestro dell'affresco votivo di San Grato di Aosta sarebbe quindi un personaggio abbastanza aggiornato, che a Milano sapeva selezionare informazioni certo non d'avanguardia – Leonardo da Vinci era in città dal 1482 al 99 e nuovamente dal 1506 al 1513 – ma comunque attuali e sempre di buona qualità.

10. L'affresco dell'altare

Più avanti nel tempo e ad un clima decisamente manierista si perviene invece con l'affresco della parete absidale della cappella.

Questo non rappresenta una sorpresa assoluta.

Era infatti già noto sul piano documentario da una segnalazione del Duc che riferendosi ad una visita di monsignor Vercellin del 1624 precisava come sopra l'altare della cappella fossero dipinti «sur le mur» una Pietà e «à droite saint Grat et sainte Agathe, à gauche sainte Marguerite et sainte Lucie» [41].

Effettivamente la Pietà è riapparsa al centro dell'affresco, dipinta ai piedi delle tre croci, dentro ad un monumentale inquadramento di tipo manierista costituito da due colonne corinzie che reggono un architrave decorato sormontato da un timpano triangolare e da due vasi con riporto di finte ombre sulla parete. I quattro santi sono invece affrescati a due a due sotto nicchie ad arco a pieno centro alle due estremità della parete.

L'affresco è quindi già ravvisabile nel verbale di descrizione del 1624 e rappresenta in effetti un'interessante saggio della diffusione di tematiche e tipologie manieriste in Valle in un periodo fin qui praticamente mai studiato sul piano storico artistico.

Per quanto riguarda gli elementi architettonici rappresentati nell'affresco il primo precedente interessante può essere ravvisato nella stessa decorazione di facciata della Cattedrale, realizzata, come si è visto, dal 1522 al 1526.

Dopo quasi mezzo secolo le tipologie dei timpani della facciata del Duomo ritornano nella decorazione di un tabernacolo di provenienza sconosciuta ora al Museo regionale, datato 1588 [42].

[40] Su Bergognone a San Satiro v. AA.VV., *Ambrogio Bergognone: acquisizioni, scoperte e restauri*, Firenze 1989.

[41] V. P.E. Duc, *Culte de Saint Grat*, vol. VI, p. 8.

[42] Il tabernacolo, inedito, reca la scritta «oc opus fecit fieri nicolaus grassus de lanseovilario anno 1588».

Ritornano poi negli affreschi di facciata della chiesa parrocchiale del Preziosissimo sangue di Pont-Saint-Martin, fondata nel 1595 e consacrata nel 1597 [43].

Dall'inizio del nuovo secolo gli esempi noti si moltiplicano.

Abbiamo la struttura a stucco dell'altare della cappella del castello di Quart, su cui si è letta la data 1606 [44]; poi una serie di reliquiari lignei presso la parrocchiale di Gressoney Saint-Jean che rivelano maniere valsesiane non lontane da quelle di Gaudenzio Bonino in anni definibili verso il 1620-30 [45]; infine una serie di pale d'altare di confraternita, quali quelle del Rosario di Saint-Germain, datata 1639, e quelle del Rosario di Montjovet e della Pietà di Saint-Germain databili genericamente ai decenni 1620-1640 [46].

Queste pale dovevano far parte di una serie ben più numerosa.

Diverse tele conservate nelle sagrestie o rimontate in più tardi altari barocchi o rococò sembrano infatti implicare strutture di contenimento non dissimili da quelle dei tre altari conservati a Montjovet e Saint-Germain.

Tra le altre possiamo ricordare la tela della Trinità di Antey datata 1627, quella del Rosario di Saint-Marcel datata 1622 e attribuibile a Vincenzo Costantino, quelle degli altari del Rosario e di San Sebastiano a Chambave, entrambe firmate da Vincenzo Costantino, datata la prima al 1623, databile la seconda oltre il 1628 [47].

Il più antico esemplare di questa serie sembra comunque la tela del Rosario di Villeneuve datata 1597 [48].

La decorazine dell'altare di San Grato si colloca quindi in una lunga serie di interventi che testimoniano un notevole sforzo di aggiornamento della cultura figurativa locale. Tale sforzo sembra aver caratterizzato tutto il periodo che va dalla seconda metà del XVI secolo al 1640 circa e ciò che interessa maggiormente in questa sede è che l'affresco di San Grato in questa serie sembra collocarsi in date decisamente precoci.

Sul fastigio decorato dell'altare appare infatti uno stemma di alleanza sicuramente Fabry nella parte maschile, e molto probabilmente Bosel in quella femminile.

Si tratterebbe di una allusione molto chiara alla coppia Jean Fabry Lucie de Bosel.

Giovanni, dal 1562 signore di Cly, segretario privato di Jean Vuillet de Saint-Pierre (a sua volta segretario di stato del duca Carlo il Buono) fu, al culmine della sua carriera, consigliere poi segretario di stato e delle finanze dello stesso duca Carlo e poi del suo successore Emanuele Filiberto. Era una delle personalità più in vista della corte sabauda e non deve quindi stupire la scoperta di una sua committenza di prestigio, né il fatto che questa committenza non dovesse essere isolata [49].

11. La Cappella di San Paolo «De Cly» nella Cattedrale di Aosta

Nel corso del 1990 si è infatti scoperto – ed è attualmente in avanzata fase di restauro – un ciclo di affreschi situato nel vano racchiuso nell'angolo sudoccidentale – a fianco della facciata – della Cattedrale di Aosta, anch'esso recante gli stessi stemmi Fabry/Bosel.

[43] Sulla chiesa del preziosissimo sangue v. E. Brunod 1985, cit., pp. 20-22.

[44] Sulla cappella del castello di Quart v. A. Zanotto 1975, cit., pag. 134 e E. Brunod-L. Garino, *Bassa Valle e Valli laterali* vol. III, Aosta 1990, pp. 374-375.

[45] I reliquiari – attualmente esposti nelle bacheche del museo parrocchiale – sono inediti.

[46] Sulle pale di Saint-Germain e Montjovet v. E. Brunod 1987, cit., pag. 296 e pag. 275.

[47] Sulla tela di Antey v. E. Brunod 1987, cit., pp. 330-331. Sulle tele di Saint-Marcel e Chambave v. E. Brunod-L. Garino 1990, cit., pp. 110, 112, 298-299. Su Vincenzo Costantino e sulla diffusione di nuove tipologie di altare in Valle v. B. Orlandoni in M.C. Ronc (a cura di) 1990 cit. pag. 115.

[48] La tela di Villeneuve è inedita.

[49] Lo stemma Bosel non è leggibile con sicurezza assoluta, ma la figura faticosamente individuabile nell'affresco sembra effettivamente quella di un bue accovacciato.

Nello stemma Fabry va notata la presenza sul campo argento delle chiavi del feudo di Cly che Giovanni Fabry avrebbe adottato solo dopo il 1562.

Il vano occupa il piano terreno di quella che in origine doveva essere stata concepita come una torre campanaria e sebbene sia attualmente chiuso verso la navata meridionale della chiesa, era originariamente collegato alla stessa da un grande arco poi murato, esattamente come avviene nella navata settentrionale, collegata al Battistero che era l'antica cappella di SanVincenzo dei Du Bois [50].

Il vano è coperto da una volta a crociera a costoloni quadrati impostata a circa tre metri di altezza dal suolo e chiusa da una chiave scolpita ad alto rilievo con la colomba dello Spirito Santo.

Gli affreschi scoperti decorano solo la volta del vano risvoltando in parte sulle pareti, con storie della Maddalena, mentre appare ormai perduta tutta la decorazione parietale. Piuttosto è evidente che anche la facciata esterna della cappella, verso la navata sud, doveva essere interamente affrescata; sono quindi collegabili agli affreschi ora riscoperti le due scene – conosciute da tempo – della resurrezione della figlia di Giairo e di un sacerdote cantore che decorano quella che in origine doveva essere la parte inferiore del pilastro esterno destro di accesso alla cappella [51].

Le due commesse Fabry/Bosel possono quindi essere studiate contestualmente sul piano storico, a partire dalla cappella della Cattedrale che non può che essere la «chapelle de Cly» dedicata a San Paolo e poi, più avanti nel tempo, alla Madonna di Loreto.

Non mi risulta che la localizzazione esatta di questa cappella fosse mai stata individuata: Il Brunod non ne segnala neppure l'esistenza parlando invece di una più antica cappella «della Conversione di San Paolo e dei 10.000 martiri» che sarebbe stata fondata il 7 giugno 1553 dal sacerdote Jacquemin Luboz [52].

La cappella è invece ora pienamene riconoscibile e non solo per il suggerimento araldico in essa contenuto ma anche per un altro motivo.

Un prezioso «Coutumier de la Cathédrale d'Aoste» redatto verso il 1757-58 e pubblicato da Colliard permette di ricostruire dettagliatamente la processione che il clero e i fedeli compivano in Cattedrale nella festa di Ognissanti localizzando la cappella con buona precisione.

La processione iniziava davanti al coro dove si faceva una stazione «pour les evêques»; si muoveva poi verso il cimitero entrandoci verosimilmente dalla porta laterale meridionale della chiesa. Dopo aver attraversato il cimitero che si stendeva a sud-ovest dell'edificio la processione rientrava «par la grande porte... pour aller aux cloistres». Risalita verosimilmente la navata settentrionale, percorso il chiostro con diverse stazioni su tombe di benefattori e canonici, si rientrava una seconda volta in chiesa continuando verso est. «Etants rentréz dans l'eglise on fait une station devant la sacristie des saintes reliques, a N.D. des Graces, devant St. Grat ... devant l'autel des Marchands ... devant l'autel de St. Anselme».

Si percorreva cioè praticamente tutto il perimetro della chiesa sostando all'ingresso settentrionale del deambulatorio di fronte alla sagrestia delle reliquie, al centro del deambulatorio di fronte alla cappella della Madonna delle Grazie, all'uscita meridionale dello stesso davanti all'altare di San Grato, ridiscendendo poi tutta la navata meridionale dove erano previste una prima stazione all'altare dei mercanti (dei Santi Giacomo e Francesco) posto nella quarta campata a partire dalla facciata, e una seconda stazione a quello di Sant'Anselmo nella seconda campata.

La successiva e ultima stazione, che nella logica processionale si dovrebbe immaginare proprio all'altezza della facciata, doveva essere «devant la chapelle de Cly pour le seigneur Jean Fabri», dopo di ché si finiva «en retournant au choeur» [53].

Si può segnalare come non solo la posizione ma anche la denominazione sia significativa. Mentre dal Coutumier quelli dei mercanti e di Sant'Anselmo risultano essere semplici «autels»,

[50] Si può osservare come alla data del 1576 anche questa cappella fosse affrescata. È verosimile che le tracce di questa decorazione siano ancora presenti sotto l'attuale trompe l'oeil – per altro dignitoso – dipinto da Vicario nel secolo scorso.

Si deve anche ricordare come la stessa cappella dovesse aver ricevuto incrementi, sempre in date vicine a quelle dell'istituzione della cappella dei Fabry: in essa si trova infatti la tomba del potente canonico Berthod, morto nel 1575.

[51] V. E. Brunod 1975, cit., pp. 90-91.

[52] V. E. Brunod 1975, cit., pag. 50.

[53] V. L. Colliard in *Recherches sur l'ancienne liturgie d'Aoste*, n. V, 1974, pp. 80-81.

Fig. 35 – Aosta. Cappella di San Grato. Affresco della facciata (1512).

Figg. 36-37 – Aosta. Cattedrale. Tela dipinta con due episodi della vita di San Grato (II quarto del XVI sec.).

Fig. 38 – La Salle. Cappella di Cours. Affresco della facciata. Particolare con la Natività.

Fig. 39 – Villeneuve. Chiesa di Santa Maria. Affresco della volta. Particolare col profeta Osea (1546).

Fig. 40 – Morgex. Chiesa parrocchiale. Affresco della navata centrale. Particolare con l'ultima cena (1559).

Fig. 41 – Aosta. Cappella di San Grato. Affresco della parete absidale.

cioè verosimilmente cappellanie dotate di un loro altare ma non di uno spazio proprio, separato dalla navata, quella di Cly è definita «chapelle» cioè verosimilmente cappellania dotata di altare posto in un suo ambiente specifico, isolato.

I dati forniti dal de Tillier contengono un primo termine per l'inquadramento cronologico della cappella, attorno al 1576.

Secondo lo storico, infatti, Giovanni Fabry era morto a Mondovì quell'anno ed era poi stato portato ad Aosta e «enterré dans la chapelle que son frere Antoine chanoine d'Aoste et luy conjointement avoint fondée à la cathedrale soubs le tiltre de Saint-Paul, en laquelle on a presentement erigé celle de Notre-Dame de Laurette» [54].

Questi dati sono precisati dal Duc che a proposito di Jean Fabry afferma «la chapelle ayant été construite en 1578 son corps y fut inhumé» [55].

Come sua abitudine il Duc purtroppo non precisa le sue fonti.

Trova però una conferma parziale nel verbale della visita apostolica di Monsignor Bonomi, eseguita proprio nell'anno della morte di Jean Fabry.

Nel verbale non si citano cappelle di Cly o di Loreto mentre in Cattedrale l'unico altare di San Paolo era tutto da un'altra parte: «Ad dictum altare sancte Crucis angustum est titulus Assumptionis Virginis ... necnon et sancti Pauli et quadraginta martirum, cum onere celebrandi missam in die Sabbati in capella sancti Grati, existente in medio civitatis; possessor vocatur Theobaldus Lubo» [56].

Il titolo di San Paolo nel 1576 era cioè ancora officiato all'altare della cappella di Santa Croce che si trovava sotto l'arcata meridionale del jubé [57]; non era di patronato dei Fabry ma di Tebaldo Luboz, evidentemente successore del fondatore Jacquemin Luboz, ricordato dal Brunod.

I Fabry quindi devono aver rilevato la cappellania solo dopo quella data. Cioè dopo la morte di Giovanni Fabri, molto verosimilmente su sue indicazioni testamentarie.

Dal momento che l'altare di San Paolo dei Luboz aveva degli obblighi verso la cappella di San Grato «in medio civitatis» si può anche supporre che l'interesse della famiglia Fabry per quest'ultima si sia sviluppato proprio in rapporto alla fondazione della cappella in Cattedrale. Peraltro San Grato era vicinissima alla dimora aostana dei due committenti, sita nella cosiddeta «maison de Cly» all'attuale numero civico 30 di via de Tillier.

Tutto lascia supporre che entrambe le imprese decorative riferibili a Giovanni Fabry e a Lucie de Bosel si siano svolte contestualmente, anche se il pessimo stato di conservazione dell'affresco di San Grato rende problematici i raffronti con gli affreschi della Cattedrale, molto meglio conservati.

Siamo sicuramente in entrambi i casi dopo il 1562 che vede Giovanni acquisire il feudo di Cly. In Cattedrale siamo sicuramente anche oltre il 1576, verosimilmente verso il 1578.

Sebbene non si sappia nulla sulla data di morte di Lucie de Bosel, bisognerà poi supporre che l'esecuzione di tutti e due i gruppi di affreschi non sia caduta troppo oltre lo stesso 1578.

In anni più lontani da quella data i riferimenti araldici ai due signori avrebbero infatti perso progressivamente di significato rendendo molto più consigliabile – e probabile – la presenza dei blasoni dei loro figli e successori e delle loro mogli [58].

[54] V. J.B. DE TILLIER, *Nobiliaire du duché d'Aoste*, ed. Aoste 1970, pag. 251.

[55] V. J.A. DUC, cit., vol. VI, pag. 191.

[56] V. G. FERRARIS-A.P. FRUTAZ, *La visita apostolica di Monsignor G.F. Bonomi alla diocesi di Aosta nel 1576*, in Archivum Augustanum n. II, 1969.

[57] É verosimile che a quelle date l'altare della santa Croce fosse ancora decorato con l'affresco a finti marmi recentemente scoperto da R. Perinetti. V. C. BONNET-R. PERINETTI, *Aoste aux premiers temps chretiens*, Aosta 1986, pag. 33.

La tipologia decorativa di questo affresco sembra coincidere con quella degli affreschi ora scomparsi ma ben documentati da D'Andrade al castello di Cly, da datarsi forse subito prima del 1290.

Dal momento che è documentata una campagna di lavori in Cattedrale verso il 1279 si può ipotizzare per tutte queste tipologie decorative una datazione attorno agli anni 60-80 del XIII secolo.

[58] I figli conosciuti di Giovanni Fabry e Lucie de Bosel, tutti minorenni nel 1581, sono Luigi – poi sposato a Margherita di Piossasco, documentato fino al 1611, morto prima del 1614 – Pietro – vivente nel 1614 – Carlo Emanuele – documentato fino al 1614, morto prima del 1616, sposato a Susanne de la Balme –.

12. Giovanni Fabri, Lucia De Bosel e il Clan Roncas: le committenze artistiche in Valle d'Aosta alla fine del XVI e all'inizio del XVII secolo

Per quanto riguarda la collocazione stilistica degli affreschi della cappella de Cly – e in parte di quella di San Grato, per altro apparentemente di mano diversa – mi pare necessario ampliare il discorso e rifarsi ad un articolo di notevole apertura pubblicato da Riccardo Petitti sugli affreschi di Palazzo Perrone ad Ivrea.

Nell'articolo Petitti, sottolineando i rapporti tra le grottesche eporediesi e quelle aostane di Palazzo Roncas, analizzati i rapporti documentati tra Pierre Léonard Roncas e Carlo Perrone e tra questi e i Tapparelli di Lagnasco, riconduceva tutti gli affreschi ad ambiti non lontani da quelli dei maestri frescanti attivi a Lagnasco, pare entro il 1570, in particolare a Cesare Arbasia e a Giacomo Rossignolo [59].

Da questa ipotesi iniziale è possibile muovere una serie di osservazioni che devono estendersi ad analizzare anche le committenze Fabry Bosel, tenendo conto contemporaneamente di come a Lagnasco oltre ad Arbasia e a Rossignolo fossero presenti anche Pietro e Giovanni Angelo Dolce.

Gli affreschi della cappela di Cly, infatti, assolutamente coerenti ai due frammenti pittorici già noti all'esterno della stessa cappella formano una sorta di catena non solo con l'affresco della cappella di San Grato, ma anche con gli affreschi della facciata della chiesa di Pont-Saint-Martin e, infine, proprio con gli affreschi di palazzo Roncas [60].

Da un altro lato i riferimenti degli affreschi aostani ai prototipi saluzzesi di Lagnasco o di Manta sono altrettanto molteplici e vanno – al di là del clima palesemente comune – da singole notazioni di modo e tecnica pittorica, per esempio in certe maniere marcatamente compendiarie, alle tipologie fisionomiche, fino ad interi schemi compositivi.

La guarigione della figlia di Giairo ad Aosta, per esempio, sembra esemplata sul modello delle nozze di Cana della cappella di Manta: pur trattandosi di due soggetti affatto diversi le posizioni reciproche dei personaggi principali, l'impostazione spaziale, i gesti, in alcuni casi le singole fisionomie dei personaggi, sembrano andare ben oltre il semplice riferimento generico.

Così le virtù affrescate nella cappella di Cly trovano puntuali riscontri a Lagnasco soprattutto in affreschi che la Gabrielli attribuiva in parte a Giovanni Angelo, in parte a Pietro Dolce [61].

Sarebbe quindi possibile ricostruire le punte emergenti di una catena stilistica che, apparendo in Valle almeno verso il 1578, si sarebbe snodata fino al 1606, per quasi tre decenni, in costante riferimento ai modi pittorici manieristi diffusi nel Piemonte occidentale.

In attesa di una documentazione dettagliata sugli affreschi di Palazzo Roncas e della cappella di Cly, tutti in avanzata fase di restauro, è per ora possibile inquadrare l'ambiente politico in cui si inserivano i diversi committenti delle opere aostane, tutti legati da stretti rapporti di parentela.

L'analisi di Petitti poneva al centro della sua ipotesi i rapporti tra Roncas, Perrone e Tapparelli attorno al feudo di Buonavalle [62].

Per quanto riguarda il canonico Antoine Fabry, fratello di Giovanni e, secondo il de Tillier, cofondatore della cappella di San Paolo in Cattedrale, i dati sono scarsissimi: appare solo citato in delibere capitolari riassunte dal Duc relative agli anni 1557 (v. J.A. Duc, cit., vol. VI, pag. 9) e 1560 (v. J.A. Duc, cit., vol. VI, pag. 35); mi sembra probabile che sia morto prima di suo fratello Giovanni.

Anche su Lucia de Bosel i dati documentari sono molto scarni.

É probabile che fosse figlia di Urbain de Bosel e quindi nipote di Pietro, canonico e maestro di fabbrica della Cattedrale.

[59] V. R. Petitti, *Qualche elemento per l'attribuzione degli affreschi di Palazzo Perrone ad Ivrea e Palazzo Roncas ad Aosta*, in Bollettino della Società Accademica di storia ed arte Canavesana. Gennaio 1982.

[60] La chiesa di Point-Saint-Martin sarebbe stata costruita nel 1595 e consacrata nel 1597. I suoi affreschi – oggi in stato disastroso – sono datati dal Brunod genericamente al «secolo XVII» (v. E. Brunod, cit., 1985, pag. 21). In realtà sembrano coerenti alla costruzione dell'edificio anche se non si può escludere una data leggermente posteriore.

Gli affreschi di palazzo Roncas dovevano essere terminati sicuramente entro il 1608 e, forse, già entro il 1605-1606. Fa eccezione la decorazione dello scalone che è assegnabile alla committenza di Pierre Philibert Roncas nella seconda metà del XVII secolo (e comunque oltre il 1640).

[61] V. N. Gabrielli, *Arte nell'antico marchesato di Saluzzo*, Torino 1974, ill. alle pag. 154, 164, 165, 173.

[62] Carlo Perrone dal 1612 sarebbe stato proprietario in Valle d'Aosta del castello di Quart e della stessa casa di Cly

In realtà i rapporti tra Buonavalle e la nobiltà aostana datano almeno alla generazione precedente a quella di Eleonora Roncas e Giacomo Antonio Tapparelli.

Carlo Favre, figlio di Roz Gaspard Favre (vice balivo di Aosta dal 1567 circa al 1610) e di Laura Avogadro, aveva infatti sposato Laura di Buonavalle con contratto del 1588, cioè sei anni prima che sua sorella Giovanna Maria sposasse Pierre Léonard Roncas e oltre 10 anni prima che questi risultasse signore di Buonavalle.

Il figlio di Carlo Favre e Laura di Buonavalle, Roz – come il nonno – avrebbe sposato in prime nozze Dorotea Fabry, figlia di Luigi e nipote del Jean Fabry e della Lucie Bozel fondatori della cappella di Cly e benefattori di quella di San Grato. In seconde nozze Roz Favre avrebbe poi sposato Luciana Roncas, figlia di Pietro Leonardo (cioè di suo zio, e quindi sua cugina prima) diventando così cognato di Giacomo Antonio Tapparelli [63].

Anche tra la fine del 500 e l'inizio del 600 la nobiltà aostana era, in fondo, un'unica grande famiglia, come nei secoli precedenti; anzi, più che un'unica famiglia era una sorta di strano corpo bicefalo, complesso di numerose famiglie tutte però riconducibili a due gruppi principali, quasi veri e proprii clan.

Rispetto al più titolato clan dell'antica nobiltà di spada, rappresentato ormai quasi solo più da Challant, Vallaise e Nus, con gli Avise e gli Introd in piena decadenza, il clan della più giovane nobiltà di toga, si proponeva come vera e propria forza emergente, facendo quadrato prima attorno a Jean Vuillet de Saint-Pierre e a Jean Fabry, poi a Jean François La Crête, infine a Pierre Léonard Roncas, uno dopo l'altro segretari privati e segretari di stato prima di Carlo II, poi di Emanuele Filiberto e infine di Carlo Emanuele I.

Fino al 1600 circa il potere del clan sarebbe stato forte solo nel settore dell'amministrazione civile. Da quella data, per oltre 30 anni, sarebbe però dilagato anche in quello religioso. Nel 1607, infatti, a soli 12 anni di età, il figlio minore di Pierre Léonard Roncas, Pierre Gaspard, sarebbe stato eletto priore di Sant'Orso, mentre dal 1611 al 1644 sarebbe stato prevosto del Gran San Bernardo Roland Viot, figlio di Orselin Viot e di Filiberta Roncas, sorella del solito Pierre Léonard [64].

Del clan Fabry-Roncas-Favre faceva parte anche la famiglia Vaudan, nel secolo precedente fedele vassalla degli Challant.

Jean François Vaudan aveva sposato infatti Nicolina Favre, sorella del vice-balivo Roz Gaspard. Suo figlio Gaspare Vaudan sarebbe stato marito di Cassandra, figlia di Luigi Fabri; sua figlia Anna era moglie di Jean François La Crête, segretario ducale, e sua nipote Esmeralda (figlia di Gaspare e di Cassandra Fabry) avrebbe sposato il figlio ed erede di Pierre Léonard Roncas, Pierre Philibert, futuro marchese di Caselle.

La linea stilistica di cui ci stiamo occupando si configura quindi come vera e propria linea distintiva del clan Fabry-Roncas-Favre-Vaudan. Sicuramente in Cattedrale, a San Grato e a Palazzo Roncas, e forse anche a Pont-Saint-Martin. Perché se la fondazione della chiesa del preziosissimo sangue fu sicuramente opera di Pietro di Vallaise, non si può escludere che la commissione degli

– a 50 metri dalla cappella di San Grato – fatta costruire da Giovanni Fabry (v. A. ZANOTTO, *Castelli Valdostani*, Aosta 1975, pag. 53 e pag. 134).

[63] La maggior parte di questi rapporti famigliari è deducibile dai dati riportati nel «Nobiliaire» di de Tillier.

[64] Roland Viot deve essere ricordato come uno dei maggiori committenti d'arte valdostani dell'inizio del XVII secolo.

Di lui Quaglia scrive «Il donne une paire de coussins dorés et une chasuble de velours et, ensuite, des sièges pour les choristes, une Notre-Dame et une croix en broderie, un devant d'autel en satin représentant saint-Bernard. Il fait boiser la sacristie de mélèze (brinve). Il aménage dans l'Hospice une grande salle à bois avec ses vidriades, un lict en noyer avec son ornement et paviglion, une table tirante de noyer.

Pour renforcer le mur qui donne sur le lac, il construit un contrefort. En octobre 1630 il place sur le maître-autel un tabernacle en bois doré, sculpté à Aoste, qui reste une des belles pièces de l'église actuelle» (v. L. QUAGLIA, *La maison du Grand-St.-Bernard*, Aoste 1955, pag. 283).

Al Viot si devono anche la committenza del reliquiario ligneo attualmente nel tesoro del Gran San Bernardo (v. L. QUAGLIA, *Saint Bernard de Montjou*, Aoste 1985, pag. 86) e del reliquiario argenteo della parrocchiale di Saint-Oyen (v. AA.VV., *arte sacra in Valle d'Aosta*, catalogo della mostra, Aosta 1969, scheda 103). Il reliquiario in questione, datato 1636, è firmato «Ich Alixander Lauez Wingus Dem Cherland Burgermonz Ug Mathedis» ed ha una copia pressoché letterale in un'altra cassetta argentea nel tesoro della parrocchiale di Sarre.

affreschi della facciata sia stata leggermente più tarda e opera di un altro personaggio; Jean François de Tillier, nel 1614 sindaco di Aosta e cosignore di Cly e Pont-Saint-Martin, suocero di Ettore di Luigi Fabry [65].

13. La cultura figurativa in Valle D'Aosta alla fine del XVI secolo

Inseriti nel contesto politico di cui abbiamo detto sia gli affreschi della cappella di Cly che l'affresco d'altare a San Grato non rappresentano una novità assoluta.

Sarebbe stato quasi possibile prevederli se si fossero analizzate più a fondo e accettate le valutazioni già avanzate da Petitti e se si fosse ampliata l'analisi delle vicende storiche e delle potenzialità culturali della nobiltà aostana nella seconda metà del '500.

In effetti l'arte valdostana segna, fino a tutto il XV secolo, uno dei limiti più avanzati dell'espansione figurativa nordica verso il Mediterraneo; e questo nelle sue più diverse componenti francesi, svizzere, tedesche e fiamminghe, dominanti nella scultura e nell'oreficeria ma evidenti anche nella pittura.

Ancora un pittore come il maestro di Pietro Gazino, pur con le sue indubbie informazioni padane, non è completamene comprensibile senza il ricorso ad ampi confronti con prodotti di cultura svizzero-tedesca e in alcuni casi fiamminga [66].

In questa situazione lo shock della riforma calvinista ginevrina dovette segnare un punto di svolta.

Se il maestro dei profeti di Villeneuve segna, negli anni 40 e 50 del secolo una fase di chiusura e quasi di regresso solipsistico della cultura aostana, coincidente con lo shock postcalvinista e con la crisi dello stato sabaudo al tempo della guerra contro la Francia [67], già un ciclo come quello dell'abside di Saint-Vincent, quasi sicuramente posteriore al 1561, avrebbe potuto assumersi a testimonianza di una prima fase di superamento di questa crisi attraverso l'adesione totale a modi figurativi subalpini [68].

Il 1562, del resto, sarebbe stato l'anno della riconquista di Torino da parte dei Savoia e, insieme l'anno di inizio di quella operazione di radicale rifondazione e trasformazione dello stato che ebbe nel trasferimento della capitale e dei centri di amministrazione e governo da Chambéry proprio a Torino il suo strumento e, insieme, il suo effetto più vistoso.

Questa trasformazione fu opera di Emanuele Filiberto e non può sfuggire quanto la nobiltà aostana debba essere stata vicina al suo signore proprio in questo delicatissimo e complesso frangente.

[65] Anche i Favre avevano rapporti con Pont-Saint-Martin dal momento che Isabella, figlia di Roz Gaspard, aveva sposato Ercole di Pont-Saint-Martin.

Per chiudere questa complicatissima catena di rapporti si può aggiungere che – forse ancora a fine '500 – i Fabry avrebbero venduto il loro feudo di Cly a Giovanni Grange una cui figlia avrebbe sposato un Tapparelli, riportandoci a Lagnasco, ai suoi castelli, ai suoi affreschi.

[66] Nel caso del maestro di Pietro Gazino si potrebbe ipotizzare un singolare sviluppo linguistico controcorrente: se è vero che l'affresco dell'altare di Santa Lucia con i suoi evidenti echi raffaelleschi (ma anche locali: il tema dei due angioletti musicanti appare infatti identico nella pala d'altare della Fruttuaria, assegnata solitamente a Defendente Ferrari verso gli anni '30 del secolo) è la sua prima opera superstite, e che la tela di San Grato è, circa vent'anni dopo, la sua opera più matura, saremmo di fronte ad un pittore che si sposta da una cultura apertamente italianeggiante ad una di tipo più germanizzante. Per rendersene conto basta osservare la folla che nella tela di San Grato si accalca ad accogliere il vescovo fuori dalle porte della città: già solo dai costumi è chiaramente una folla molto meglio ambientabile a Norimberga o Basilea che non a Genova o Milano.

[67] I profeti di Villeneuve mi paiono fin qui inediti. Il loro autore – a cui assegnerei anche l'ultima cena della navata centrale di Morgex datata 1559, e parte degli affreschi della facciata della cappella di Cours (v. Infra nota 36) – sembra un modesto ritardatario seguace del maestro di Pietro Gazino, a tratti ancora memore delle opere dei maestri attivi all'inizio del secolo per Giorgio di Challant (si confrontino i profeti di Villeneuve con le opere fin qui attribuite al maestro delle botteghe di Issogne/J. Colin, e in particolare con i profeti della cappella di Issogne).

[68] Gli affreschi di Saint-Vincent sono firmati da Filippo Cavallazzi da Varallo (v. E. Brunod, cit., 1987, pag. 446, 455, 462-463).

Se il ruolo di Renato di Challant – che fu soprattutto militare – è noto ed è stato fin qui più volte approfondito, mi pare però che meno indagato sia stato proprio il ruolo della nobiltà di toga.

Jean Fabry, ministro proprio di Emanuele Filiberto, François de La Crête, suo successore e consigliere e ministro di Carlo Emanuele, Pierre Léonard Roncas, prima segretario del La Crête, poi segretario e infine ministro dello stesso duca, avendo ricoperto le principali cariche amministrative dal 1570 al 1605 circa – proprio nella fase che vede il trasferimento, la riorganizzazione e il consolidamento della capitale a Torino – non possono non essere stati tra i principali artefici tecnici di questo trasferimento.

Si può anzi supporre che questa adesione alle nuove linee politiche, che appare confermata dal numero sempre crescente di alleanze matrimoniali con membri della nobiltà piemontese, fosse coscientemente alternativa alle scelte dell'alta nobiltà aostana, apertamente francocentrica, rappresentata praticamente solo più da Claudio di Challant signore di Villarsel [69].

Ora il passaggio più vistoso e radicale da una cultura figurativa di complessa natura sincretica ma con preponderanti componenti nordiche ad una obbedienza a canoni e modi figurativi di esplicita matrice subalpina si determina proprio, dopo l'abside di Saint-Vincent, negli affreschi della cappella de Cly e in quelli pressoché coevi della cappella di San Grato, per dilagare poi sulla facciata della nuova parrocchiale di Pont Saint-Martin e sulle logge di Palazzo Roncas.

Se il fenomeno per certi versi parallelo della progressiva sostituzione di prodotti orafi tedeschi o germanizzanti con manufatti provenienti dal comasco o dalla Valtellina [70] potrebbe ancora rientrare nell'usuale orizzonte della diffusione della cultura delle Valli, il ricorso alle forme del più aggiornato manierismo diffuso in Piemonte, patrocinato dal clan Fabry-Vaudan-Roncas, sembra veramente il sigillo posto alla riconversione in atto [71].

[69] Per chiudere un primo quadro della pittura in Valle d'Aosta alla fine del XVI secolo bisognerebbe ricordare ancora le due serie di ritratti Challant già conservate ai castelli di Aymavilles e di Châtillon. Indipendentemente dalla loro autenticità (che mi pare probabile pur sotto pesantissimi interventi di «restauro») questi ritratti sono nella peggiore delle ipotesi le copie tarde di una serie autentica di ritratti più o meno idealizzati. Il meno idealizzato di questi ritratti, quello del barone di Châtillon e Fénis Claudio di Challant, morto nel 1590, pone a mio avviso un termine ipotetico sia per una datazione approssimativa della serie originaria, sia per una definizione della cultura dell'autore.

Il ritratto di Claudio di Challant si allinea infatti chiaramente ai saggi più noti della ritrattistica di corte. Basta confrontarlo con il ritratto di Carlo Emanuele I dipinto nel 1585 dal Carracha su commessa dei Tapparelli – ancora una volta – o con il ritratto di Cavaliere dell'Annunziata inv. 598 della Galleria Sabauda, attribuito dalla Gabrielli all'Argenta, per rendersi conto di come gli Challant non potessero che essersi rivolti a Torino per ottenere queste opere che, pur decisamente inferiori ai capolavori del Carracha o dell'Argenta, ne imitano tuttavia l'iconografia, l'impostazione e, in parte, anche i modi.

[70] Sulla diffusione delle oreficerie lombarde nella seconda metà del '500 in Valle d'Aosta v. B. ORLANDONI in CUAZ 1987, cit., nota 200 a pag. 239. Sulla croce astile di Saint-Pierre, che può essere considerata il capolavoro dell'oreficeria lombarda in Valle d'Aosta, posso fare un'ulteriore precisazione. La croce non è solo riferibile alla stessa bottega responsabile della croce di Varenna (su cui v. O. ZASTROW, *L'oreficeria in Lombardia*, Milano 1978, ill. 253), ma anche alla croce Inv. Oreficerie Religiose n. 17 del Museo del Bargello, donata alla Badia fiorentina dall'abate Gregorio di Giovanni Ginori tra il 1591 e il 1596 (v. COLLARETA, CAPITANIO, *Museo Nazionale del Bargello Oreficeria Sacra Italiana*, Firenze 1990, scheda 81 pp. 259-269).

Questo dato cronologico, relativamente sicuro, porterebbe a datare tutta l'attività di questa bottega all'ultimo quarto del secolo.

Naturalmente l'infiltrazione lombarda non esaurisce le direzioni di sviluppo dell'oreficeria in Valle. A Valtournanche, per esempio, (v. E. BRUNOD 1987, cit., pag. 402) si conserva una cassetta reliquiaria assegnabile alla mano dell'orafo e argentiere piemontese Filiberto Calcagno, autore di un identico reliquiario per il Duomo di Torino (v. G. ROMANO, *Sugli altari del Duomo nuovo*, in AA.VV., *Domenico della Rovere e il Duomo nuovo di Torino*, Torino 1991, pag. 338).

Nel 1581, poi, circolavano sicuramente in Valle ricche oreficerie profane tedesche, come un «gobellet d'argent doré» – oggi perduto – acquistato da Francesco Leonardo Vaudan «en allemaigne» dal Duca di Saxe e stimato a Torino ben 400 scudi (v. L. BOLLATI, *Le congregazioni dei tre stati della Valle d'Aosta*, vol. II Torino 1879, riediz. 1988, pag. 9).

[71] Per quanto riguarda una più ampia bibliografia generale sulla storia e l'arte in Valle d'Aosta mi pare che oltre che alle collezioni complete dei Bollettini dell'Accademia di Sant'Anselmo e delle collane edite dall'Archivio Storico Regionale della Valle d'Aosta, si possa rimandare al volume a cura di M. CUAZ, *Aosta, Progetto per una storia della città*, Aosta 1987, e alle singole bibliografie specifiche contenute nei saggi ivi pubblicati.

Autori delle fotografie

Archivio Musei Civici Torino	32
Archivio Sovrintendenza BB.CC. Aosta	26, 33, 40
A. De Tommaso	3, 7, 9, 10, 13, 15, 19, 20, 37, 38, 39
R. Monjoie	18
B. Orlandoni	4, 5, 6, 11, 12, 27, 28, 29, 30
F. Rollando	1, 2, 8, 14, 17, 35, 41
A. Sergi	16, 31

Finito di stampare
nel mese di giugno 1993
presso EBS - Editoriale Bortolazzi-Stei
S. Giovanni Lupatoto (Verona)

PARANOAZINHO: CITY-MAKING BEYOND BRASÍLIA

Published by:
Yale School of Architecture
180 York Street
New Haven, Connecticut 06511
www.architecture.yale.edu

Distributed by Actar
440 Park Avenue South, 17th Floor
New York, New York 10016
www.actar.com

This book was made possible through the
Edward P. Bass Distinguished Visiting
Architecture Fellowship fund of the Yale
School of Architecture. It is the eleventh
in a series of books of the Fellowship
published through the dean's office.

Editors:
Nina Rappaport, publications director
Apoorva Khanolkar, assistant editor

Design: MGMT. design, Brooklyn, New York
Cover: Hiba Bhatty

Library of Congress Control Number:
2017952549
ISBN 978-1945150630

PARANOAZINHO: CITY-MAKING BEYOND BRASÍLIA RAFAEL BIRMANN AND SUNIL BALD

YALE SCHOOL OF ARCHITECTURE
THE EDWARD P. BASS DISTINGUISHED VISITING ARCHITECTURE FELLOWSHIP

01 introduction

02 premise

03 studio structure

04 observations

05 student projects

06 retrospective

01 introduction

Edward P. Bass Distinguished Visiting Architecture Fellowship

In 2003, Edward P. Bass, a 1967 graduate of Yale College who studied at the Yale School of Architecture as a member of the class of 1972, endowed this fellowship to bring property developers to the school to lead advanced studios in collaboration with design faculty. Mr. Bass is an environmentalist who sponsored the Biosphere 2 development in Oracle, Arizona, in 1991, and a developer responsible for the ongoing revitalization of the downtown portion of Fort Worth, Texas, where his Sundance Square, which combines restoration with new construction, has transformed a moribund urban core into a vibrant regional center. In all his work, Mr. Bass has been guided by the conviction that architecture is a socially engaged art operating at the intersection of grand visions and everyday realities.

The Bass fellowship ensures that the school curriculum recognizes the role of the property developer as an integral part of the design process. The fellowship brings developers to Yale to work side by side with educators and architecture students in the studio, situating the discussion about architecture within the wider discourse of contemporary practice. The first Bass studio, led by Gerald Hines and Louis I. Kahn Visiting Professor Stefan Behnisch, was documented in *Poetry, Property, and Place* (2006). The second Bass studio, which teamed Bass Fellow Stuart Lipton with Saarinen Visiting Professor Sir Richard Rogers ('62), engineer Chris Wise, and architect Malcolm Smith ('97), was presented in *Future-Proofing* (2007). *The Human City* (2008) records the Yale Studio collaboration of Bass Fellow Roger Madelin and Bishop Visiting Professor Demetri Porphyrios. *Urban Integration: Bishopsgate Goods Yard* (2009) documents the studio led by Nick Johnson and the FAT architecture partnership. *Learning in Las Vegas* (2010) presents the work of the studio led by Charles Atwood and architect David M. Schwarz. *Urban Intersections: São Paulo* (2011) resulted from the studio led by real estate developer Katherine Farley and architect Deborah Berke. Hong Kong developer Vincent Lo joined Saarinen Visiting Professors Paul Katz, Jamie von Klemperer, and Forth Bagley (BA '99, MArch '01) of Kohn Pedersen Fox for the studio described in the book *Rethinking Chongqing: Mixed Use and Super Dense* (2014). Next, *Social Infrastructure: New York* (2015) analyzes the studio led by real estate developer Douglas Durst and Bjarke Ingels of BIG. Furthering the series, Dutch developer Isaac Kalisvaart and Yale's Alexander Garvin and Kevin Gray describe their studio in *The Marine Establissement* (2016). The next book in the series, *A Sustainable Bodega and Hotel* (2017) brought together real estate developer John Spence of the Karma Royal Group and Eero Saarinen Visiting Professors Patrick Bellew of Atelier Ten and Andy Bow of Foster + Partners.

With this eleventh book in the series, *Paranoazinho: City-Making Beyond Brasília*, we are pleased to present the analysis and studio led by real estate developer Rafael Birmann, of São Paulo, Brazil, and Associate Professor (adjunct) Sunil Bald.

Introduction

Nina Rappaport and Apoorva Khanolkar

Paranoazinho: City-Making Beyond Brasília presents the research and design work of the MArch students of the eleventh Edward P. Bass Distinguished Architecture Visiting Fellowship studio taught by the Brazilian developers Rafael and Ricardo Birmann, with Sunil Bald of the Yale faculty.

The studio examines the premise of collective city-making in a context fraught with urban tensions. On a large empty site torn between the stark utopian ambitions of Brasília and the sprawling, unplanned suburban realities of its satellite towns, students were tasked with etching out their vision for a brand new city. The essays, conversations, and projects presented in this book emerge from grappling with these issues that at first might appear unique to Brasília, but are, in essence, a microcosm of an emerging global urban dialogue.

The book begins with interviews with Rafael Birmann and Sunil Bald. These provide insights into the workings and machinations of both developer and architect—setting up an undercurrent of collaboration and conflict that is the backbone of the Bass developer studios.

Next is an outline of the studio's structure. Every design brief demands a unique process, and the biggest challenge for this studio was to quickly reinforce the students' understanding of the nuances of the context and its fairly complex urban history. From short, intense research exercises to on-site workshops with the developers, this section provides an overview of the brief and the build-up to the design assignment.

The next section, Observations, comprises an essay "Adventures in Walking," by Sunil Bald and "Utopia on Foot," a photo essay by the American photographer Stefan Ruiz. Together, these serve to position the human figure within the Modernist legacy of the Brazilian capital, a relationship fundamental to the premise and ambitions of the Yale studio.

The student work itself is organized by way of four major themes that emerged from the process. Titled "*Superquadra* Redux," "Typology Mash-up," "Blocks within Block," and "Formalized Informality," these present the projects as they coalesce thematically around precedent, typology, and habitation. Selected comments from the final studio jury review at Yale help enrich the dialogue and provide context to the challenges and successes of the projects.

While the real-world development of the Paranoazinho site will ultimately be a long and complex political process with multiple agents and antagonists, these projects illustrate the essential role of creativity, imagination, and optimism in the evolution of cities. Clearly, a diverse set of answers stem from a single question—what should be done with this extraordinary site?

The concluding section of the book features the developers in retrospective, as they mull over the studio experience and discuss the challenges that await the actual Paranoazinho project going forward. Joining the Birmanns in this conversation is David Sim, a Copenhagen based architect and urbanist who has been involved with the project with Gehl Architects since its inception. Their commentary touches upon the academic process and their hopes and ambitions for the future of city-making in Latin America.

The editors would like to recognize the work of the students who participated in the studio: Elena Baranes, Hiba Bhatty, Daphne Binder, Eunil Cho, Raphael de la Fontaine, Elvira Hoxha, Mengran Li, Kate Lisi, Jonathan Sun, and Kin Tak (Joseph) Yu. We also extend our appreciation to our copy editor, David Delp, and graphic designers, Sarah Gephart and Ian Keliher of MGMT. design, New York, for their excellent work.

02 premise

A Conversation with Rafael Birmann and Nina Rappaport

This interview with Rafael Birmann is expanded from the original, which was previously published in the Yale School of Architecture's *Constructs* magazine.

Nina Rappaport What is your background, and how did you become a developer in São Paulo?

Rafael Birmann I never really chose this profession. My father sold his bank to form a real estate company. I was a child of twenty-four at the time, and he called me to work with him. I replied, "Father, what do we know about real estate?" And he said, "We know how to handle this—we managed a bank!" But, in fact, we didn't know anything. He was ill and died after three years, and I was left in charge, not really knowing anything about real estate. I didn't choose this business, but I love it. It is a profession that has everything—engineering, architecture, business, finance, art, philosophy, and urbanism.

NR Speaking of urbanism, do you feel like you are creating cities in terms of decisions about land use and what gets built where? Often, developers have more control than city-planning departments, which react to proposals, rather than having proactive visions.

RB We do, but, in this field, most people see developers as speculators—and I resent that. We just do what the city, architects, and legislators allow us to do. Lately, I have been interested in urbanism. I want to get involved in the discussion about cities, but when we go to urban forums and conferences, there are no developers—zero!

NR When you go to these events, how do others see your firm as far as having an impact on urban forms?

↑ Becton and Dickenson headquarters, the Birmanns' first office building, 1982

RB They see us as the enemy: the developer is a money-seeking bloodsucker. I was at one of these forums where everybody was from a governmental agency—and I, from the private sector, was the only one there not looking for money! In Brazil, architects are very biased. They have this perspective that developers can't see beyond money. I think it is a shame. I saw Andrés Duany at a forum in Stockholm, and I was surprised by his speech against developers.

NR What have been your most interesting or complex projects in terms of collaborations? How do you assemble teams and carry a project to fruition?

RB In 1990, when we first started using American architects, we wanted to specialize in office buildings at a time when no one else did. After a few buildings where the architect took the lead, we decided to bring in some American architects. So, we hired Skidmore, Owings & Merrill when the U.S. market was down. We had a huge group of consultants and our local architect, and we traveled to the United States for meetings. We did all the schematic and design development here in the U.S., but the construction documents were done in

Brazil. I don't like to, as we say in Portuguese, "set plate." I want to go to the kitchen and see how you cook. That's not the usual way in Brazil. Nowadays, we have big and complex teams, and I follow every step along the way.

NR Are you involved in the design process, too? Do you like to design conceptually, even though you are not formally trained as a designer?

RB Although I'm not a designer, I like to get involved, and we have lively discussions. I like to have the final word in the design. Maybe that's not what architects like. Maybe I get a little—how do you say?—imposing.

NR How is the project going on Avenida Brigadeiro Faria Lima, where you are incorporating public space on a private site for the first time, different from the way you have approached other projects?

RB The site is very interesting because it is L-shaped. Most developers would do big buildings facing the avenue. But we thought we could put the building at the corner to open up a terrific opportunity, and we ended up with six thousand square meters of public space. We had some tough legal issues, however, in buying a small street that belongs to the city. Without it, we couldn't set the building back from the avenue. Even though everyone agreed, it took us two years to get approvals. We are already excavating the site but still without final approvals. It is having a terrible impact on our schedule. Adjacent to the Faria Lima site, there is a public block with a small day care center, which the city wanted to sell to invest in day care elsewhere, and that discussion got mixed up with our discussion. We proposed a new public space incorporating private development to generate money for the public space. The idea is to use private-sector know-how to obtain funding for public space-making.

NR What did the city think of this private developer doing good?

RB The mayor liked it. He called his secretary of urban development, Fernando de Mello Franco, but it took forever to hear back.

NR It seems difficult for government officials to imagine beyond a traditional way of urban development and change their convictions that developers are interested only in profit and not in engaging in civic issues. How do you think city officials can change their view of developers?

RB I think our proposal is kind of revolutionary, at least in Brazil. In all my experience, city officials don't want private-sector involvement. One issue that makes me anxious is how much we're losing by not talking. We need to find some common ground.

NR I understand that you are now working on a huge new development north of Brasília. Since the city was built, there has been a housing issue for those who work in government and in the service industries. Lower-income people live in favelas, as though the planning just stopped. How has your new project transpired to become a new city?

RB Next to the *Plano Piloto* (Pilot Plan, the area of the originally planned city by Lucio Costa in the Federal District of Brasília), there is a 16-million-square-meter site with four million square meters of open land; it has the potential to be a big city. Brasília represents many wrong ideas, but Niemeyer and Costa, like sacred cows, cannot be criticized. During the construction of Brasília, workers built favelas inside the *Plano Piloto*, and the city officials decided they had to move them. Most of the problems originated there. All the land in Brasília was owned by the government except for one farm, due to a bureaucratic mistake; so, we bought it a few years ago.

NR But middle-class people were living there as squatters. So, who owns the land and properties now?

RB Because the government owned all the land but didn't supply housing for the people to live there, one-third of the houses sit on irregular properties, without titles or building approvals. But, unlike the favelas, these are upper-middle-class houses. Today, there are seven thousand illegally built houses on our property.

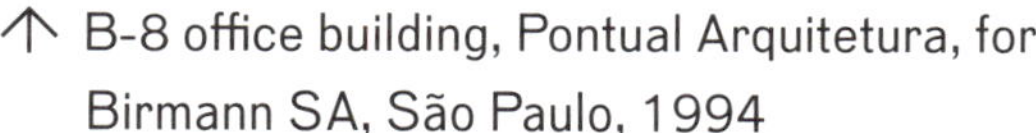

↑ B-8 office building, Pontual Arquitetura, for Birmann SA, São Paulo, 1994

↑ B-24, Skidmore, Owings & Merrill, for Birmann SA, Santiago de Chile, 1996

NR What will you do with them?

RB We are selling residents the titles to their houses. The government is doing the same thing in other areas, although, because they are the government, they face enormous restrictions. As a private developer, I can sell the titles for one-third of the price. My son, Ricardo, who has moved there to work on the project, told me that the attorney general plans to use our regularization model for all of Brasília. We will build new houses for about 150,000 people. Sobradinho, which has middle- to low-income inhabitants, is adjacent to this site. So, we have to plan the area as a single entity. As with our site on Faria Lima in São Paulo, we are looking beyond its borders to understand what's going on. We are planning for a stormwater system, public transportation, and a 400,000 square-meter park, all going beyond our boundaries. We are ending all squatter housing and irregular ownership. It is a goal the government has not been able to achieve, but we will.

↑ Deutsche Bank headquarters, the Birmanns' first speculative development, São Paulo, 1990

NR You are really thinking in terms of a holistic approach to urbanism and have taken the opportunity to plan these areas with a vision. As you said, it could serve as a model for others, even though the ownership issues are so complex.

RB Exactly. The conditions are very typical of Brazil. Existing occupation, rich and poor, is a big mess—it is difficult to blend together all of these things, unlike a clean slate. So, if we can sort these out, this could be a model.

NR What are the design issues at this vast scale? How will you use these in the Yale studio that you are teaching with Sunil Bald?

RB One of the issues is how you jump-start a city. We want to build a downtown at the area's gravitational center. But how to phase and start building? How to achieve viable critical urban mass? We will start with a shared street, with two big public spaces at both ends and mixed uses along it. With less cars and lots of pedestrians. We will create the urban experience that Brasília doesn't have as a car-based place. The funny thing about Brasília is that people who live there like it. Hard to understand. If you go to a restaurant and it's closed, you have to take the car to find another place to eat because there's nothing next to that restaurant.

NR What will the students design at Yale this semester?

RB The students will work on creating a language and developing unit and block typologies. Unfortunately, crime is rampant in our society—we are dominated by fear. This situation has led to what we call "fear architecture." People build walls everywhere; they enclose themselves in prisons, while the bad guys roam free. They want houses inside gated communities, surrounded with high walls and barbed wire. That is probably the most destructive facet of urban life in Brazil. We want to provide an alternative, even against all marketing gurus' advice. We want to build neighborhoods without gates, walls, or fences. We want to tear down the walls of bricks and prejudice and build open urban space—quality public space that can rein in crime and conquer fear.

NR How has your experience increased your awareness of city-making and what role developers can play in that project?

RB Developers need to think beyond their site's boundaries. I say, "Why don't you look across the street—how to relate to, to connect to that?" Most developers think about what type of unit to build—two or three bedrooms and so on. Some may go further and ask about the architecture. But the most important thing is to think beyond the site, toward the street and the overall city. That has been a very interesting discussion. When I go to Stockholm or the United States or, say, the UN Habitat and talk to people working on public space and place-making, they still don't want to talk to developers. My son and I went to Medellín for a World Urban Forum conference, which had 22,000 attendees. One guy laughed when we told him we were developers and said, "What are you doing here? We're talking about cities." And we said, "We do that every day."

B-21, Skidmore, Owings & Merrill, Birmann SA, São Paulo, 1995 →

A Conversation with Sunil Bald and Nina Rappaport

This interview with Sunil Bald is expanded from the original, which was previously published in the Yale School of Architecture's *Constructs* magazine.

Nina Rappaport What first brought you to Brazil?

Sunil Bald I first went to Brazil on a travel prize when I graduated from Columbia in the early 1990s. I knew very little about the place but had a close friend from São Paulo whom I had always wanted to visit, so I went to Avery Library, looked up Brazilian architects—not even Oscar Niemeyer was in vogue at the time, let alone people like Lina Bo Bardi—and constructed a research proposal looking at Niemeyer and the architect Affonso Reidy and how different kinds of political patronage contributed to their work and how, in turn, their work was incorporated into a new narrative about a modern Brazil. This research expanded into related projects about Brazil's nation-making project and its results.

NR How did this studio relate to your own research and explorations there? What fascinated you about the site and the approach to the studio?

SB Naturally, Brasília was important in my research project, but it was not the central subject of study. Rather, as a city, it was the culmination of a longer history of architecture and nation-making. And it is very much a relic, but a relic that is inhabited and vibrant in its own way. The project of Rafael Birmann and Ricardo—Rafael's son, who is currently in charge of the Paranoazinho development outside of Brasília and was also actively involved in the studio—presented an excellent opportunity. On one hand, it is very forward-thinking as a developer-driven, city-making project. On the other hand, its ethos can provide a critical lens through which to examine Brasília as both idea and reality. In addition, though we did not speak to it explicitly, it was very interesting to see a privately developed city adjacent to one that was developed by a national government. Two side-by-side utopian paradigms—one about national and Modernist space-making and the other about local, contemporary, environmentally responsible urban place-making—provided an excellent comparison. And, finally, Lucio Costa's narrative is such a strong part of Brasília. Some might argue that his proposal was more of an idea of a city than it was an actual city, even though it was realized. For students to engage in work of this scale also required a point of view, their own narrative that fed off and reacted to the direction set by Rafael and Ricardo. It was an important challenge to work academically on such a loaded site with a real project and a real developer with very real needs and aspirations.

NR What was your approach to teaching this site and studio? How did you engage the students at this massive scale?

SB Rafael, Ricardo, and I agreed that the most important focus of the project should be on the street as a way of developing quality urban space. This approach seems quite simple, but it was actually very challenging for the group. One core principle of the Birmann's development, Paranoazinho, is that it not be a closed development. Rather, it should supplement the urban deficiencies of its two neighbors, Brasília, an administrative city, and Sobradinho, a dormitory city. Therefore, the whole development is centered on a so-called Destination Street, a pedestrian-oriented, mixed-use urbanity that will draw those from the entire region, not just from Paranoazinho. So, we tried to get the students to focus on designing the blocks that line the Destination Street. This strategy reduced the scale of the investigation to developing a city block that could be prototypical, though the combined student investigations read as a collaged urbanism. Consequently, this research led to the study and development of housing typologies. Students worked with paradigms of pedestrian-based, Euro-traditional perimeter-block housing, the Brasília *superquadras* (*Superquadra*, or "Super Block," is the term commonly given to the typical residential block in Brasília, a square of 280 meters by 280 meters), and

↑ Studio SUMO, The i-House Dormitory, Togane, Japan, 2017

the opportunities and challenges of Brasília's climate to inform their designs. So, although Paranoazinho will be a city for 200,000 people, we worked on how to design a block that defines a street and makes a vibrant urban place.

NR You also teach a visualization class with Professor Kent Bloomer at Yale. Do you include some of the visualization in your advanced studios, or do you shift methods if you have more experienced students?

SB While the specifics of the assignments are extremely different, the visualization sequence has affected my studio teaching. I now embrace representation as leading the design process, rather than following it. This was especially true when we did the Manga Museum for the 2013 studio; much of it was about imagery, so we did exercises about creating cartoons and fantasizing about entering these other worlds as a way to think about

Studio SUMO, i-House Dormitory, south façade detail, 2017 →

← Sunil Bald, Teatro B32, a competition proposal for Birmann SA, São Paulo, 2016

architecture. Even in the studio with Rafael and Ricardo, the students did fantasy drawings that were unbounded by any program or site and which had no basis in a worked-out design. Interestingly, this is how much developer-driven representation works as a marketing device.

NR In your previous advanced studios, you have often engaged the hybridity of the city as well as the positioning of an individual object building within a very dense and tight urban context—for example, in your studios set in São Paulo, for the World Social Forum, and in Tokyo, for a train station and the Manga Museum. What exactly were you hoping to impart to the students here?

SB I am interested in looking at architecture's urban role. This question relates to typological hybridity that Yolande Daniels and I have always explored in our work at Studio SUMO. We call it "type-casting," similar to that related to great character actors, from Peter Lorre to Johnny Depp, whose characters are hybrids of themselves and the roles they play; you can't extract one from the other. The projects the students developed along the Destination Street were typological hybrids in two ways. First, they were programmatically mixed, to address the desires of Rafael and Ricardo to make the Destination Street an active, heterogeneous urban place. Second, they formally combined influences of different housing types, from perimeter blocks to *superquadras* and courtyards, to be both inventive and influenced by precedent.

Studio SUMO, The Mizuta Art Museum, Sakado, Japan, 2015 →

03 studio structure

Context

"A vision of a city born of that initial gesture which anyone would make when pointing to a given place or taking possession of it: the drawing of two axes crossing each other at right angles, in the sign of the Cross."

Lucio Costa, "Plano Piloto," *Modulo*, 18,
Rio de Janeiro, June 1960

Thus began Lucio Costa's poetic, though nebulous, competition entry for the city of Brasília. The Cross, with its spiritual weight, was quickly translated into a bus station and a tangled roadway interchange between the monumental axis of governmental buildings and the artery of commercial, hotel, and residential superblocks. Brasília was born with the car central to its conception, and the result is a city of the future that is decidedly anti-urban. Twenty kilometers from the northern edge of Brasília lies the satellite town of Sobradinho. Also planned by Costa, but as a settlement rather than as a city, Sobradinho had a primary *raison d'être*—to house the workers who built the city.

↑ The site of Paranoazinho, sandwiched between Brasília and its satellite suburbs

The Site

Between Brasília and Sobradinho lies a 16-million-square-meter estate known as Fazenda Paranoazinho, where 30,000 middle-class homesteaders have made their homes on top of irregular settlements but lack legal tenure. Commercial strips have sprouted up to serve the population. There are also expanses of open land filled with mango trees, two meandering rivers, and an undulating topography. UPSA, a company founded by the Brazilian developer Rafael Birmann, is developing this site into a city for 150,000 inhabitants. However, Paranoazinho is not being conceived as an isolated entity but as a new regional urban center, a heterogeneous residential, commercial, and cultural hub between the homogenous urban centers of Brasília and Sobradinho. In addition, Paranoazinho's development will be transit-oriented, prioritizing pedestrian, bicycle, and public transit over the automobile. Finally, the new city will be anchored by a diversity of public spaces, the largest being a linear park that takes advantage of the river and the rich ecology it supports. Two of Paranoazinho's public centers, a neighborhood park and an urban plaza, will bookend a gently curving, 800-mile artery that will be the city's commercial and cultural hub. As planned by UPSA in collaboration with Gehl Architects, Denmark, this Destination Street will be humanly scaled, pedestrian-oriented, and programmatically diverse. In short, it will be everything Brasília's monumental axis is not. The project will also be the first part of Paranoazinho to be developed, a place that will precede the city.

↑ An aerial view of the Paranoazinho site

The squatter town of Sobradinho, a satellite suburb of Brasília, adjacent to the site →

↑ A satellite image showing the vast, empty expanse from which a new city will emerge

← Bird's-eye views of the site and its surroundings

The students scoping out the site on their studio travel to Brazil →

The Destination Street

The studio brief situated itself at the heart of these myriad contexts, complexities, and speculations. It asked students to negotiate between the ambitions of Brasília's hyperplanned Modernist center and the realities of its squatter-led, organic satellites to explore what a new city center for twenty-first-century suburban Brasília might entail. With UPSA's master plan for Paranoazinho already in place, the students were presented with the opportunity to work within and challenge the market-driven constraints of the developers' vision. Central to this notion was the Destination Street, a dynamic, mixed-use precinct from which the new Paranoazinho would emerge. For this literal and figurative center of the new master plan, students were asked to design one mixed-use block each, thereby articulating their attitude toward business-driven models of development and their commentary on the complex urban ecology that is Brasília and its satellite towns.

The brief posited that the Destination Street, as the crux of the proposal, was to be both an anchor for Paranoazinho's future population and an attraction for the suburb's current population. It was therefore the site of investigation and design for this studio. Students worked with the general outlines of the existing master plan to produce architectural visions for what the Destination Street could be. The studio was structured such that the students worked from the outside in, jointly proposing a cohesive but unique identity of the street itself, then, individually, developing the architecture. Each student took on one of the 100-meter by 100-meter blocks that lines the street and envisioned specific proposals for both form and program. Students also considered their proposals relative to their colleagues' adjacent projects to create a cohesive yet heterogeneous urban core.

↑ A master plan for the site, developed by Birmann SA in conjunction with Gehl Architects of Denmark, 2013

studio travel

Studio Travel: Brasília and São Paulo

Rafael Birmann and Sunil Bald led the students on their visit to São Paulo and Brasília. In São Paulo, they were exposed to a full spectrum of Brazilian life, urban issues, and architecture, ranging from the organic sprawl of the favelas to the structured assimilation of cultures manifested in the works of Brazilian architects such as Lina Bo Bardi. The visit to São Paulo connected them with the cultural nuances and urban undercurrents of Latin American city life.

In Brasília, the students visited the site of the future city of Paranoazinho, stopping in the satellite town of Sobradinho. Of course, they also spent a significant amount of time in the *Plano Piloto* itself, visiting the Modernist complex and witnessing the consequences of the automobile-oriented urbanism that accompanies it. Included in the itinerary were several of Lucio Costa's and Oscar Niemeyer's prominent works that have come to define the spirit and essence of the "tabula rasa" city.

The trip culminated in the students presenting their initial work to a panel that included the architects and developers working on the project, as well as prominent officials from local planning authorities. The feedback from this session helped the students consolidate their understanding of the Brazilian context and dive into the design exercises upon their return to New Haven.

The Paranoazinho site with the town of Sobradinho in the background →

↑ The site of a future Birmann SA project in São Paolo

← Lina Bo Bardi's SESC Unidade Pompeia, a highlight of the Brazil visit, 1982

A bird's-eye view of Brasília's *Plano Piloto* →

method

Method

The studio was structured as a two-part process leading up to the design of each student's city block on the Destination Street. The first few weeks entailed both collective and individual studies of the street itself, examining through a series of weeklong exercises, its potential and limitations as a brand-new urban nucleus. In the second phase, the students channeled their research, ideas, and deliberations into programming and articulating the blocks demarcated on the developer's vision plan.

The process kick-started with a study of Brasília and its satellite towns. Apart from standard aspects of urbanism—such as streets and blocks, morphology, landscape, infrastructure, demographics, and climate studies—the students also compared and contrasted Brasília and its socio-political makeup with planned cities around the world, identifying what works and what doesn't in each case. Working in pairs, they then dived into their first exercise, which asked them to throw out one quick but bold design strategy for the entire Destination Street. This first pass generated a bevy of ideas. The Destination Street was envisioned as, for example, a series of sunken urban rooms, a site for inhabitable scaffolding in its early stages, and a potential backyard for the buildings fronting it.

This exercise served as a primer for the studio trip to Brazil, after which the students continued their explorations through a set of three exercises that folded in their newfound knowledge of city and context. Each student investigated, through sections, volumes, and diagrams, a single city block in isolation. This study encouraged a broad range of production techniques, allowing for a rich and fruitful conversation on urban issues and their representations. These exercises were aimed at helping the students to

↑ Elena Baranes and Jonathan Sun's proposal for a series of urban rooms

arrive at a hypothesis that they would continue to develop for the remainder of the studio.

From here onward, the process became infused with a dose of reality. Each student now worked individually toward a city block that promoted his or her thesis while respecting and challenging the developers' constraints. Further, they were asked to consider how their proposals would work as a stand-alone block and as a prototypical block that could be replicated across the length of the Destination Street. The Birmanns assumed an active role in this phase,

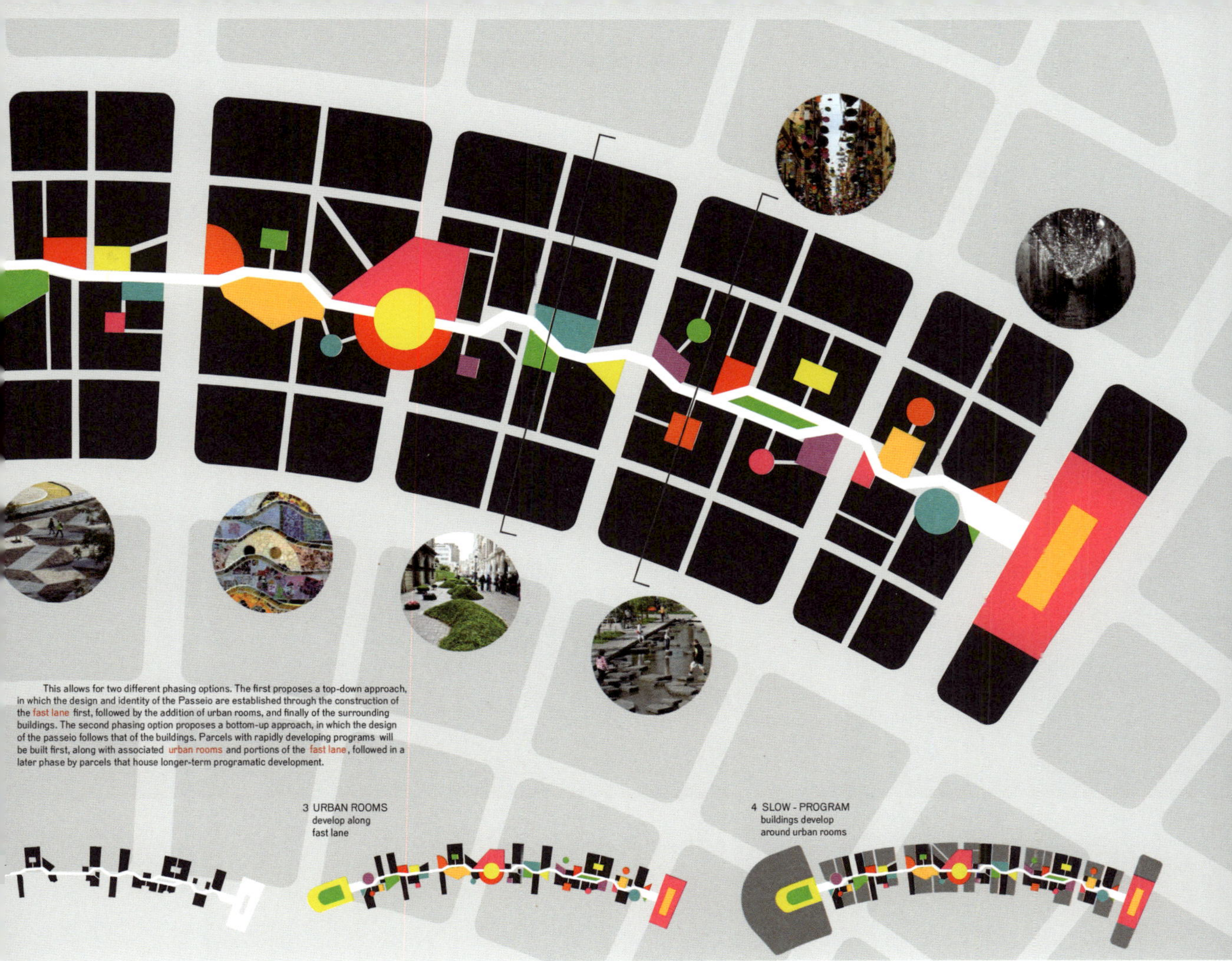

constantly counteracting academic rhetoric with real-world considerations. This tussle between student-architect and developer fostered a range of negotiations that creatively manifested in each project. The studio culminated with a final review at Yale, where the students presented their proposals to a jury of architects, developers, and academics from Brazil, Mexico, Japan, and the U.S.

↑ Mengran Li and Eunil Cho presenting their work to a panel in Brasília

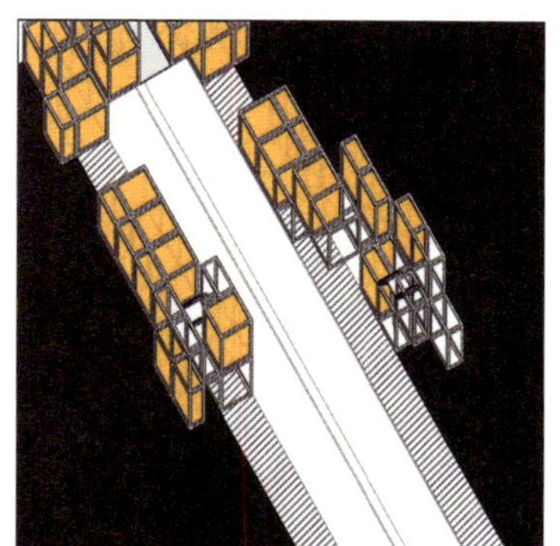

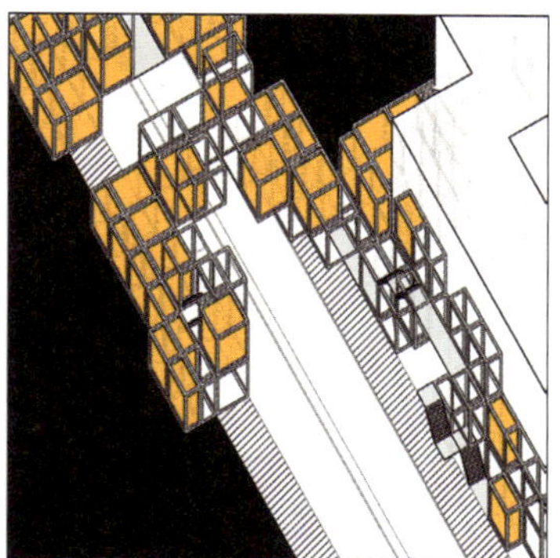

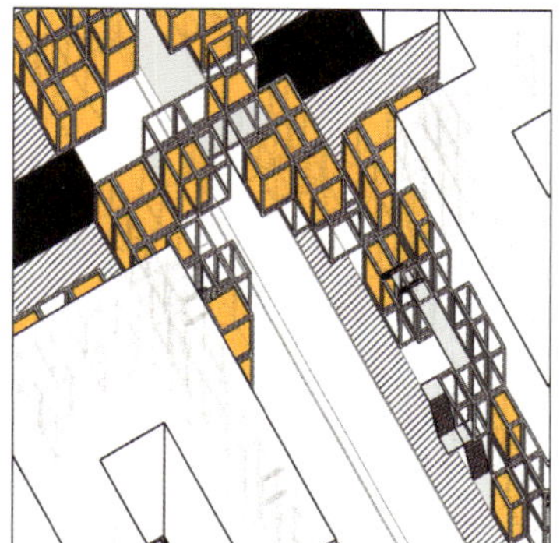

↑ Hiba Bhatty and Apoorva Khanolkar's first pass at an inhabitable scaffolding

Vehicular / Pedestrian Access

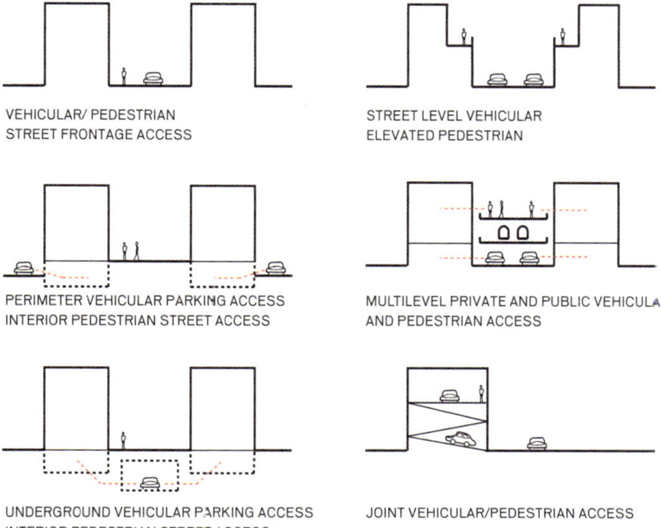

Program Adjacencies and Circulation

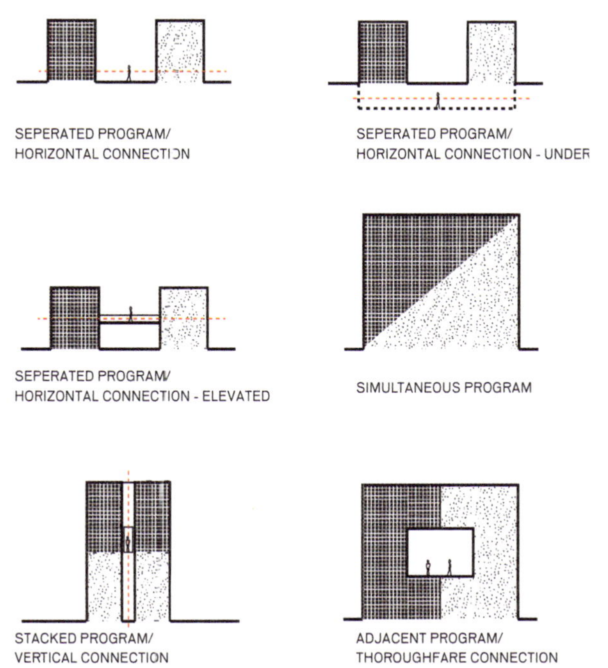

↑ Raphael de la Fontaine and Daphne Binder's studies of the public, the private, and the in-between

Studies for the Destination Street by Mengran Li and Eunil Cho →

PLAN_SUNKEN WALKWAY @ -1.5M 1:400

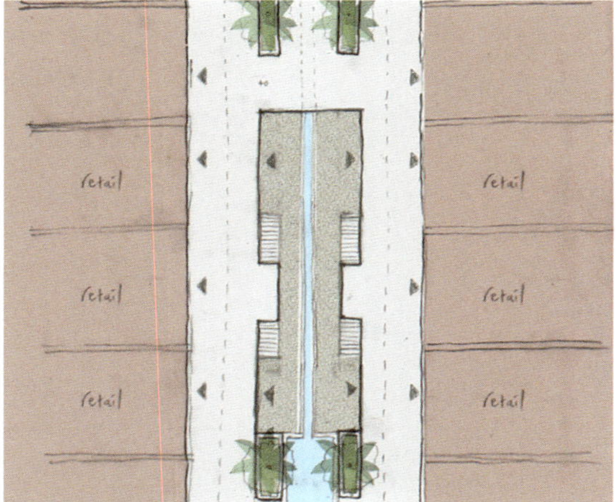

PLAN_SUNKEN PLAZA @ -3.0M 1:400

PLAN_ELEVATED WALKWAY @ +1.5M 1:400

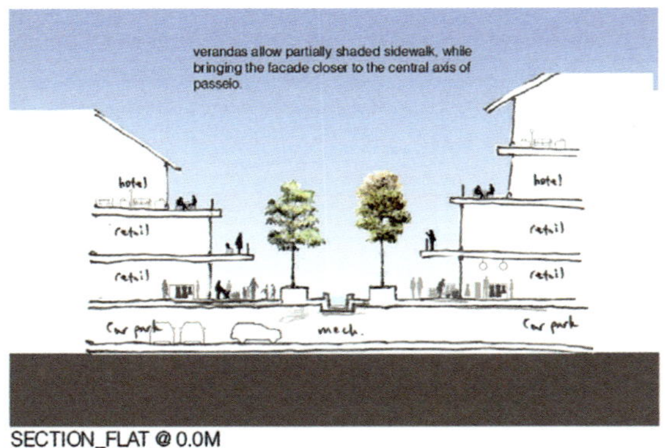

SECTION_FLAT @ 0.0M

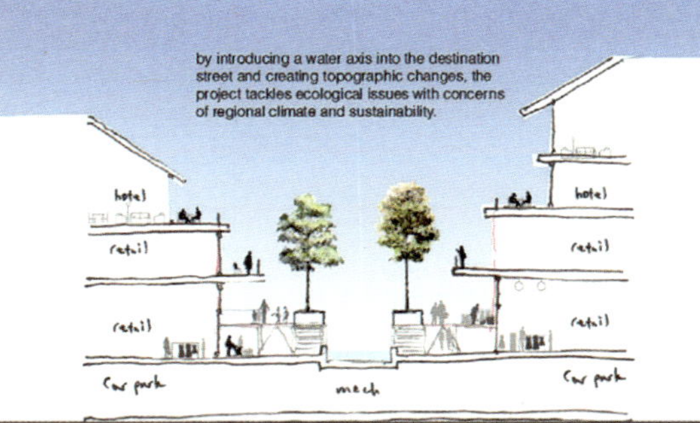

SECTION_SUNKEN WALKWAY @ -1.5M 1:400

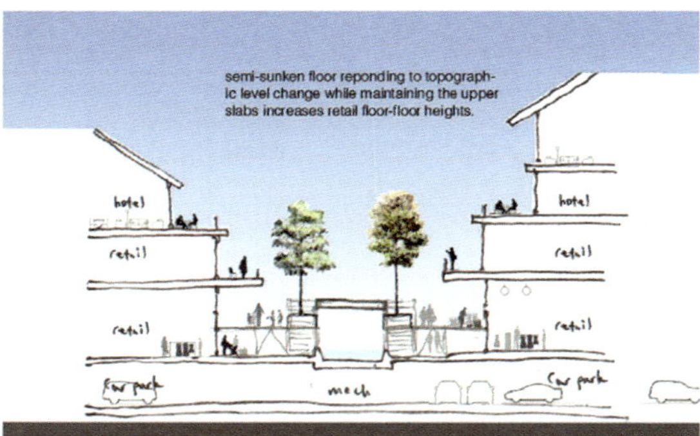

SECTION_SUNKEN WALKWAY - B @ -1.5M 1:400

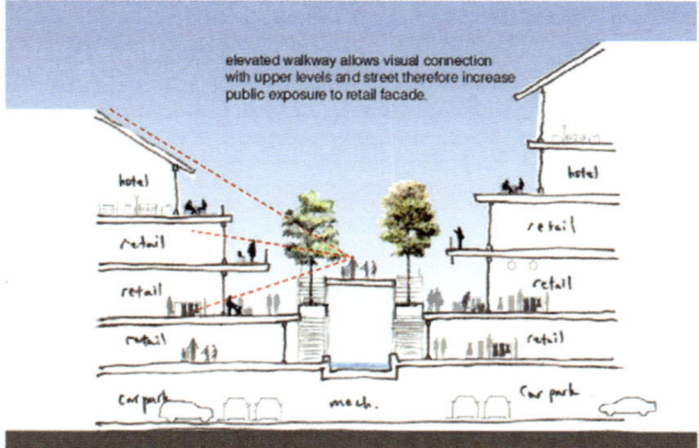

SECTION_ELEVATED WALKWAY @ +1.5M 1:400

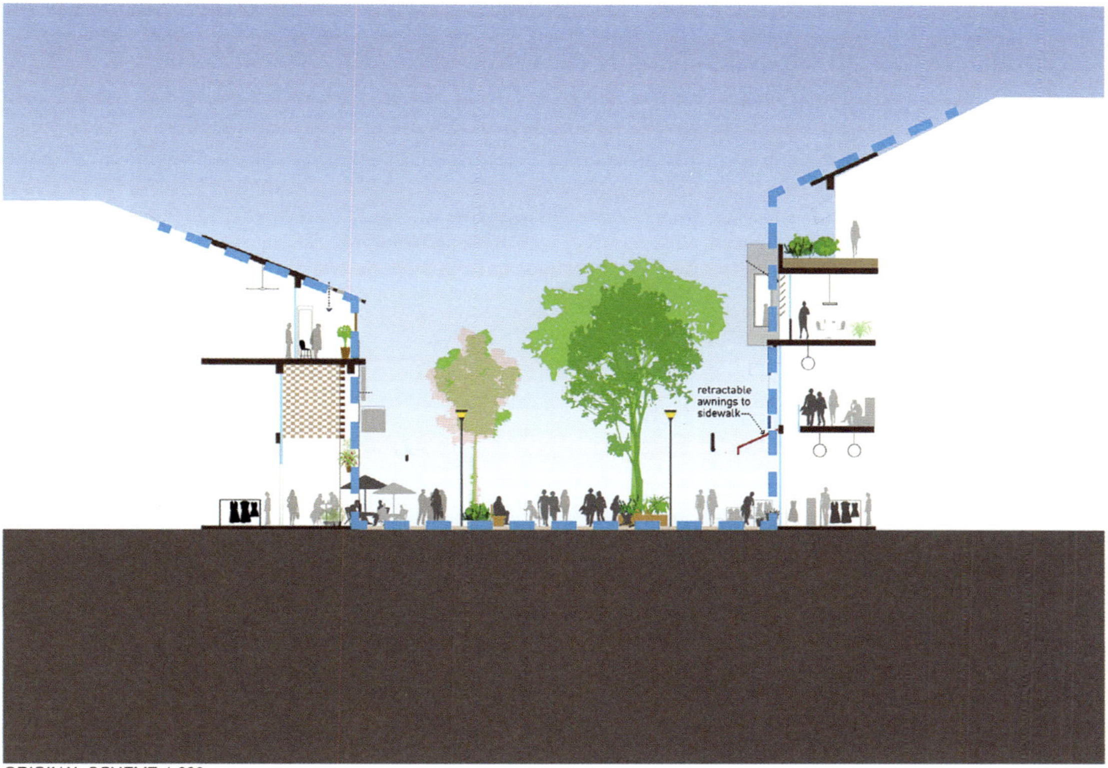

ORIGINAL SCHEME 1:200

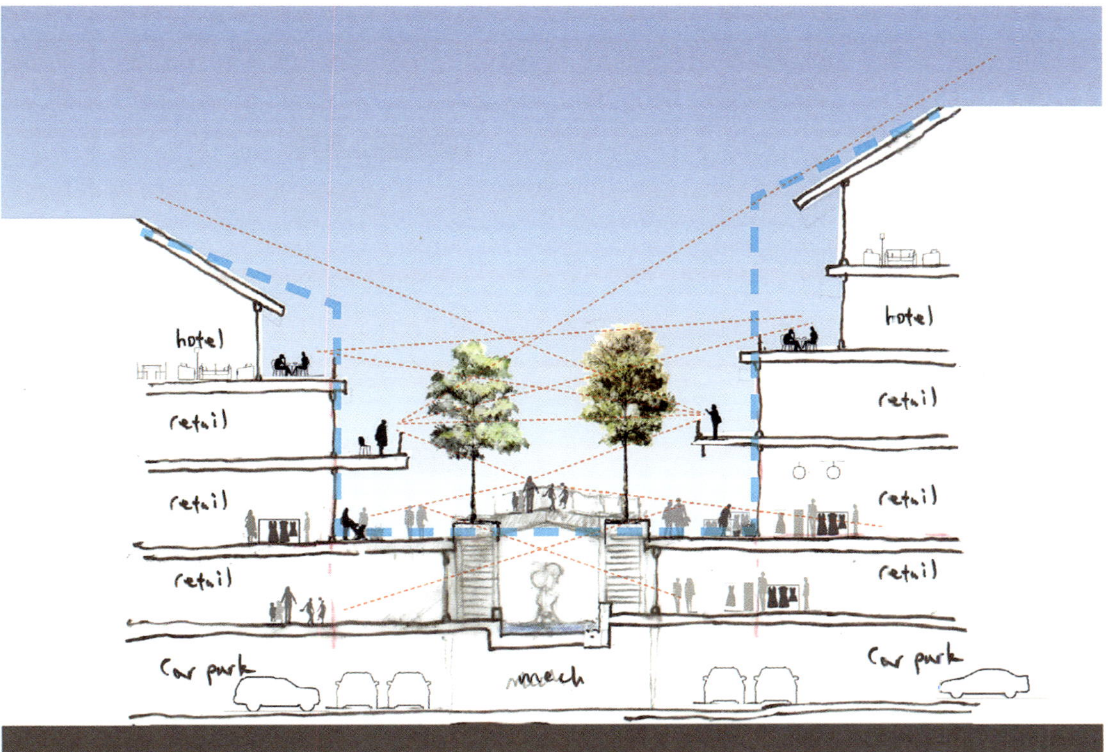

PROPOSING SCHEME 1:200

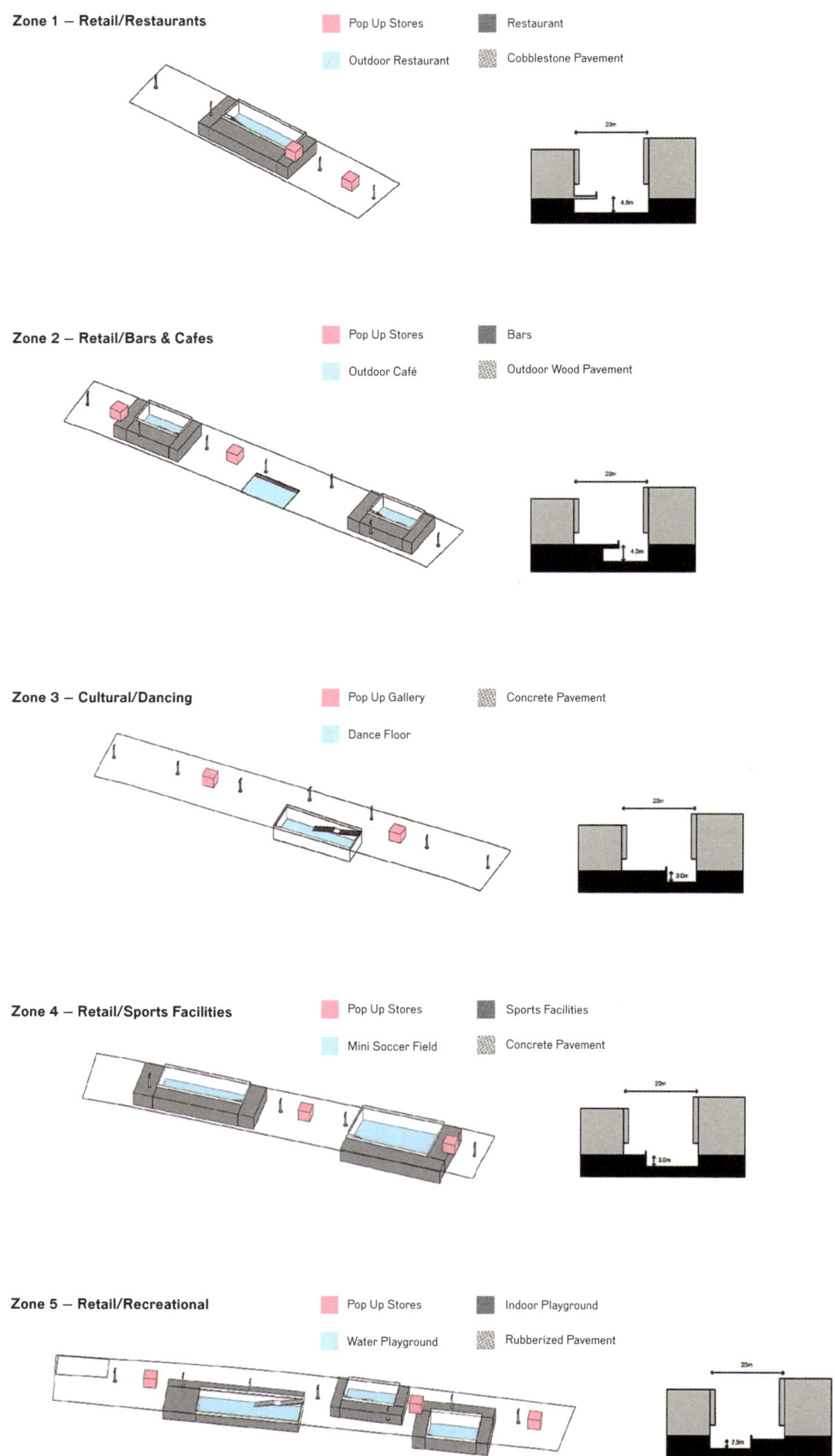
Zone 1 – Retail/Restaurants
Pop Up Stores
Restaurant
Outdoor Restaurant
Cobblestone Pavement
Zone 2 – Retail/Bars & Cafes
Pop Up Stores
Bars
Outdoor Café
Outdoor Wood Pavement
Zone 3 – Cultural/Dancing
Pop Up Gallery
Concrete Pavement
Dance Floor
Zone 4 – Retail/Sports Facilities
Pop Up Stores
Sports Facilities
Mini Soccer Field
Concrete Pavement
Zone 5 – Retail/Recreational
Pop Up Stores
Indoor Playground
Water Playground
Rubberized Pavement

↑ Elvira Hoxha, Kate Lisi, and Kin Tak (Joseph) Yu's proposal for activating the street

Apoorva Khanolkar's illustration of the public realm in the new city of Paranoazinho →

04 observations

Adventures in Walking

Sunil Bald

In Phillipe de Brocca's 1964 film *That Man from Rio,* Jean-Paul Belmondo is pursued by unspeaking, nefarious strongmen through 1962 Brasília. Like many action films, the plot and reason for the pursuit is secondary to the choreography of the chase, and, in this case, the capital plays a leading role.[1] In fact, Belmondo is in a *mano-a-mano* conflict with the still-in-construction city of Brasília itself. He runs through the empty streets and monuments, his white tropical suit soiled by the upturned red earth. Belmondo precariously negotiates construction scaffolding that cannot be trusted to support his weight. In the vast, empty space between buildings, he is conspicuous as the city's sole pedestrian.

↑ Still from Philippe de Broca's 1964 film *That Man from Rio*, contrasting the protagonist's chase through the inhospitable built environment of Brasilia with the friendly public realm of Rio de Janeiro

On foot, Belmondo is vulnerable. Outside, he is exposed. In the urban expanse of Brasília, his goal is undefined, and his journey is endless. His adversarial relationship with Brasília stands in stark contrast to his adventures in Rio de Janeiro, where the city was an unexpected ally. In Rio, Belmondo slipped in and out of streets and buses, befriending a shoeshine boy who brought him into an idyllic, tightly knit favela community overlooking the city. In one scene, he escapes out a window along Copacabana Beach, and, though exposed on the building ledge, he anonymously blends into the building's façade, unnoticed by those below. In contrast, in Brasília, he runs under the Palacio do Planalto, framed in its heroic structural ribs, as if Jonah still inhabited the whale's skeleton awash on an open beach. In Rio, Belmondo can hide, blend, and befriend. These movements are impossible in Brasília, where the tactics of the urban subject are powerless in the city's relentless emptiness.

↑ Still from Philippe de Broca's 1964 film *That Man from Rio*

↑ Still from Philippe de Broca's 1964 film *That Man from Rio*

On ground and on foot, Brasília is rarely a pleasant experience. In neither its conception nor its manifestation did the city strive to create the space or the place that supports what Michel de Certeau celebrates as "the rhetoric of walking," the primary act that instills agency in the urban subject.

↑ Still from Philippe de Broca's 1964 film *That Man from Rio*

Creating such an opportunity was the fundamental ethos of both the Yale design studio and the urbanistic visions of Rafael and Ricardo Birmann as they worked with David Sim of Gehl

Architects on the planning of Paranoazinho. At the heart of the Paranoazinho plan is the *Passeio*. While its gentle arc may recall Brasília's residential axis, the *Eixão*, the *Passeio's* one-kilometer length—bracketed by public spaces at each end and flanked by a roads-and-alleys block structure, reminiscent of James Craig's ingenious 1767 plan for Edinburgh—encourages the improvisational engagement of place that walking facilitates.

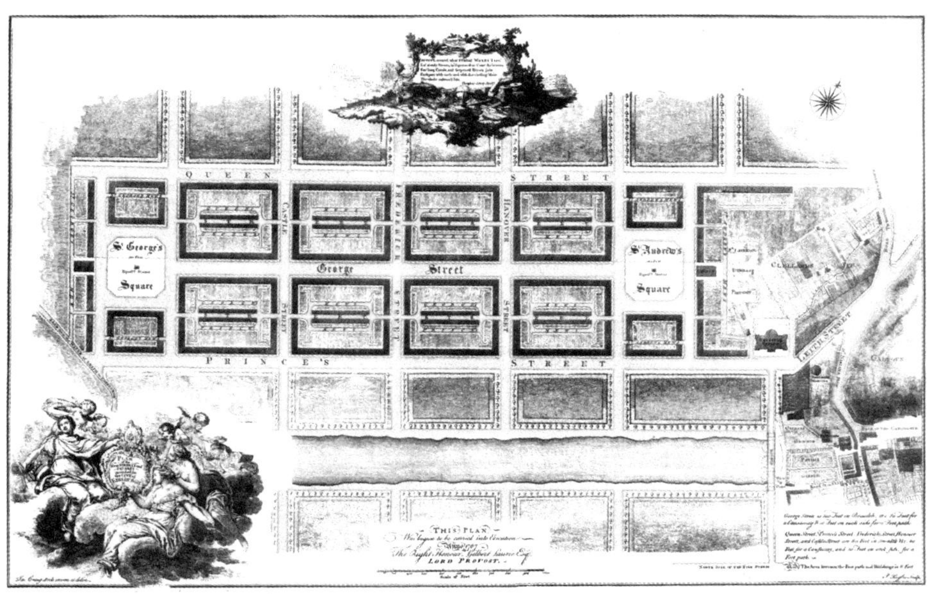

↑ James Craig's 1767 plan for Edinburgh

However, for those in Brasília, the importance of walking is quite a radical idea outside of a shopping mall or on a treadmill. Walking was anathema to Lucio Costa's conception of the city. Costa won the competition for Brasília's urban design in 1957. While Brazil's best architects submitted thousands of pages of reports, reams of drawings, and collections of models to the jury, Costa's entry consisted of a series of fifteen freehand sketches and a ten-page, double-spaced, typewritten carbon-copy text.

In this amazing narrative, Costa wrote Brasília, rather than rigorously planning it. He wove together foundational myths and symbolic formal imagery to supply heroism to a city tasked with concretizing the roots of modernity into the fabric of Brazil's past, consequently cementing its centrality to future national growth and prosperity.[2]

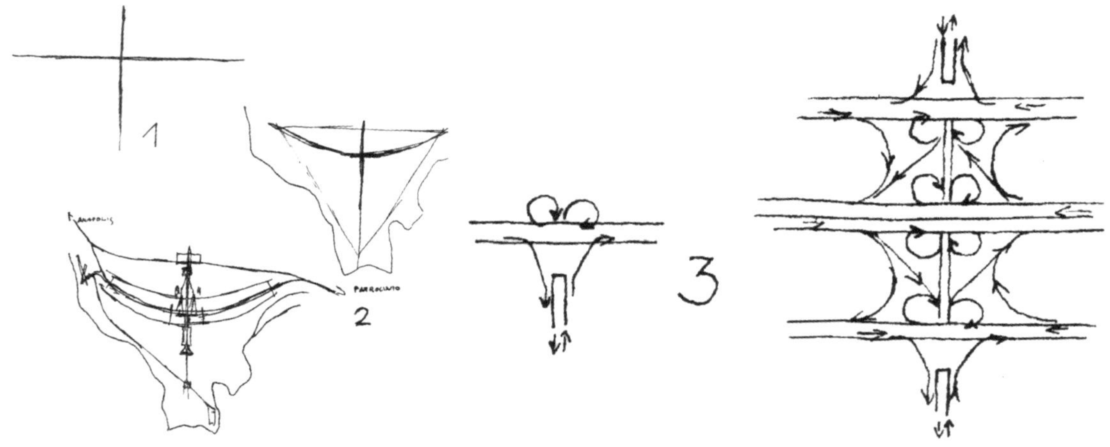

↑ Lucio Costa's sketches from the competition entry for Brasilia's urban design, 1957

The birdlike figure, a symbol of flight itself, is so inextricably linked to Brasília's identity that its legibility has been protected in the city's zoning code, which has prevented development that would pollute its purity. The axial spine and wing form Brasília's two main thoroughfares, making the automobile central to the urban paradigm. After laying out the foundational axes in his opening text and the first two supporting sketches, Costa immediately jumps to traffic diagrams and a valorization of speed and flow.

> Finally, it was decided to apply the free principles of highway engineering, together with the elimination

> of road junctions, to the technique of town planning. The curved axis, which corresponds to the natural approach road, was given the function of a through radial artery, with fast traffic lanes in the center and side lanes for local traffic. And the residential district of the city was largely located along this radial artery.[4]

Indeed, the new city is described in his narrative from the perspective of the car and, in the present tense, emphasizing the importance of being in motion to the experience of the capital.

> Slightly to one side of the central platform, interurban Transport Terminal's entrance hall hosts ticket offices, bars, restaurants, and other amenities. This low building is connected by escalators to the lower departure hall, which, in turn, is separated by glass partitions from the departure platform proper. One-way traffic forces the buses to make a detour, leaving the road under the platform; this configuration gives the travelers their last view of the monumental radial artery before the bus enters the residential radial artery, offering a psychologically satisfactory way of saying farewell to the capital.[5]

Costa ends his description of the capital with the statement, "Brasília, capital of the aeroplane and the autostrada, city and park. The century-old dream of the Patriarch."[6] While it was unlikely that Brasília's "patriarch," Jose Bonifacio, a statesman who died in 1838, predicted the automobile, it is notable that mechanical transportation (the autostrada and the aeroplane) and compositional form (the city and the park—that is, solid-void) constitute Costa's conception of Brasília's principal urban subjects. Understood from above or in motion, his description eliminates the agency or even the existence of the human subject. The city is described through the representational conventions of plan and perspective, leaving little opportunity for the improvised aggregation of individual lives that comprises a public realm.

Michel de Certeau stated, "The 'city' founded by utopian and urbanistic discourse, is defined by the possibility of a three-fold operation:

1. The production of its *own* space: rational organization must thus repress all the physical, mental, and political pollutions that would compromise it.

2. The substitution of a 'nowhen'...for the indeterminable and stubborn resistances offered by traditions.

3. The creation of a *universal* and anonymous *subject* which is the city itself."[7]

Brasília is a polemical, predictable, and legible concept made manifest in built form. While James Holsten has written about the re-territorialization of space within Brasília's *superquadras,*[8] the city's narrative resists being rewritten by its inhabitants. Indeed, its own subjectivity is resilient to the daily practices of the urban subject, and its space and structure are as formidable an adversary as they were to Belmondo at the city's inception.

For de Certeau, walking is the principal tactic by which we are able to write our own narratives, creating a texture of rich urban life. Walking is a form of poetry that counters the master narrative of the architects and planners.

> Walking affirms, suspects, tries out, transgresses, respects, etc., the trajectories it "speaks." All the modalities sing a part in this chorus, changing from step to step, stepping in through proportions, sequences, and intensities, which vary according to the time, the path taken, and the walker. These enunciatory operations are of an unlimited diversity. They, therefore, cannot be reduced to their graphic trail.[9]

Brasília presents a challenging tableau on which to enact these operations. Flat, open, hot, and exposed, it presents few opportunities for transaction; rather, it frames a vast, impermeable exteriority that acts in the service of the monument and highway. Within this endless field, multiple "graphic trails" predominate, but these collections of individual paths fail to create a "chorus" of public activity. This shortcoming is evidenced by the pedestrian paths that traverse the greens that are adjacent to Brasília's main transit hub and original shopping complexes.

These paths are lines, not modalities. Further, the centralized transit and retail nodes are each encapsulated, segregated from the pedestrian experience. The lines weave between and end at the gulfs produced by the thoroughfares. These lines are the

↑ An aerial view of Brasilia's birdlike *Plano Piloto*

shortest distance between point A and point B, though neither point constitutes a "there," a sense of place. These traces of footsteps reveal that walking in Brasília is not poetry but prose laden with effort and necessity.

Perilously exposed, continuously evading obstacles to reach his or her destination, and without a vehicle in "the capital of the autostrada," the pedestrian in Brasília is ostracized, cast out from the city's inherent logic. Crossing one of the main axis roads is an adventure as treacherous as any Belmondo faced. Brasília has an incredibly high pedestrian accident rate, which, for example, is five times the U.S. average. In Brasília, this problem led to the creation of the innovative Hospital Sarah Kubitschek by the architect João Filgueiras "Lelé" Lima, who worked on the capital as a project architect for Niemeyer. With open floor plans and movable, plug-in beds, these hospitals help the victims of these road accidents to walk again.

The goal of Paranoazinho is to reintroduce walking as a practice that creates citizenry, public exchange, and urban space. This counter-paradigm to Brasília is not a regressive approach to city-making, but one that confronts what Rafael Birmann has termed the "architecture of fear,"[10]—that is, the making of guarded enclaves that rely on the car, common now and prefigured by Brasília's urban form and its segregation of functions. Unplanned growth has spread beyond the planned core encapsulating the original *Plano Piloto*. The original road arteries strain to handle the swelling population, even as the automobile itself is likely to soon become an outmoded mode of transportation. Consequently, the Paranozinho proposal posits a city that is designed to address the scale of the sidewalk, not the express lane. The goal is to restore agency to the urban subject, the pedestrian who writes the story of the city through his or her footsteps. In this city, walking is not an adventure but the means to engage the rituals and surprises of the everyday. As a studio, this is the pedagogical challenge—and adventure—we undertook.

Notes

1 Jacques Valot describes the chase scenes *That Man from Rio* as a kind of "self-referential choreography" separate from plot in his essay "Ludions, Papillons, Feux Follets en tout Genre," in Alain Garel et al, *Philippe de Broca*, (Paris: Henri Veyrier, 1990) 11–27.

2 This is discussed in more detail in Sunil Bald, "Brasília's Levitating Field," *Perspecta 39* (Cambridge: MIT Press).

3 Lucio Costa, "Plano Piloto," *Modulo, 18*, Rio de Janeiro, June 1960, rear insert p. 2.

4 Ibid., rear insert, p. 3

5 Ibid., rear insert, p. 4

6 Ibid., rear insert, p. 8

7 Michel de Certeau, *The Practice of Everyday Life*, (Berkeley: University of California Press, 1984) 94.

8 James Holston, *The Modernist City: An anthropological critique of Brasília*, (Chicago: University of Chicago Press, 1989), see chapter 4, "The Death of the Street."

9 Michel de Certeau, ibid, 99

10 Rafael Birmann, "Walking from Site to City," lecture delivered January 8, 2015 at the Yale School of Architecture.

Lucio Costa's sketches of the gesture of the Cross and its translation into a roadway interchange →

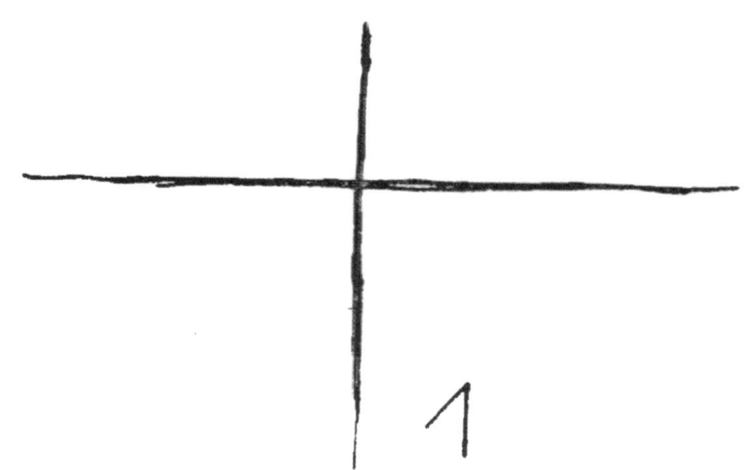
1

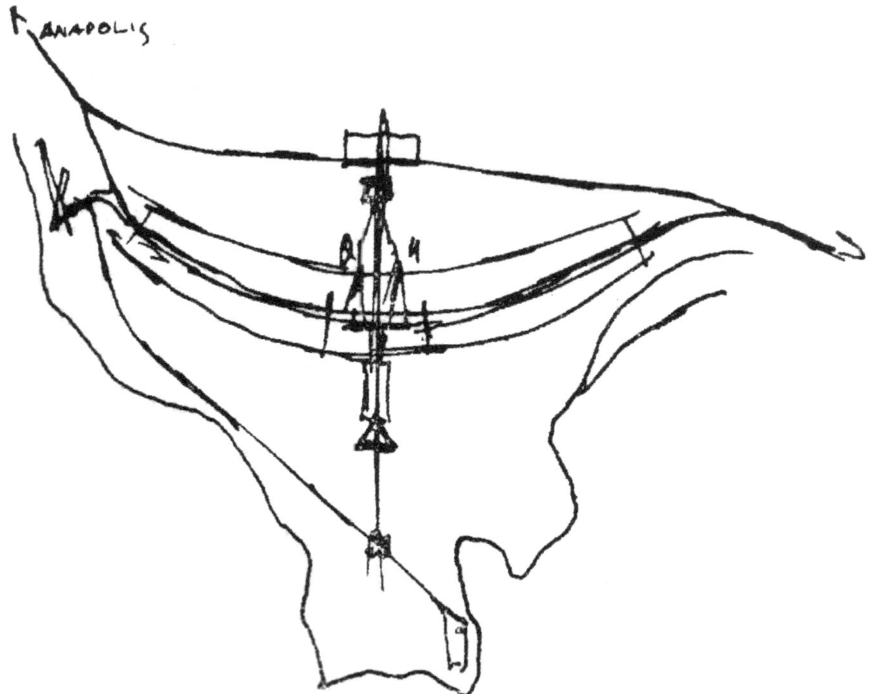
ANAPOLIS

Utopia on Foot

Stefan Ruiz

"I didn't cry once in Brasília. There was no place for it. It is a beach without the sea."

Clarice Lispector, *Brasília*, 1974

Soon after the fiftieth anniversary of Brasília's inauguration, the photographer Stefan Ruiz, on assignment from *The Wall Street Journal,* shot a compelling set of architectural portraits of Brasília's buildings and interiors, dramatic in their emptiness. Ruiz, the creative editor for *Colors Magazine* in its formative years, is known for capturing contemporary social, cultural, and political complexities at scales both intimate and expansive through his portraits and landscapes, respectively. In contrast to the published images, this set of outtakes juxtaposes the individual and the monumental to expose the vulnerability of the former relative to the scale of the latter. We are grateful for his contribution of these photographs, which deftly illustrate the urban "beach" that Paranoazinho paradigmatically challenges.

TRANSFORMARÁ
LHOS MAIS UMA
ORADA COM
RANDE DESTINO
DE OLIVEIRA

05 student projects

superquadra redux

These projects attempt to adapt the precedent of the Brasília *superquadra* to the pedestrian-oriented urbanism of Paranozinha, using strategies that address issues of scale, street, and flexibility.

Jonathan Sun

The Layered *Superquadra* and Museum for Paranoazinho

Brasília's layered *superquadra* housing block creates a mixed-use urban development along the *passeio* by lifting the *superquadra* onto a mixed-use institutional plinth that occupies one block of the Destination Street. Situated at a major intersection between the *Passeio* and a side street that connects Paranoazinho to Brasília, this 100-meter by 100-meter block is an ideal site for a public amenity; this proposal imagines a museum.

The two-story plinth has a retail program along the ground level, a horizontal, open-plan office program bracketing the second floor, and a double-height museum, sited at the center of the block. The museum is organized around three internal atria and a fourth plaza, which is open and creates a monumental entry of axis into the museum. Functioning as an extension of the museum, this plaza acts as an open sculpture garden and an urban gathering space lined with recreational amenities. Bracketing this plaza and facing the *Passeio*, another small, two-story structure houses retail and restaurants.

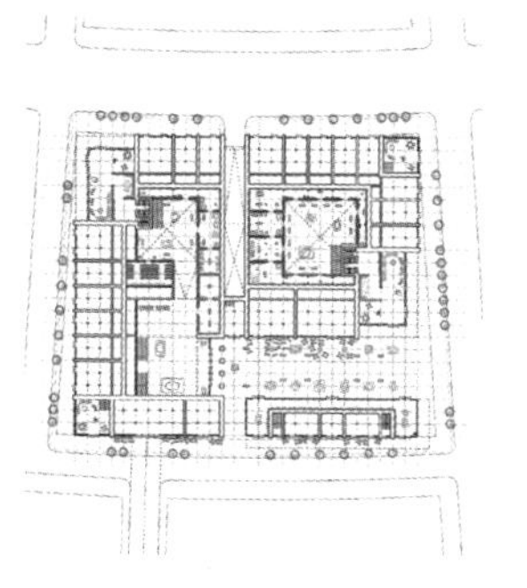

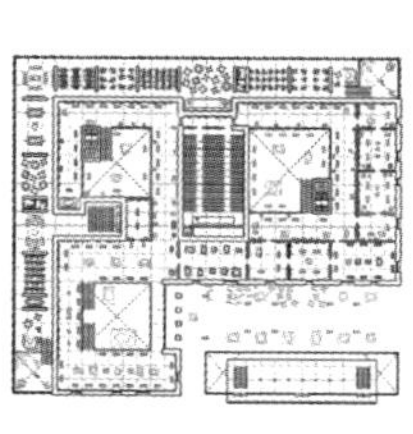

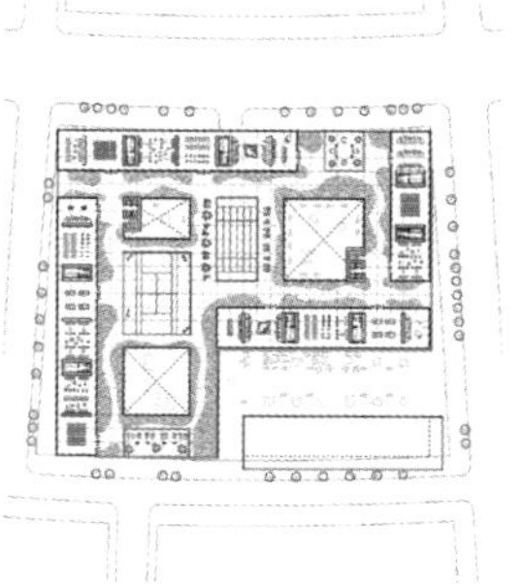

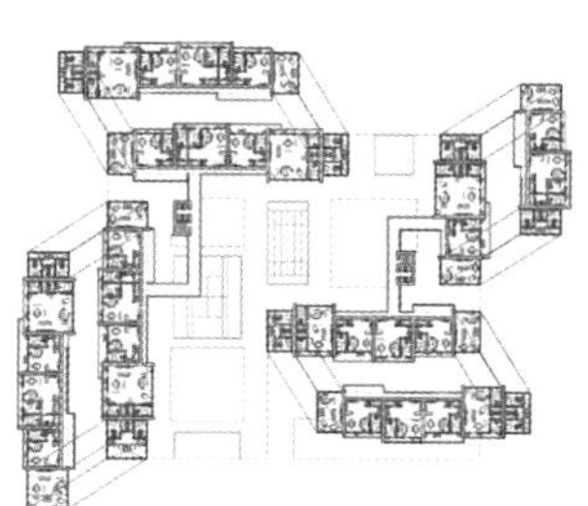

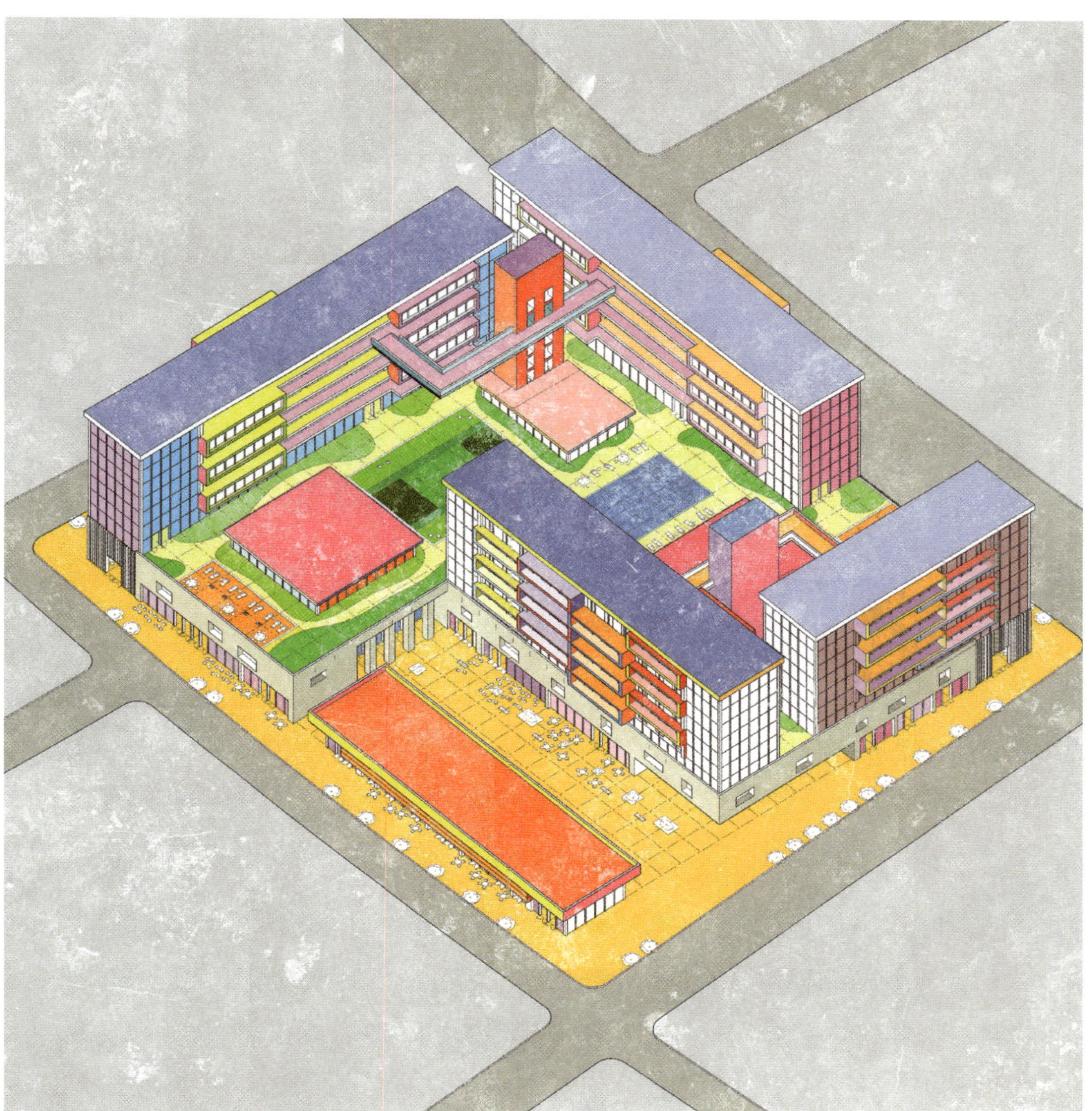

↑ Axonometric illustration of a prototypical block

← Ground, first and typical floor plans of the development

↑ View of public program along the street-front

The residential towers are situated above the plinth and line the perimeter of the block. The towers are accessible from the street level from two corners of the plinth. The 12-meter-wide towers contain units that are modeled on the various typologies found in the typical *superquadra* block. Duplexes occupy the ends of the towers, creating a variety of unit arrangements along the building and minimizing circulation space. Separate from the blocks, the elevator cores pierce through the museum atria to provide a visual connection between the project's public and private areas. Further, they serve to celebrate the hyper-articulated elevator cores, a theme integral to the spirit of the Brasília *superquadra*. The plinth roof holds recreational amenities for the residential towers and is a private oasis for the block's residents. Each of these gestures help to adapt the positive aspects of the *superquadra* condition to an urban mixed-use context.

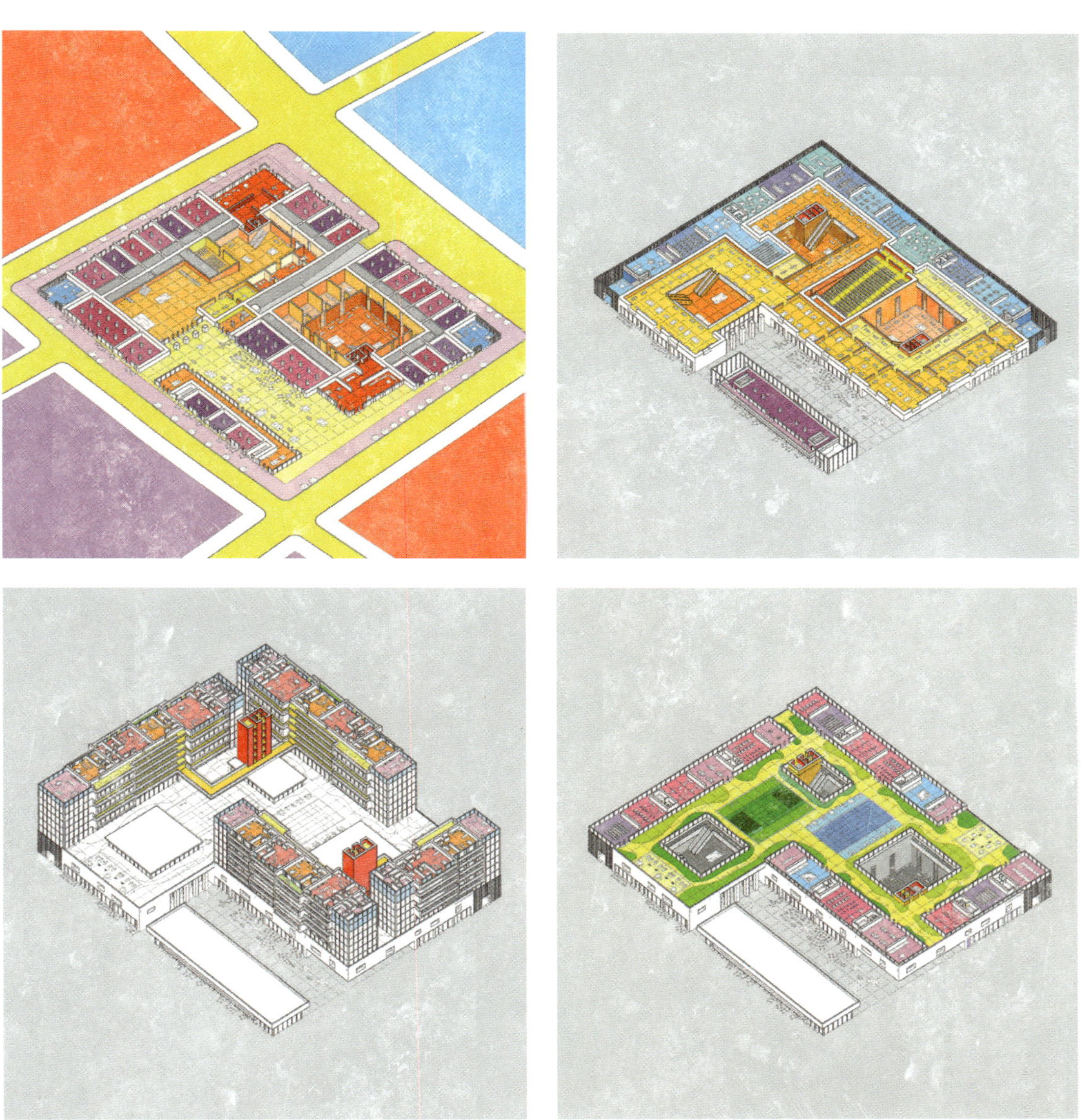

↑ Axonometric illustrations of the layered *superquadra*
View of entrance plaza from the Destination Street →

Raphael de la Fontaine

UrbanSuperQuadra

UrbanSuperQuadra (USQ) provides a vision for one block of Paranoazinho's Destination Street and serves as a speculative prototype block for the mixed-use avenue in the master plan.

The USQ assumes a critical stance toward Brasília's residential districts, the *superquadras*. Particularly, it challenges Brasília's highly restrictive, automobile-centric planning, which divides and spreads out the city's functions. Nevertheless, the USQ also acknowledges and borrows some of the redeeming characteristics of Brasília's original *superquadras*. Merging these constructive aspects with Paranoazinho's pedestrian-sensitive aspirations, the USQ preserves the recognizable Brazilian lifestyle while reestablishing the pedestrian scale.

↑ Models showing the elevated urban mass versus the porous groundscape

Superquadras

Famous for its innovative, though dogmatic, automobile-driven vision, architect Lucio Costa's 1957 Brasília plan clearly embodies the political goals of former president Juscelino Kubitschek, positioning Brazil firmly toward the future. Costa planned the city to operate as a machine and, paradoxically, made it accessible only by machine. The highly organized plan allows for organized traffic control along its motorways while preserving predominantly car-free zones in its residential quarters (*superquadras*).

↑ Street corner showing the porous ground level

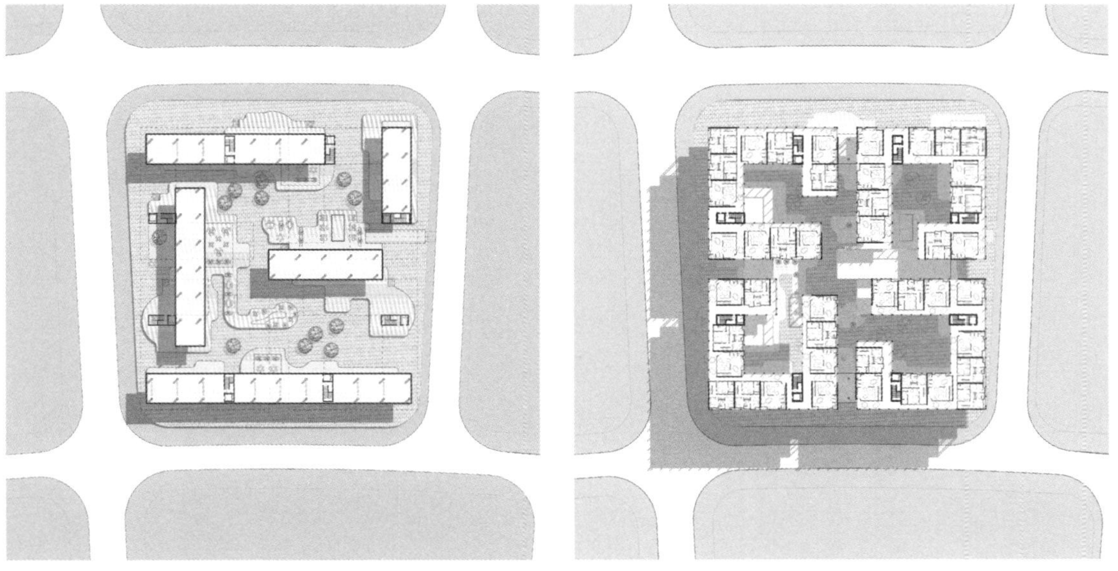

↑ Ground–and upper–level plans showing the porous groundscape and residential arrangements

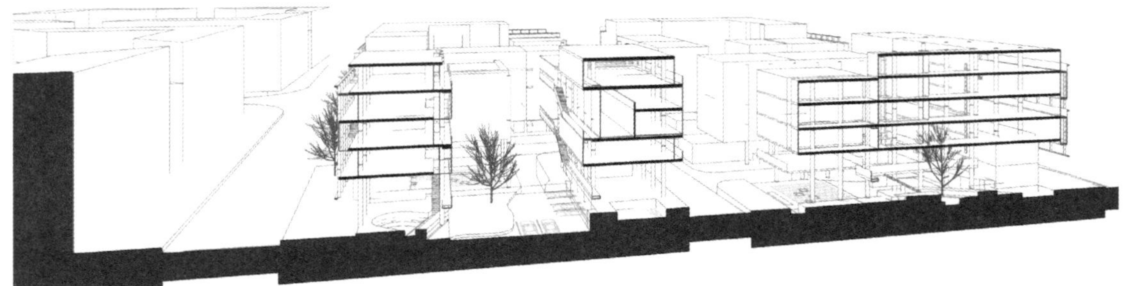

↑ Block section showing the arrangement of building program across levels

The remarkable, 350-meter-wide *superquadras* consist of several residential buildings linked along a well-defined vehicular spine. These bar buildings are lifted on *pilotis* and playfully placed in a field of landscaped gardens. This arrangement results in a distinctively open-ground condition, which allows for an intuitive and undefined pedestrian realm. In fact, the unrestrained environment that characterizes the *superquadras* stands in strong contrast to an otherwise highly structured Brasília. In reaction, the USQ proposes a corresponding permeable ground level for Paranoazinho, granting similar pedestrian freedom for its residents and visitors. The project also addresses another limitation evident in the *superquadras*: Having placed all the commercial functions outside the *superquadras*, Costa's plan encourages a highly segregated lifestyle, separating life, work, and leisure. These detached commercial streets lack the spatial intimacy of a city and are completely deserted outside of business hours.

The UrbanSuperQuadra

The proposed USQ hybridizes the master plan's perimeter-block typology with a playful, permeable ground level modeled after the original Brasília *superquadras*. This strategy preserves the freedom of movement allowed by the original *superquadras* while retaining the road systems defined by the Paranoazinho's master plan. Two simple operations facilitate this proposal: The first rescales the original *superquadra* to a quarter of its original size and reappropriates its lower levels as public and commercial spaces. This tactic opens up the ground level for pedestrian cross-block circulation and brings public activities directly to the each residence's doorstep. The second lifts

↑ Diagram showing the process from the original *superquadra* to the Urban*SuperQuadra*

up onto the ground-level bars the master plan's perimeter-block structures. This setup helps to distinctly define and assert the public street.

Though ingenious for its overall architecture and machinelike planning, Costa's vision for Brasília arguably sacrificed a human scale that is essential to urban vitality. In the USQ, Paranoazinho's proposed master plan reintroduces this scale through its 100-meter-block grid. The current proposal aligns with this master plan, fitting into this newly established grid while synthesizing the separate private and public urban functions within a single block, encouraging a cohesive living experience. By reinterpreting the recognizable residential formations of Brasília, this project foregrounds the vitality of the functional and qualitative aspects, injecting a sense of urbanity into the original *superquadras* and combining the best of both worlds.

typology mash-up

These projects employ multiple unit types, from townhouses to towers, within each block development to produce rich, heterogeneous urban precincts.

Elvira Hoxha

Hybrid Quad

The functional rigidity built into Brasília's plan has hampered urban life from proliferating by refusing to accommodate the city's changing needs. In reaction, people have looked to the city's unplanned satellite towns to find opportunities for organic growth and expression. Birmann SA's master plan for Paranoazinho presents a unique opportunity to establish a planning framework that encourages the idiosyncrasies of everyday Brazilian life to thrive and prosper. As the next step in the process, this project looks to create a block that revels in its own identity while contributing to a consolidated urban layer across the master plan.

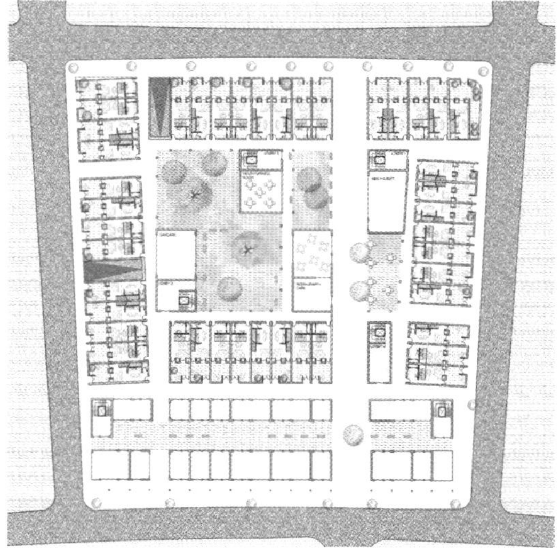

↑ Ground-level plan showing arrangement of retail and residential types

The block's DNA is entrenched in both the capital's Modernist *superquadra* and the organic vernacular of the region's local communities. This proposal merges these two distinct urban forms to create a new hybrid typology that takes advantage of the best of both. The scheme is grounded in the *Passeio*, which is the central axis of the new development. It interacts with the neighborhood in two ways: through the street-front commercial zone and through the residential parcel in the back. Set low along the Destination Street, the commercial strip acts as a social catalyst for the urban spine while supporting the block's residential component. It is designed to be porous and full of activity, an extension of the *Passeio* itself. The strip is pushed in and out, creating pockets that encourage impromptu social interaction.

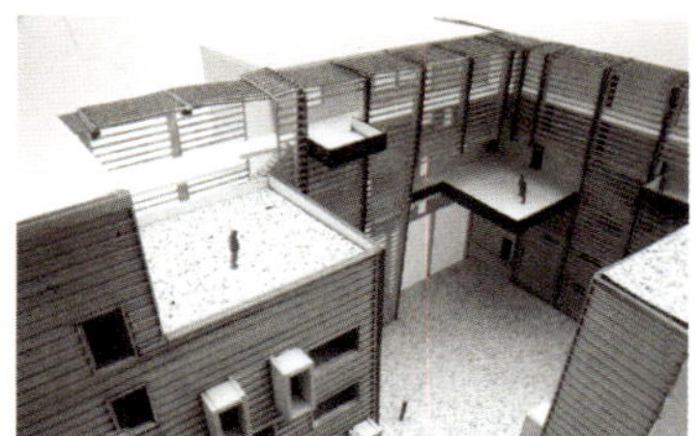

↑ Amenity patios, terraces, and shared courtyards for residents

The residential quadrangle comprises a series of buildings that function individually but are linked through a continuous interweaving band, creating the impression of a larger, unified mass. On the lower level, each building contains townhouses that open directly onto the street. They are autonomous from the band in both program and function but indiscernible from its singular mass. Above the townhouses, apartment units are strategically scattered to create spaces for a range of social activities in the quadrangle. The perimeter band connects each of these units and functions as an inner street that is shared by the residents. At the center of the residential quad is a semiprivate courtyard that houses amenities.

The undulating façade of the buildings, along with the block's landscaping, creates pockets of privacy that encourage a more intimate communal atmosphere. This effort is further reinforced by the choice of materials. Clad in rich, dark woods, the interior courtyards sit in stark contrast to the exterior walls' smooth, white stucco finish. Further, the stucco reflects local building practices and harkens to the austerity of the region's landscape.

↑ View of apartment units along side street

> "Townhouses are not a common type in Brazil, so, lately, we don't really see anyone developing them. The issue of security is a strong thing, and it's not that you can't make it safe. It's just the idea of putting your door up front, on the street, that becomes a perception of insecurity."
>
> Rapahel Birmann

↑ Floor plans of typical residential units

↑ Section through block showing retail, residential, and courtyard spaces

View of retail corridor along Destination Street →

Gelateria

Eunil Cho

Occupy Façade

This project investigation is twofold: to respond to and build upon the dynamic aspirations of the Destination Street while still retaining the privacy of the residential complex. The challenge is to allow these two zones and uses to comfortably share the same city block. It is imperative that the residents enjoy their own enclaves without being cut off from the lively street and its potential for social interaction.

The second goal is to achieve the high net efficiency demanded by the developer and market through an interesting and engaging urban form. This notion is realized by staggering the duplex units and eliminating the corridors on every other floor. Simultaneously, scattered along the complex, a series of amenities fosters interaction among the units and between the residential spaces and the street.

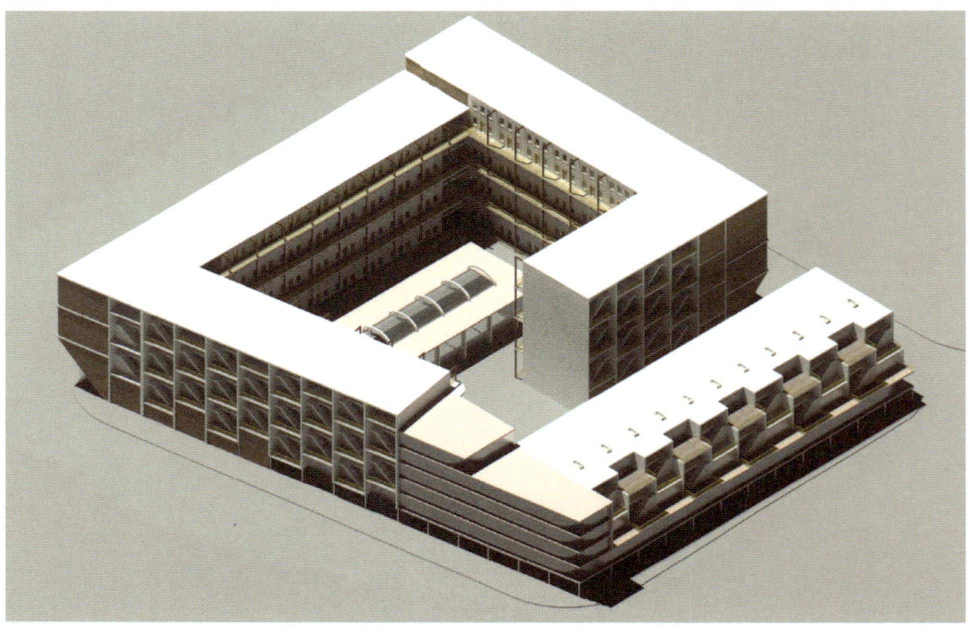

↑ Axonometric view showing the block's overall massing

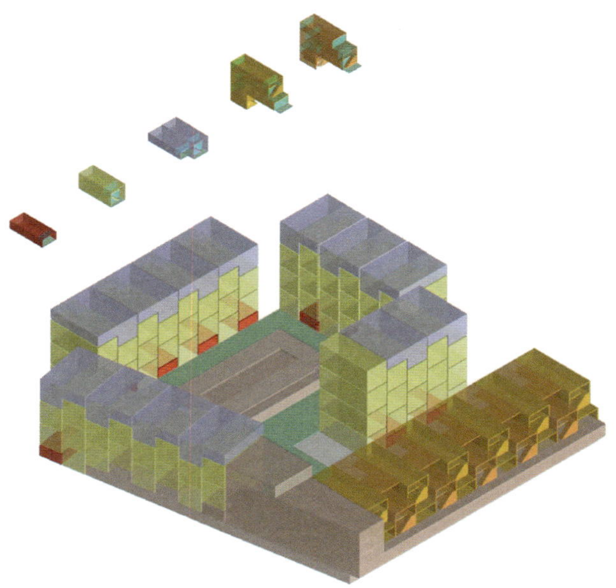

↑ Axonometric view showing the block's program configuration and unit types

On the street side, each successive floor is set back the width of one balcony. This tactic creates a façade that allows abundant sunlight into every apartment but also creates shadows to shield the apartments when the sun is high. The stairs for the duplex units are located along this façade, exposing the sliver of circulation that is within the building. This configuration helps to establish a visual connection between the building's residents and those on the Destination Street.

↑ Ground–and third–level plans showing retail and residential program

View of the retail and residential façade from the *Passeio* →

↑ Elevation view of residential façade

Longitudinal section through block →

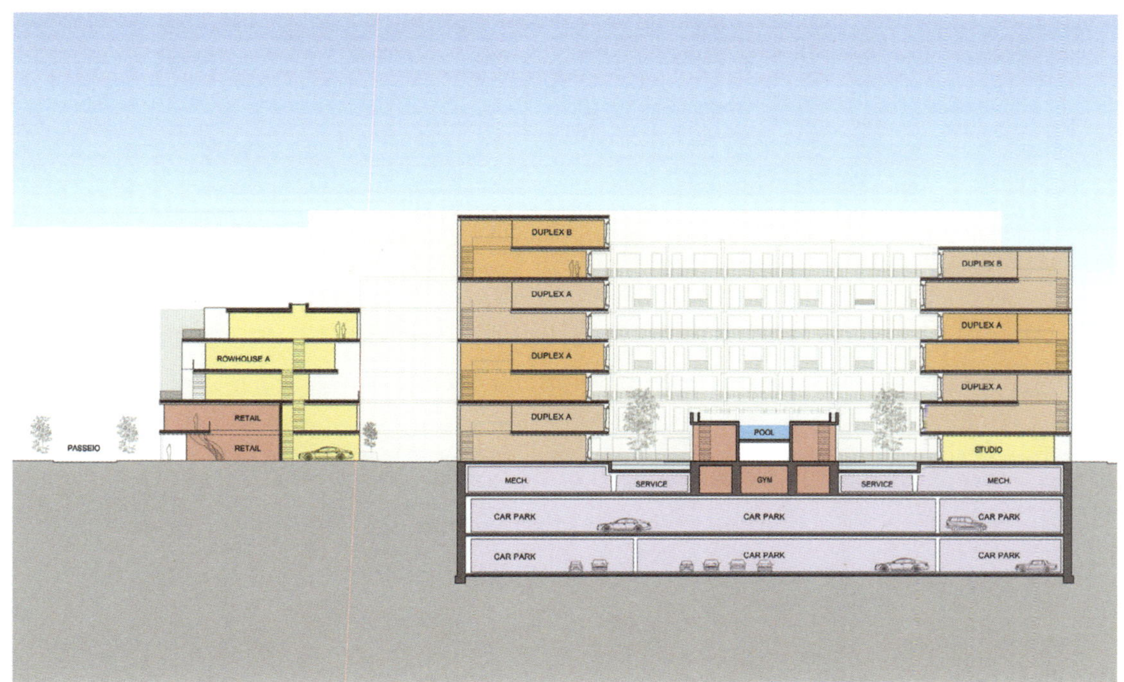
DUPLEX B
DUPLEX B
DUPLEX A
DUPLEX A
ROWHOUSE A
DUPLEX A
DUPLEX A
RETAIL
DUPLEX A
POOL
PASSEIO
RETAIL
STUDIO
MECH.
SERVICE
GYM
SERVICE
MECH.
CAR PARK
CAR PARK
CAR PARK
CAR PARK
CAR PARK
CAR PARK

Kin Tak (Joseph) Yu

Super Urban Hybrid

This project aims to create a unique micro-urban environment that integrates both low- and high-density housing models. The 100-meter by 100-meter block is subdivided into two smaller parcels as a first step toward facilitating this objective. The parcel adjacent to the *Passeio* houses retail units at the street level, with residential duplexes and townhouses above. This configuration allows for the control of scale and ensures that the street edges retain a cozy, pedestrian-friendly feel. The units are laid out in a donut shape, with a publicly accessible courtyard in the center. Also fronted with retail, the courtyard encourages passers-by to come in from the main street, thereby activating the entire depth of the parcel.

↑ Section showing stacking and arrangement of program on the block

The second parcel, set back 50 meters from the main street, includes residences in a high-density configuration. Units are arranged within a series of larger towers, which cascade down as they gradually dissolve into the edges of the block, seamlessly negotiating the interior scale with the perimeter scale. These cascading towers appear less imposing from behind the perimeter blocks yet manage to incorporate a large number of condominium units. As high-density buildings, the developer can fully capitalize on the projected demand for residential units.

↑ View of the project from a residential terrace

The interlocking between the two scales creates a smaller grain of shared spaces throughout the block. With their large communal terraces, the condominium towers are further connected and combined at the upper levels, forming a network of community areas. Connected by a series of smaller, shared gardens, the duplexes and townhouses each have private roof decks. The formal strategy encourages cohabitation of varying densities while creating a pleasant, appealing urban environment.

↑ View showing pockets of shared amenity spaces throughout the project

↑ View of central amenity courtyard flanked by terraced apartments

"There is an important issue there about having a semiprivate space. This is a move more toward the private than it is toward the public."

Rafael Birmann

↑ Section through block showing stacking of condominium units

View from Destination Street showing retail and residential façades →

↑ Models showing a fragment of the block

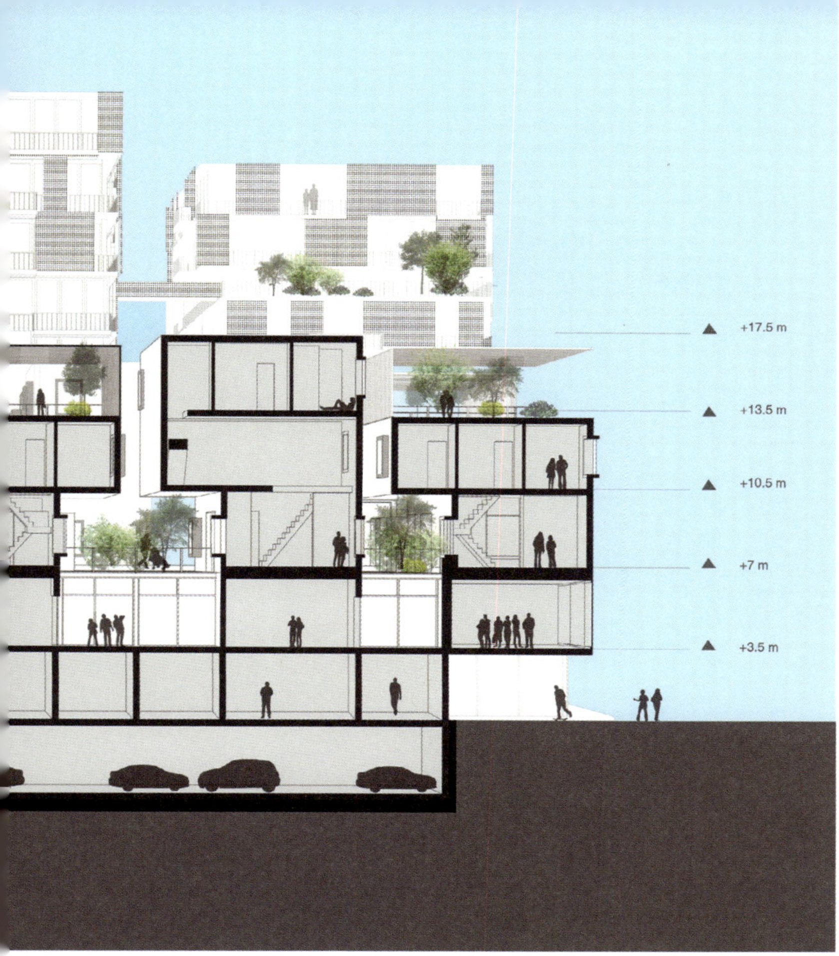

+17.5 m

+13.5 m

+10.5 m

+7 m

+3.5 m

blocks within block

These projects create unexpected human-scaled urban spaces within the block subdivision, encouraged by the Paranoazinho master plan, through the transformations of three formal typologies—the perimeter block, tower, and the Unité block.

Daphne Binder

quAtria

This proposal for a housing block in Paranoazinho marries privacy with the public realm through the merger of urban elements typically found in opposition, such as the collective street and the individual home. Negotiating between the horizontality of the *Passeio* and the verticality of high-density housing, the prototypical complex is a combination of the perimeter block and the tower block. Stores, restaurants, and recreational spaces are housed at multiple levels within the lower-ring buildings, which open up onto the *Passeio*. The residential towers, built up as demand dictates and set just behind the lower-ring buildings, are protected from street noise and activity but remain in close visual proximity to the new city center. The ring building surrounds collective residential gardens, which are built over an underground parking structure, diverting vehicular traffic from the main *Passeio* to its side streets.

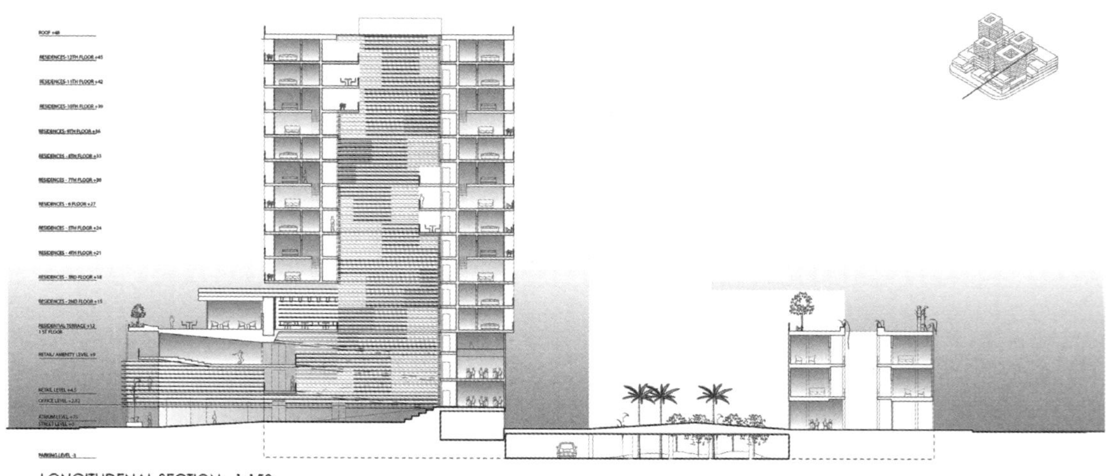

↑ Longitudinal section through block showing residential tower and retail strip

Ramps and passageways lead pedestrians from the parking and street levels to an elevated position above the *Passeio* as they weave through cascading gardens and commercial businesses. These circulators culminate in a series of open-air atriums and the tower's individual lobbies, situated at the convergence of the public and the private. Residents and visitors meet in the lobby spaces, and small businesses offer everyday commodities and collective spaces, such as shared balconies, sports facilities, and child-care services. Layered materials, such as concrete, screens, and louvers, separate the public and private realms while visually interweaving them. The louvers that shield the commercial storefronts from the sun fold inward to become the lining of the tower's interior atriums; further, they screen the tower's interior corridors while creating a visual connection across and into the atriums. Perforated screens along the corridors allow for natural

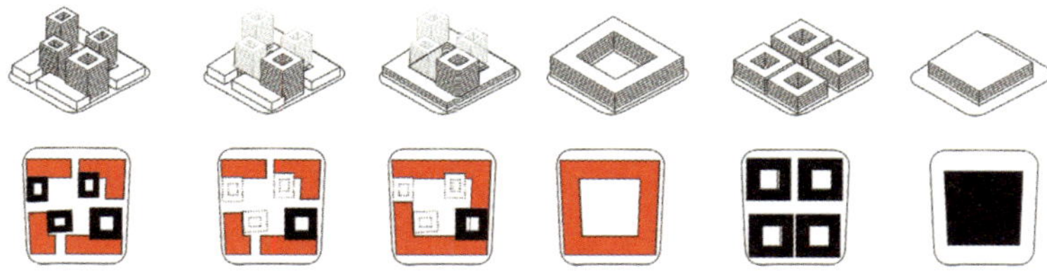

↑ Process diagrams illustrating the massing strategy

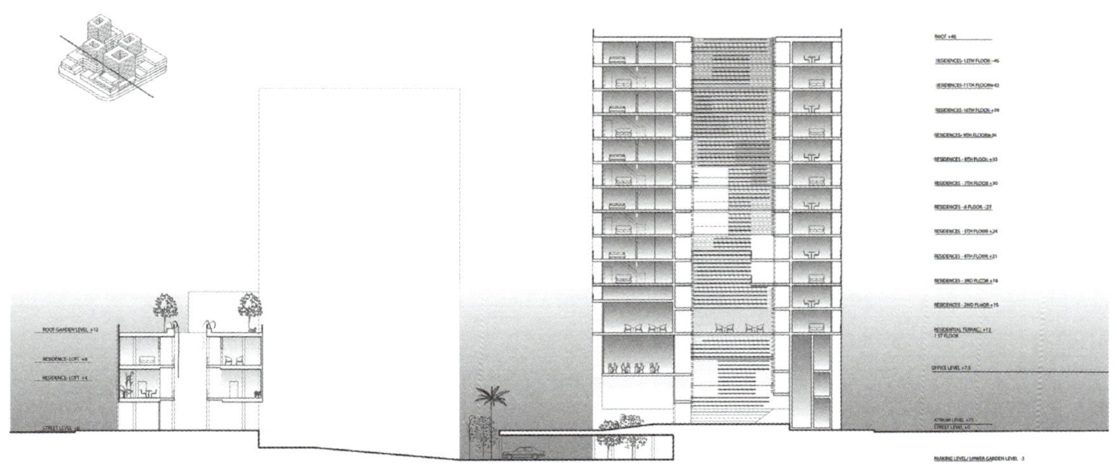

↑ Cross section through block

ventilation through the individual units, induced by accelerated airflow in the atriums. On the outside, the concrete structure is exposed framing that is inset with balconies and windows. The use of some of the same materials on the external structure and on the tower's interior enforces the inversion of the tower-core relationship already suggested by the floor plan. The tower's core is a void, rather than a load-bearing element, so it is freed up to be a communal space between the street and the home.

This prototypical block for Paranoazinho's *Passeio*, the main artery of Brasília's new satellite city, should be measured against its predecessor. The Paranoazinho block strives to maintain the privacy afforded by the *superquadra's* residential, linear bar-shapes and attempts to preserve their unique proximity and accessibility to outdoor landscaping and recreational areas. The network of ramps and elevated walkways, as well as the seamless transition between interior and exterior spaces, embraces those same elements found in the intricate circulatory elements of Brasília's ceremonial and civic spaces. Yet, while Brasília's housing blocks and commercial arteries are, at times, miles apart, accessed solely through vehicular transportation, in Paranoazhino they are one and the same. In Paranoazinho, the *Passeio* is brought up to the residence, so the individual residence is part of the city.

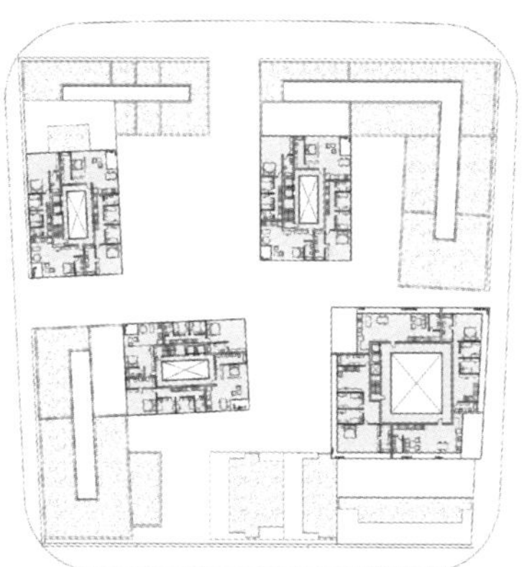

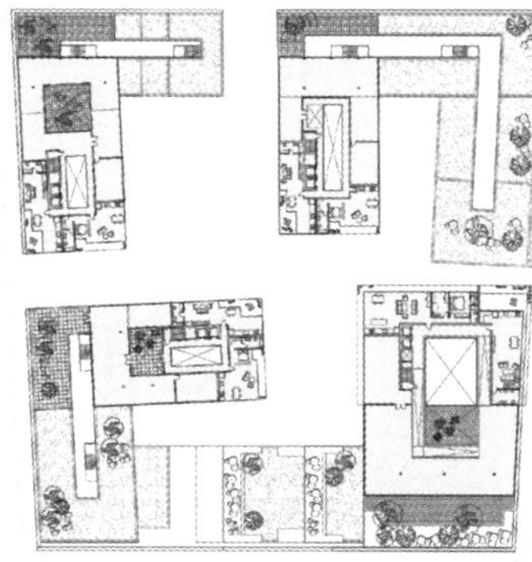

↑ Floor plans of the residential tower and residential terraces

↑ Exterior (left) and interior (right) treatments for the residential towers

UNITS TYPES

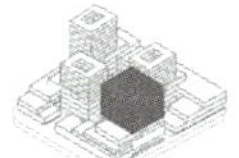

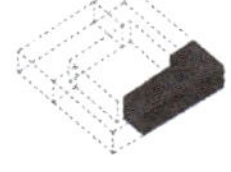

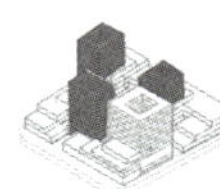

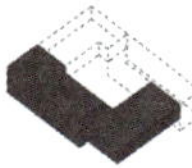

TOWER UNITS 1

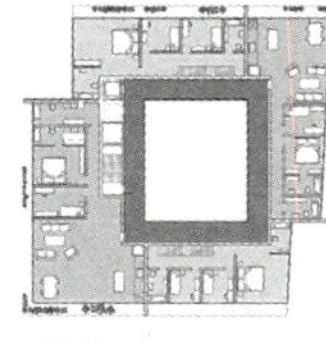

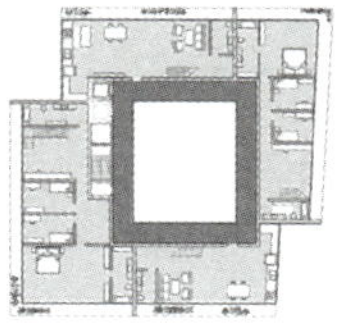

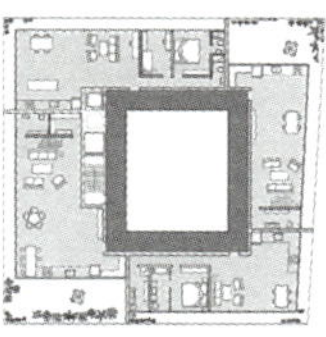

TOWER UNITS 2

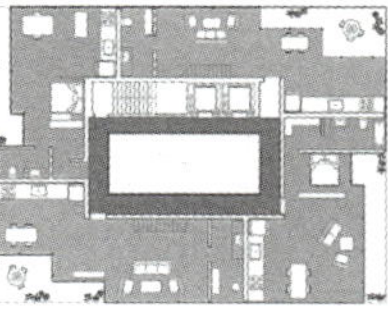

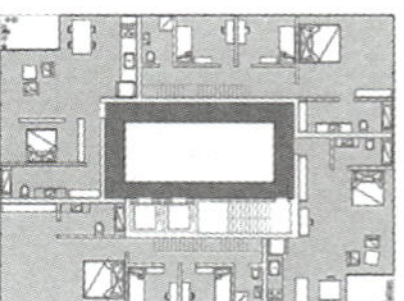

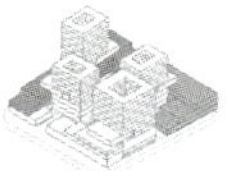

LOFT UNITS

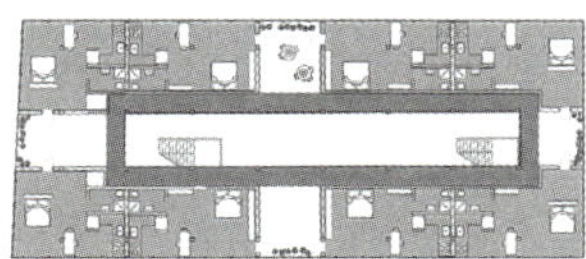

↑ View of retail street front and residential towers from the Destination Street

← Plans showing various program types

Mengran Li

Urban Courtyard

The "Urban Courtyard" site is at the south terminus of the main axis. A nearby transportation hub is planned for the development's first phase, making the site a gateway to the new development. To highlight the hub's importance, the layout features a corner plaza that is flanked by a condominium tower. This plaza provides a public gathering space and establishes an identity for the project. The city of Barcelona is a precedent for the rest of the site's programmatic configuration, which includes retail and amenities on the ground floor, facing either the streets or the central courtyard. This 30-meter by 30-meter courtyard invites small groups to congregate, while it still retains an intimate pedestrian environment. The smaller buildings within the block each have private courtyards that act as communal sub-centers for the residents. Their proportions enable them to passively respond to the hot and dry climate.

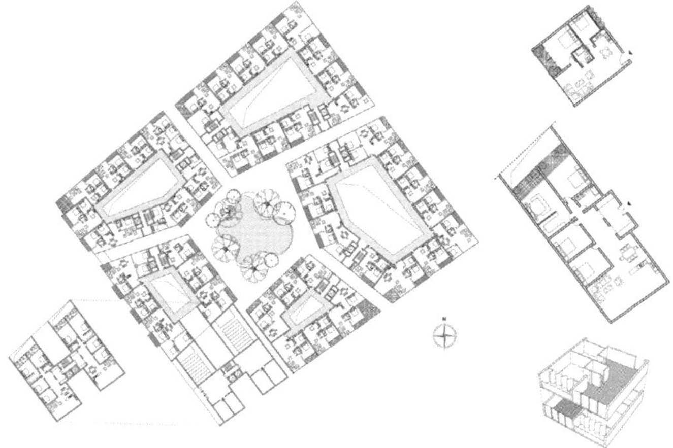

↑ Typical floor plan and unit plans

Upper-level residential units comprise both one- and two-bedroom apartments, responding to the demands of young professionals and middle-class nuclear families who are anticipated as the project's primary market. Each home features a floor-to-ceiling window in the living room and at least one private balcony, arranged to funnel in the prevailing breezes. The condominium tower that reinforces the gateway is designed and marketed as an "address," a premium product that will define and bookend the Destination Street. The tower is composed of spacious luxury apartments, with private elevators and vertical gardens.

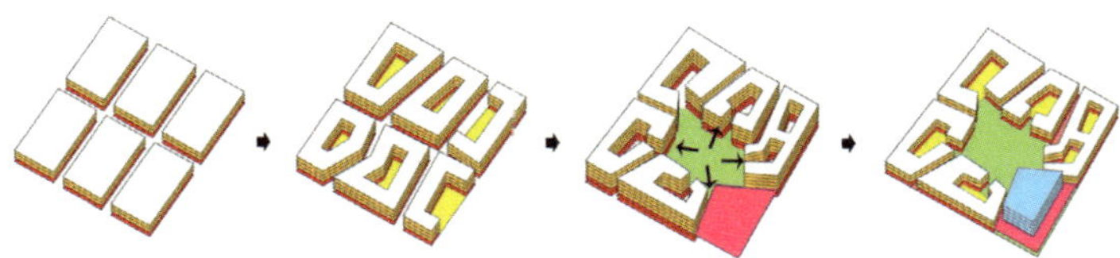

↑ Process of arriving at block massing strategy

Along the *Passeio*, continuous colonnades and ramps contribute to a seamless shopping experience. Thus, the façade acts as an active interface between the street and the building. The layered concrete plates derive from Brasília's Modernist legacy, while the balcony screens pay tribute to the *Muraxabi* (a shading device native to Mediterranean architecture) found in Brazilian folk houses. With its long, low street-wall façade and its flagship tower, the project finds an equilibrium between the traditional and the contemporary, the indigenous and the universal.

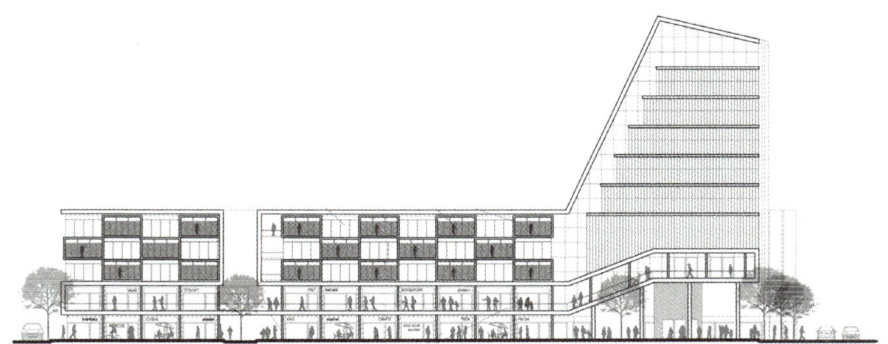

↑ *Passeio* elevation

View of condominium tower from the Destination Street →

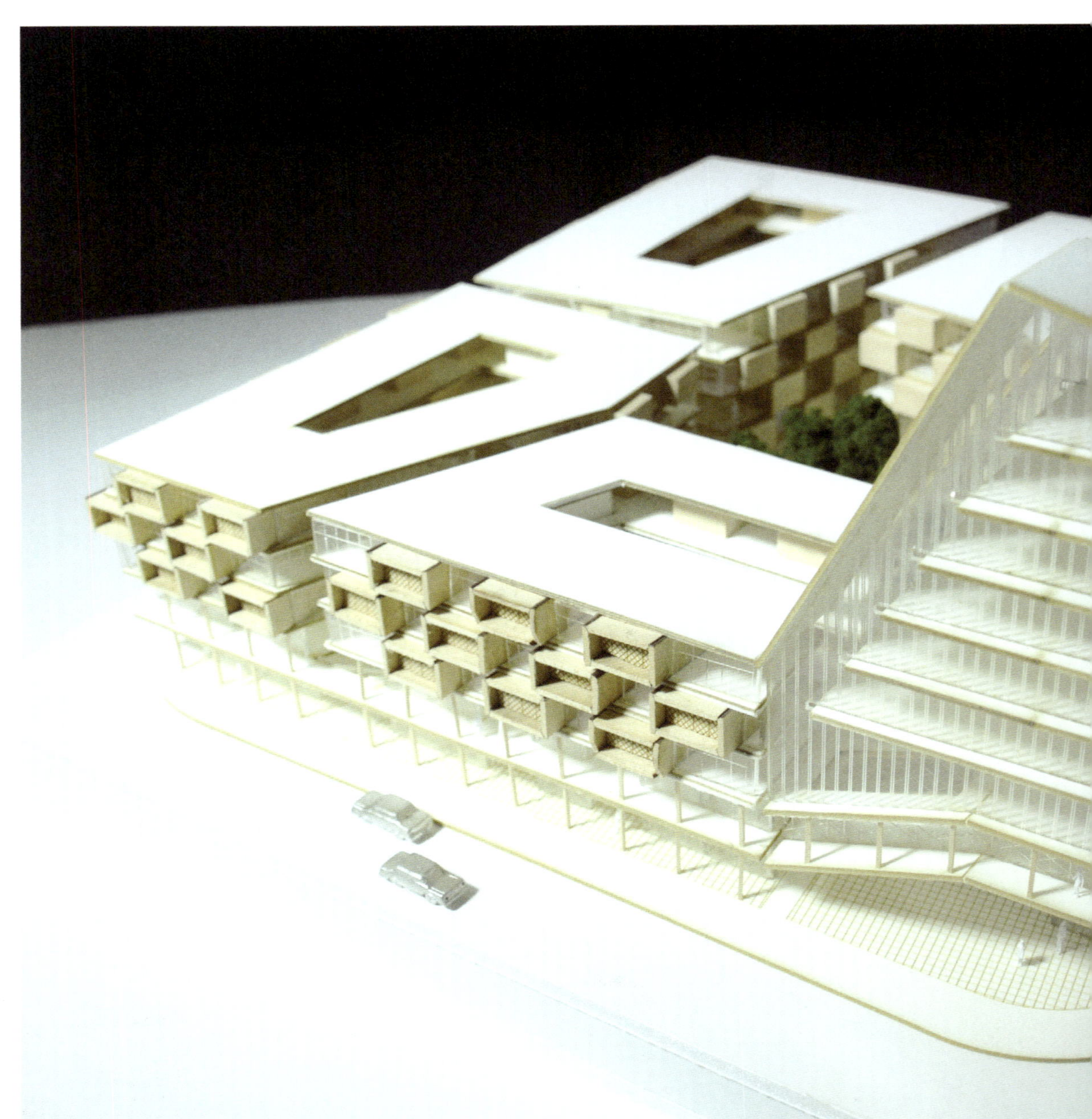

← Model of the block's corner condition

↓ Model showing the corner plaza, luxury tower, and apartment building

↑ View from a typical residential unit

Elena Baranes

Prototype Index for a New City

"Prototype Index for a New City" seeks to create a housing prototype that can be deployed across various sections of the new city of Paranoazinho, a 16-million-square-meter estate located between Brasília and Sobradinho. The first goal is to create an identity for this brand-new city. The project focuses on the residential unit as having both social and domestic functions, creating spaces for flexible living and working while maintaining opportunities for separation between the two.

Le Corbusier's Unité d'Habitation, in Marseille, France, serves as a precedent for the residential model that inhabits the full depth of its block. In Unité, an interior circulation corridor splits each of the two-story units in section. This simple yet effective concept is applied to the South American model by imposing a similar system upon the rigidity of the Brazilian *superquadra*. The circulation becomes part of an exterior courtyard system that expands, aerates, and lights the depth of the residential units. On the floors where public circulation is not required, these courtyards are absorbed by the residential units and become part of the private realm. They act as a threshold between the functions within the units.

Additionally, each unit has a series of façades that face the street, the interior courtyard, and the exterior courtyard. Suspended from the structural walls that run along the length of the units, the façades are flexible and respond to both the exterior context and interior program.

↑ Model of residential prototype unit

↓ Ground–and upper–floor plans showing public and private realms

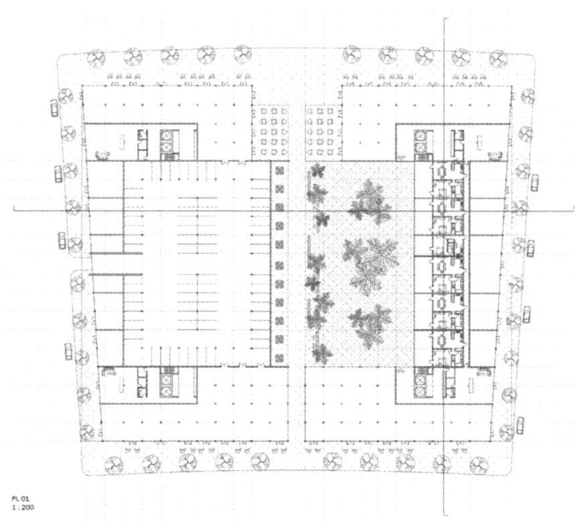

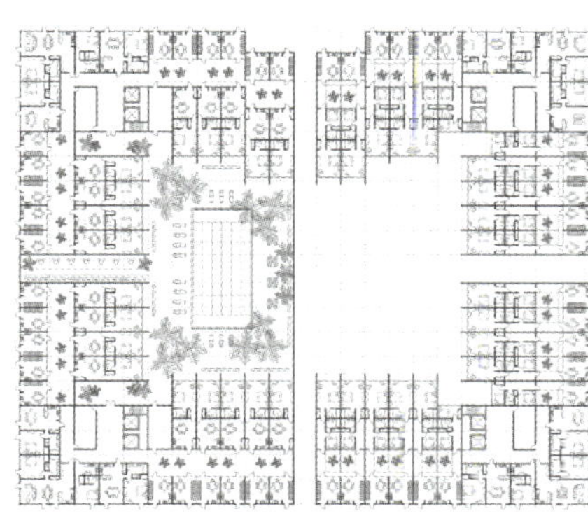

↑ Model showing the residential experience and quality of spaces

← View of open-plan community spaces at ground level

↓ Longitudinal and cross sections through block

View of screened façades from courtyard gardens →

Section
1 : 150

Section
1 : 150

formalized informality

These projects attempt to meld the vitality of the informal Brazilian city within a development model to create urban spaces of engagement from the ground level up into the buildings themselves.

Apoorva Khanolkar

Ordered Chaos

"Ordered Chaos" investigates the agency of the architect in the planning process, and its relationship to both the developer's vision for a community-oriented urbanism, and Lucio Costa's hyper-planned, city-as-machine manifestation of Brasília.

The 90-meter by 120-meter block is designed in a mat-and-bar scheme in which the mat houses a permeable public realm, comprising commercial program and amenities, and the rectilinear bars contain a variety of residential unit types. The aim is to generate a model of mixed-use urbanism in which the planner lays out an overarching vision but, during the process, relinquishes part of the control to market dynamics, social forces, and the community itself.

↑ Illustrations showing incremental phasing and building of the mat-and-bar block prototype

Thus, rigidity and flexibility are united in two ways: through a systemic organizational module of additive and subtractive processes that generates both the public and private program in the mats and the bars, and through a strategic deployment of service armature that allows the site to be developed intuitively in a number of ways. The same spatial framework can facilitate a wide variety of retail, ranging from global designer brands to small, locally owned bakeries. This move is important because, while it allows the designer to define and

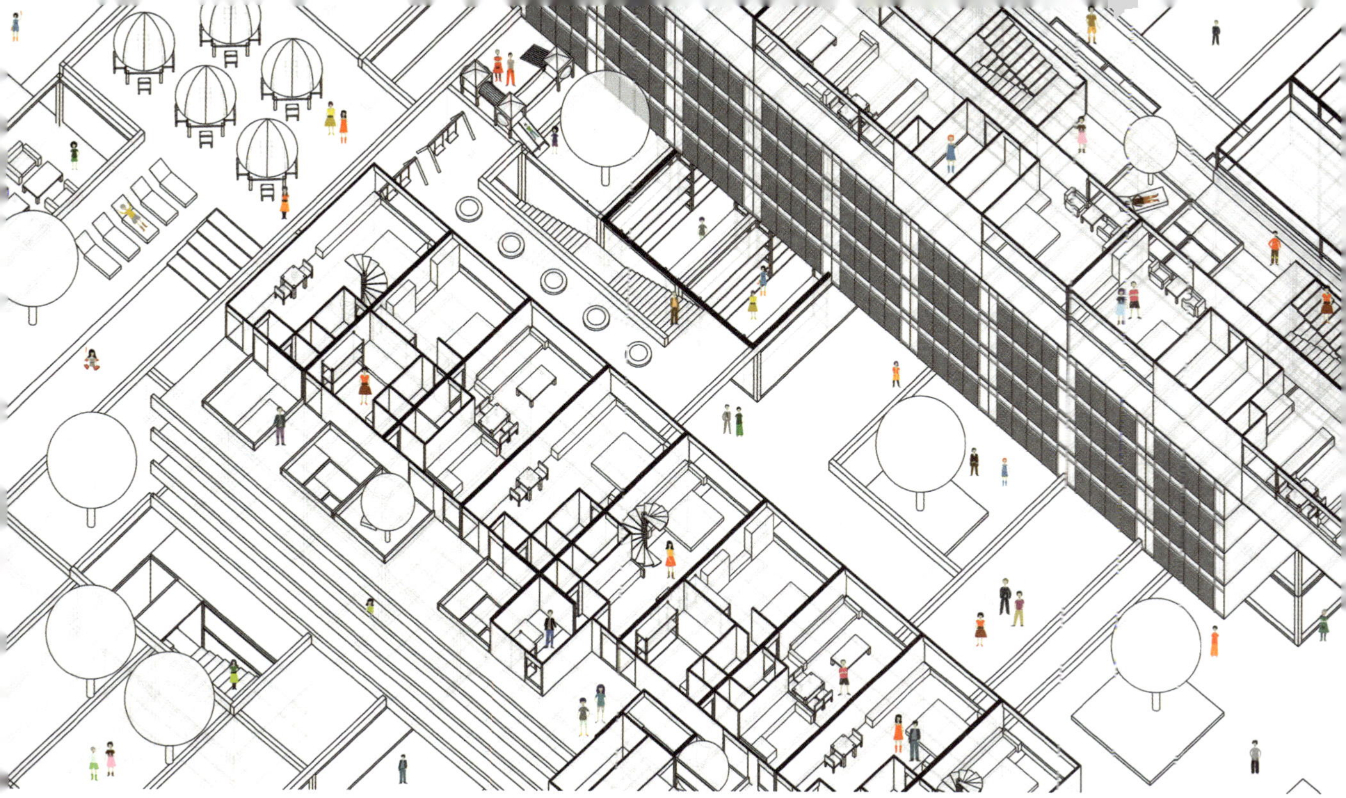

↑ Axonometric view showing inhabitation within the block

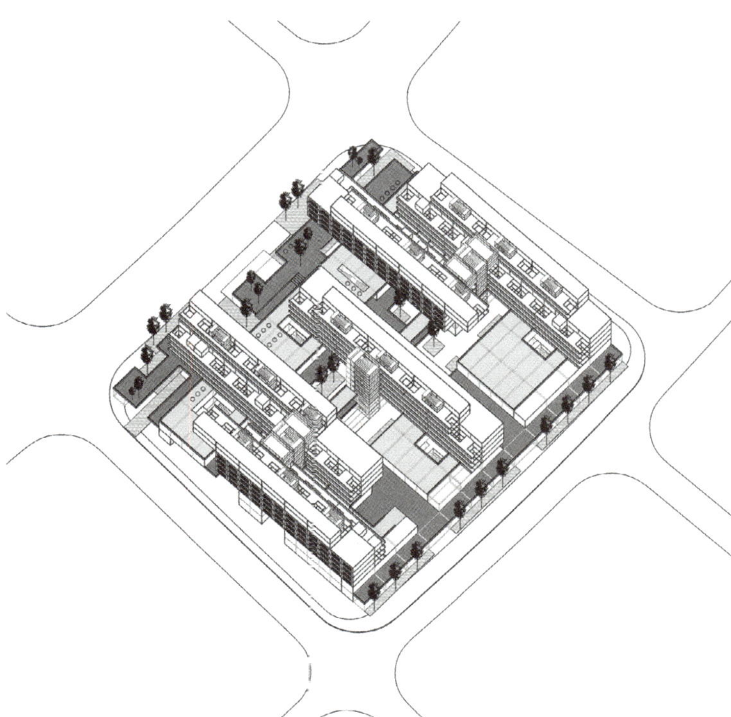

↑ Axonometric view of block as a completed development

control certain programmatic aspects of the development, it also provides room for the built environment to respond to the elastic demands of the growing city and its inhabitants.

This interchange between top-down planning and bottom-up occupation carries over into the residences, where a module-based organization makes it possible to combine units, ranging from studios to penthouses. Each apartment is a cross-ventilated, single-loaded unit that fronts an open veranda and comes with a 3-meter by 3-meter open well, which can be purchased by dwellers and converted into a bedroom, study, terrace, or patio. This strategy has consequences on the project's tectonics, as well. While one face of the bar is a stark, rigid, static acknowledgement of Brasília's Modernist legacy, the other becomes, over time, a dynamic "pixilation" of the community's changing aspirations.

↑ Model showing block as part of urban collage

While the block is designed to fit within the existing master plan, it is also a prototypical block, the many parameters of which can lead to different permutations in other blocks. This top-down exercise provides an "armature" within which the bottom-up organic forces of urban growth are allowed to proliferate.

"The heart of the problem is the difference between housing and architecture of multiple dwellings that people live in. Housing automatically takes you into this realm of diagrammatic perfection, of the orchestration of everything, without much attention paid to the image—the collective image buildings can convey—to lift or depress the spirit of the people who are going to live there. Collective residence is very, very important. Being a resident there starts on the street. … That's what architects do—they give expression to bodies and people and the objectives of developers, whether they're public or private."

Robert A. M. Stern

↑ View of commercial strip from the *Passeio*

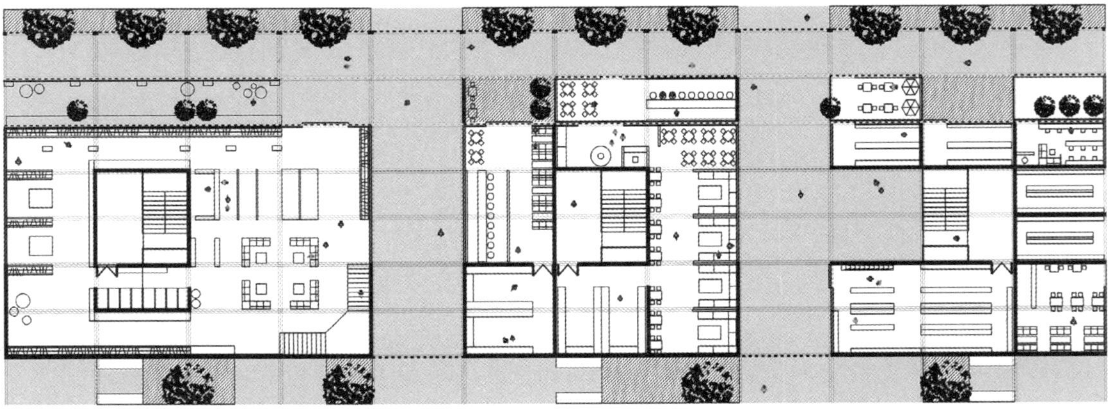

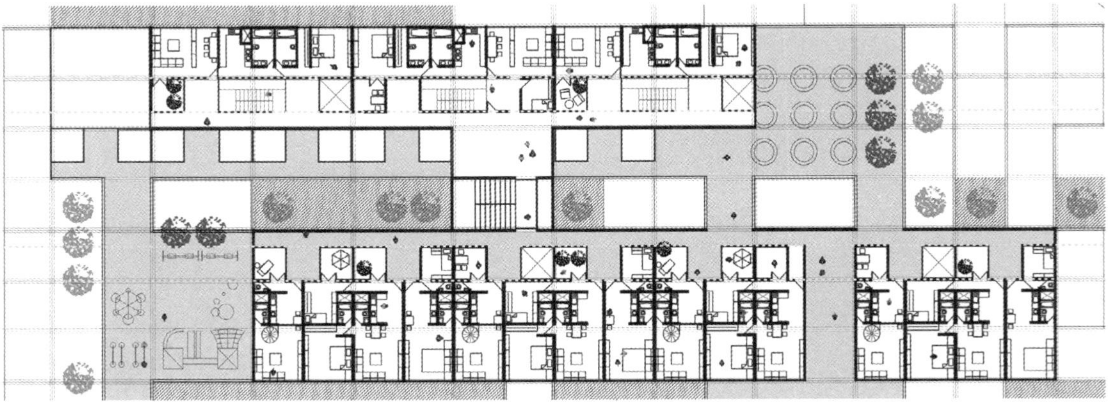

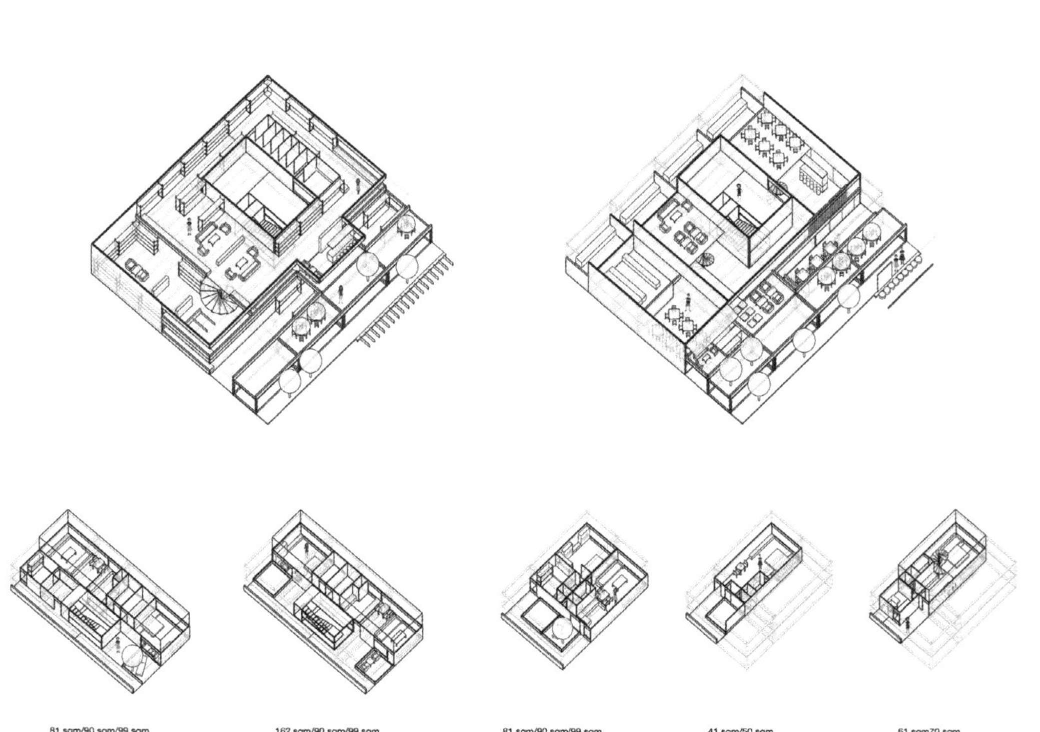
81 sqm/90 sqm/99 sqm
1 Bedroom
1 Bedroom w/Study
1 Bedroom w/Patio
2 Bedroom
2 Bedroom w/Patios
162 sqm/90 sqm/99 sqm
3 Bedroom Penthouse
3 Bedroom Penthouse w/Study
3 Bedroom Penthouse w/Patio
4 Bedroom
4 Bedroom w/Patios
81 sqm/90 sqm/99 sqm
1 Bedroom
1 Bedroom w/Study
1 Bedroom w/Patio
2 Bedroom
2 Bedroom w/Patios
41 sqm/50 sqm
Studio
Studio w/Study
Studio w/Patio
1 Bedroom
61 sqm70 sqm
Studio
Studio w/Study
Studio w/Patio
1 Bedroom
Loft

← Various possible modular configurations for commercial and residential units

← Views of exterior (top) and interior (bottom) amenity spaces within the building

Longitudinal (top) and cross (bottom) sections through block →

Hiba Bhatty

Yard Share

While the traditional Brasílian *superquadra* has several shortcomings as an urban model, its egalitarian aspirations are commendable. This project attempts to cherry-pick the *superquadra's* positive qualities so as to postulate a new way of community life that is in tune with the developers' vision for the site. The crux of the scheme is the addition of a network of semiprivate social spaces for nuclear families, helping to reconcile this generation's increasing desire for privacy with the convivial exuberance of Brazil's traditional social culture.

This proposal's four raised courtyards are broken up by two primary east-west and north-south axes, which run down each courtyard's center. In order to maintain the mandated FAR of 3.5 and allow the courtyards to receive sufficient natural light, the ground level is fully developed, with taller bar buildings anchoring each end of the block. A series of intimate terraced courtyards are sandwiched between the two bars, dividing the site into three distinct zones.

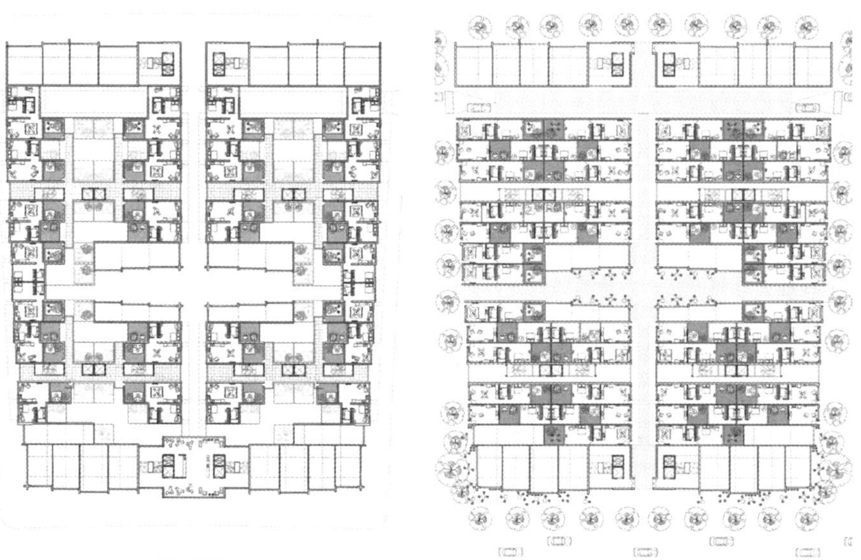

↑ Second–and ground–level plans showing public axes, shared courtyards, and private gardens

↑ Axonometric section of block showing the arrangement of massing and program

↑ Elevation showing screens as a way of mediating between shared and private spaces

The zone that runs parallel to the Destination Street features retail in the first two stories, thus activating the street front. Above, the bar building contains offices and a hotel, making this the commercial third of the site. Set back from the main street at the other end of the block, the second bar building houses apartment units. In between the two are a series of townhouse-style units that have raised community gardens and a public intersection with amenity spaces. This arrangement helps to create movement throughout the depth of the site, dissipating across the entire block any hierarchy of social exchange.

↑ Unit typologies include studios and one—and two—bedroom apartments with shared yards

The middle residential zone comprises clusters of studios and one-bedroom and two-bedroom apartments. Each cluster shares a community garden, and each unit has a semiprivate outdoor patio. The apartments are shifted away from each other and interlocked so that each receives adequate light and ventilation. Soft barriers, such as screens, foliage, and planters, allow for a degree of privacy between the units while still encouraging social interaction. The abundance of green terraces infuses the project with a lush, tropical sensibility.

↑ View showing location of cores at the center of each courtyard

↑ Illustration showing the building façade as it undulates along the side street

Further, this network of gardens reinforces the notion of private and shared spaces through the facilitation of multiple layers of social exchange. Program and tectonics also help to blur the line between inside and outside. Additionally, public spaces are arranged so that, when the blocks are deployed as a prototype, they interlock to create larger pockets of congregational areas, richly infusing the project with another layer of human-centric urbanism.

Illustration showing tiers of activity on multiple levels →

06 retrospective

Utopian Paradigms

Rafael Birmann, his son Ricardo Birmann, and David Sim of Gehl Architects (a consultant to the Birmanns) reflect upon the genesis of the Paranoazinho project, the challenges of developing a massive site, and the aspirations for an urban paradigm shift in Brazil.

Rafael Birmann The Paranoazinho project was born ten years ago, when we found this 16-million-square-meter site and became excited about the opportunity to build a more urban, more walkable city—just next to our capital, Brasília—and to address all those issues that Brasília and its Modernist urban concept bring to mind. Such an opportunity was amazing. To discuss and to counter that 1960 historical urban statement, not only with words but with an actual urban fabric, was a fantastic opportunity. We dreamed of an alternative city. As time has passed, we've come to grow even more excited about it. As the challenges got bigger and bigger, so did our drive and passion. Everything is huge in the project. It goes beyond a straightforward property deal. It involves how to engage in urban issues, how to bring better schools to this community, how to make the government understand the transportation requirements of connecting this neighborhood to downtown Brasília, which is called *Plano Piloto*. Everything had to be understood from a larger perspective, much beyond "just real estate," much more complex than just bricks and mortar. At Yale, we wanted the students to understand that, on the ground, there are huge difficulties to face. We talked about the site and the streets, how they should be laid out, what to do with zoning, where we needed to put larger or narrower streets—ten meters here, fifty meters there. My feeling today is one of optimism, but it is a huge challenge.

David Sim As [Gehl founder] Jan Gehl always says: first life, then spaces, and buildings last. And not just the life that you find in the marketplaces and

coffee shops—it's all kinds of life: the climate, the weather, the way the wind blows, the way the sun shines, what grows there, the trees, the wildlife. Life is also the business, the culture, the fact that you've got a corner where a shop can exist and you've got streets that allow small businesses to thrive.

The understanding of the forces of life—weather, business, culture, behavior, educational patterns—all those things ought to be our starting point. For me, the exciting part was working both on the real project in Paranoazinho but also bringing this idea of life to Yale to test how idealistic we could be in this realm. The culture of an office is that time is money, and you can rarely afford to spend an hour just testing something. And it's incredibly important that we use our schools and learning institutions as laboratories, as testing environments, to figure out how to take things further. Architects tend to talk to other architects, but, when we step out of the academic silo and talk between disciplines, that's when it gets to be interesting. What excited me about the Yale studio was not just being in a school environment but also being in a school that is working at this threshold between the craft of urbanism and the business of real estate.

Ricardo Birmann Our site has a community of 180,000 people surrounding it. The government's projections are that this number will grow to about 400,000 people in forty years or so. Our project will play a substantial role in this regional development, not only providing most of the new housing but also a lively urban fabric, with retail, services, amenities, schools, health facilities, and so on. We discussed design issues that relate to the local needs, such as infrastructure, mobility, and accessibility, and the flexibility that is needed for great place-making. We started creating a grid, a network of potentially great public spaces, and we envisioned not only great parks, plazas, and squares but also great streets. We are addressing a lot of the issues that Brasília tried to, but from a different perspective. We learned from David and the other folks at Gehl a philosophy of thinking about spaces and the life between buildings. In terms of design, we're aiming for a very walkable, sustainable, human-scaled environment. This project is not just about square meters

↑ David Sim (center) in conversation at the Birmanns' architectural workshop in Brasília

and revenues but an opportunity to do something transformative for cities, whether it's designing a sidewalk or homes for thousands of people.

RaB We believe it is important to have a different approach from that of Lucio Costa's Brasília plan. We want to design the street grid and allow everything else to be flexible and see how people end up using these spaces, what they will do with them. It will take thirty-plus years to build this city, and we can't anticipate right away how needs will change over this time. Much like in any other city in the world, the needs and values of the people of Brasília are constantly changing, evolving. With this in mind, we wanted this project to be people-driven and flexible enough to react to and accommodate the future needs of the community.

DS I agree. As Ricardo mentioned, we had a context that ranged from favela types to big, private houses with swimming pools, as well as existing businesses, traffic patterns, landscape, hydrology, and a lot of things to

connect to, which really helped us to deal with a site this massive. However, no matter how big a project is, there's actually only one scale, and that's the human scale—of what our bodies can do, our field of vision, our ideal walking radius, the very basic physical limitations of the human body. We wanted to make narrower streets and smaller spaces that were more in tune with the human body, which was hard to do because the policy, zoning, and bureaucracy are used to making these elements bigger. Also, we thought that smaller pieces could allow us to be more flexible, and we don't want to do a zoning plan. We have to make a master plan, a structure for the varying scales of public space, from the plazas and squares right down to the streets and alleys. The buildings can change because markets, demographics, and policies are constantly in evolution. But we need a very robust structure, a platform that allows the things that we haven't even thought of yet to proliferate and thrive.

There are two aspects to urban design: hardware and software. By "hardware," I mean everything we design and put a price on—roads, buildings, parks, and other physical attributes that create a good place. In the background, we also have the "software," which includes policy, bureaucracy, financing and mortgage systems, the politics of the time, and so on. You don't see the software, but it influences a project's outcome. The hardware is sometimes easier because we can discuss the scale and character of the places, but, often, an administration doesn't get it.

RaB Indeed, that is the most exciting part of the project. How do we align our ideas with markets and economics, and how do we encourage people to do business there? That is why our company has been engaging with the community, trying to understand how we can engage them. We want to promote the project and bring in entities such as the churches and community organizations. We need not just the hardware but the software and "peopleware." It's not a real estate deal but a community-building effort. If we want to make this a sustainable city, we have to become involved in those aspects. For example, the world is undergoing a big revolution in transportation, and infrastructure is taking a secondary role to software and systems.

All these things that go into the design of the city itself—schools, hospitals, cultural institutions—are in fact the most interesting and challenging. And we need to bring all those elements in if we want our new city to flourish.

DS I think churches and schools are very important because they represent the people who live there. Does the government support this idea of community-building?

RiB In Brasília, the local government has a city-state structure. It has to be both a state and a city. As a consequence, the government gets caught up in the state agenda, and the city agenda sometimes takes a backseat. We're trying to put that discussion out there by talking with the local press. We want to talk about the city Brasília, but not just as it being the political center and capital. While the political center is an invisible line on the ground, the city exists in the flesh. These things are rarely discussed, and people don't grasp these urban issues as relevant to progress and prosperity. The community of 180,000 people I mentioned is a satellite town of Brasília. There are many similar settlements in the federal district that are essentially dormitory towns. That's a completely dysfunctional urban setting and one that has consequences in terms of infrastructure and mobility. We're talking about creating a new urban place, adding a whole new layer to this discussion, a paradigm shift. In almost ten years of working on this project, very few of the higher-ups we've met with in Brasília were able to follow this. Some people are; there are individuals in the government that are really aware of these issues, but they are not always able to influence policies. Quite often, we are faced with this huge bureaucratic agenda and a thousand other priorities. It's frustrating because you lose months on irrelevant discussions just to get through the red tape. It's a shame because the city itself is losing opportunities to be a part of this discussion. But we have to do what we can.

DS One challenge is that a city is never finished. I could see this as being a problem for Brasília, which has a Modernist plan, but planned Classical cities also have this issue. It's like a straightjacket, this idea that it's finished and then you cannot touch it. But we know that life is ever changing. Markets

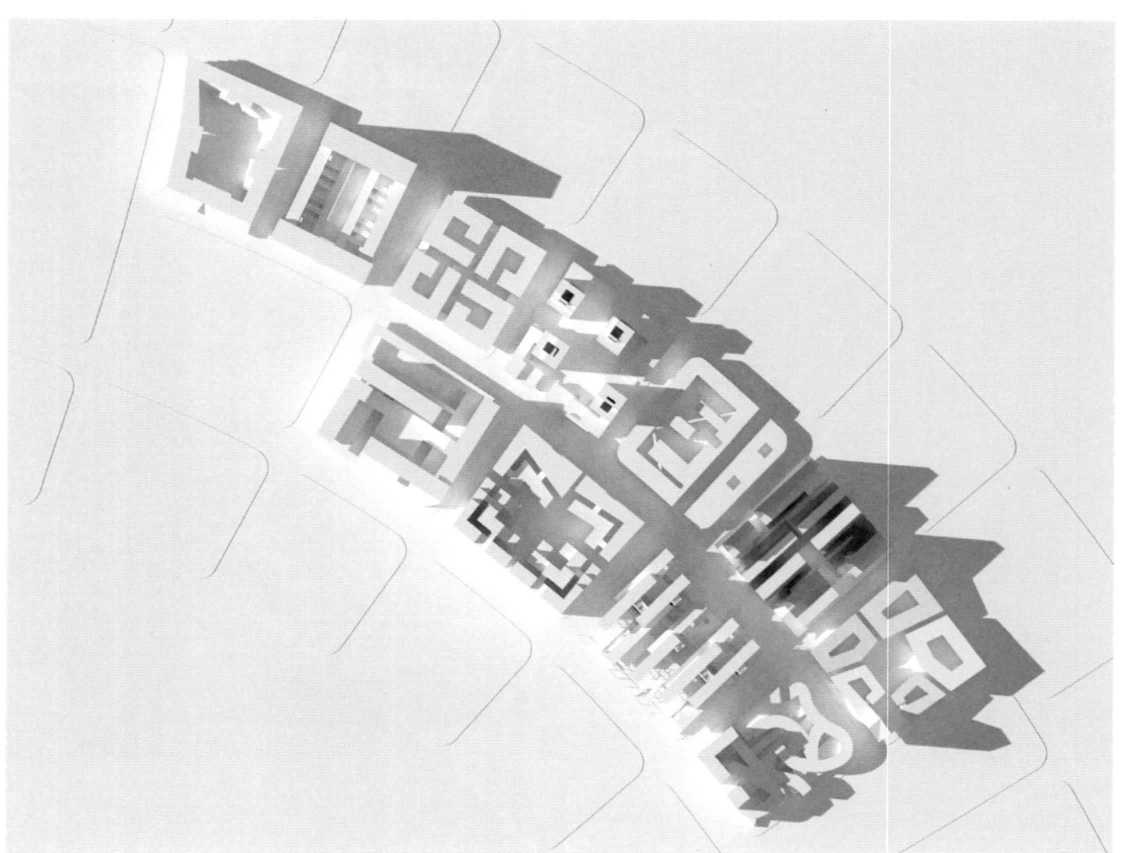

↑ The final iteration of the Destination Street showing all the student proposals

change, businesses start and end, our own lives evolve and change. It's difficult for cities and their governments to understand and accept that they are a project that will never be finished. There are no easy decisions, and the answers aren't in design folders on the shelf in an office. The city is a living organism, and that scares administrators.

RaB That's exactly what happened with Brasília because, when they put those rules in black and white, they said it was forever. The discussion in the city today is about all these changes that they want to do but can't because that was not in the original 60-year-old plan.

RiB Going back to our site, Lucio Costa's rigid plan is restricted to just the central part of the capital, in the area called the *Plano Piloto*. This is important, since we are not constrained by a previous plan, but that doesn't

↑ The automobile-centric urban realm of Brasília

mean it is easy to get through the red tape. We are frequently caught up in months-long debates with public officials about population limits, impacts on traffic, environmental permits, and so on. These discussions are sometimes pointless, as they imply that it is possible to foresee what this new neighborhood will look like in ten, twenty, thirty years.

DS We cannot predict how many children people will have or which businesses will thrive, so it's crazy to get hung up on arbitrary numbers. Of course, we don't want there to be overcrowding and slums, so we are seeking a way to establish numbers and a set of core values to work toward. We are talking about qualitative things, and those are harder to measure. Administrations largely focus on the quantitative aspects, but the numbers sometimes can be quite abstract and miss out on many of the things that looking at quality can offer. We know that happiness means more than GDP. The GDP of a particular country might go up, but that might not make you feel any better.

RiB But you can have a scientific and rational basis in measuring development and progress, so we have to be careful in that discussion. Here, the issue with city development is not that they're measuring fake things but, rather, that they might not be measuring the right or most essential things. Jan Gehl once told us that we measure the things that we care about. So, you have to care about the right things when designing cities and then be responsible toward those goals and criteria. We don't want to make a great city just to make people happy but because we think it is the best deal for everybody involved. So, the place where people will be the happiest is also the optimal solution to our real estate equation. In trying to improve the financial and economic aspects of the project, we are also trying to improve the quality of life of its residents.

RaB To David's point, it's important to consider how the hardware affects the software and vice versa. The structure of the city will affect how people behave, and the way people behave will affect the development of the city. In Brasília, we have a safety issue, and people want to build gated communities everywhere. We want to build a city without walls and gates, so we have to answer the security issue and bring that layer in through design. It's an interesting conversation because, as private developers, we are discussing urban policy issues on safety and security, but we're not easily accepted as participants in these talks. The fact is, the government does not talk about these things. So, if we want to build a good city, we must do the talking.

I think the whole thing about urbanism is that it goes beyond architects and real estate developers. It's global, and it needs all of us to be involved and engaged in the discussion. Pretty obvious but to some people—revolutionary.

RiB The enormous scale of the project affords us opportunities that are very rare in real estate. As my father said, we have to discuss city-making as a whole, working with many different design professionals. We think of this project as investing in the hardware in order to get the software right in the

Raphael de la Fontaine (right) in conversation with Ricardo Birmann during the final review at Yale →

coming years. The program we did with Yale and similar experiences we've had with local architecture schools are examples of this kind of opportunity we rarely have in smaller or simpler deals. We have also promoted two urban design workshops, and, last year, we did our first architecture workshop in which we invited thirteen different local architecture firms to think about the building designs that will populate the project. We discussed their challenges in dealing with our master plan. We wanted to see what they could imagine and how we could control that with our design principles. As David said, we need to ensure that the buildings do not get in the way of the life we want this city to have but, rather, add to it. We worked with these architects for a period of three months, and their feedback helped us to tweak and refine the master plan. In a way, this workshop was similar to what we did with the students at Yale, except that this workshop was more "real world." At Yale, we designed with abandon and with freedom and flexibility. Here, we were reined in by feasibility and zoning considerations in a productive discussion.

RaB It's funny that we're having this discussion about developers and architects and how to build good cities. Whereas I think the government should be taking the lead on this instead of being caught up in the regulations and restrictions of it all, they're skirting around the real issues and talking about other things. People are eager to talk about all these other things. We are open and willing and ready to acknowledge the need to discuss, and these discussions, so far, have proved to be very fruitful. It's a very "open book"-type approach because the huge challenge of building a city goes beyond the buildings and comes down to the people who will live there. As developers, there is this perception that these things do not concern us, but I am certainly concerned because, aside from being a developer, I am also Brazilian and want to live in these wonderful new cities. In fact, I think we should have even more and broader conversations on these issues. I think this is not just an interesting project and place to live, but it is also a message that we as a society, as Brazilians, can make things better in a tangible way.

DS I really appreciate the investment that Rafael and Ricardo have made in creating this forum and giving us this place to hash out these issues, not just in terms of money but also emotionally and with their time and involvement. What we build will be there for a long time, and this wish to do things differently and with an open mind, to bring people from the other side of the world to work with students and academics both internationally and locally, is exactly the kind of collaborative attitude we need for successful urbanism.

Biographies

Rafael Birmann

Rafael Birmann is president and owner of Birmann SA, a private real estate company that he founded with his father, Aron Birmann, in 1978, in São Paulo, Brazil. During those thirty-six years, Birmann has developed many real estate projects but is best known for a number of office buildings in São Paulo that have significantly impacted the market.

Today, Birmann is principally involved with two projects. The first project is a 50,000-square-meter office building on São Paulo's Faria Lima Avenue. The building is set on a four-acre site that includes a public plaza and a 500-seat black-box theater. Located in the Federal District of Brasília, the second project is a walkable, sustainable city of 16 million square meters that, together with neighboring areas, will create an urban community of more than 400,000 people. Adjacent to Brazil's planned capital, the project presents an exciting opportunity to discuss Brazilian urbanism and its many challenges.

Birrmann founded the Aron Birmann Foundation, a nonprofit organization committed to urban improvement, including the management and maintainenance of Parque Burle Marx, in São Paulo. He is passionate about real estate development that centers on the human experience and the promotion of walkable, livable urban environments. Birmann studied economics at the Hebrew University of Jerusalem.

Ricardo Birmann

Ricardo Birmann received a degree in physics from Universidade de São Paulo. He is a director at Birmann SA, a São Paulo-based development firm. For the last ten years, he has taken lead roles in property development projects, working alongside his father and other Birmann family members. Currently he is CEO of Urbanizadora Paranoazinho SA (UPSA), the Special Purpose Company promoting the urban development of the Paranoazinho area, as a mixed-use, walkable, human scale new neighborhood. He is also a director of the Aron Birmann Foundation, a nonprofit organization focused on promoting solutions for the urban realm.

Sunil Bald

Sunil Bald, partner in the New York City-based practice Studio SUMO, has been teaching at Yale since 2006, first as a Louis I. Kahn Visiting Assistant Professor and then as an adjunct associate professor. Previously, he taught design and theory at Cornell University, Columbia University, the University of Michigan, and Parsons. Studio SUMO has been part of Architectural Record's Design Vanguard and the Architectural League of New York's Emerging Voices. In 2015, Studio SUMO received the Annual Award in Architecture from the American Academy of Arts and Letters. His firm also has received a Young Architects award from the Architectural League, as well as fellowships from NYFA and NYSCA, and was a finalist in the Museum of Modern Art's Young Architects program. SUMO's work, which ranges from installations to institutional buildings, has been exhibited in the National Building Museum, MoMA, the Venice Biennale, the Field Museum, the GA Gallery, and the Urban Center.

Bald has researched Modernism, popular culture, and nation-making in Brazil. For his research into these areas, he received fellowships from the Fulbright and Graham foundations, and he has published a series of articles. In 2011, he received Yale's Professor King-lui Wu Teaching Award. Bald received a BA from the University of California, Santa Cruz, and a MArch from Columbia University, where he was awarded the AIA medal.

David Sim

David Sim is a creative director at Gehl Architects. Based in Copenhagen, Denmark, Sim is an urbanist and a creative problem-solver who believes in the potential of people and places. Sim's main activities include developing master-planning and urban design frameworks, applying Jan Gehl's theories to all scales of projects on all five continents.

Sim's recent work includes the Central City Recovery Plan for Christchurch, New Zealand, after the devastating earthquake of 2011, and, in the Scottish Highlands, the plan for An Camas Mòrthe, the first new town to be given planning permission in a national park. He has also taught at institutions around the world.

Image Credits

Apoorva Khanolkar & Hiba Bhatty: 56
Apoorva Khanolkar: 49, 62-63, 144–151
Birmann SA: 15, 18–19, 21, 33, 35–41, 43, 46–48. 50–51, 56, 164, 168
Casa de Lucio Costa Archives: 70, 77
Daici Ano: 29
Daphne Binder & Raphael de la Fontaine: 57
Daphne Binder: 124–129
Edinburgh World Heritage Resources: 69
Elena Baranes & Jonathan Sun: 54–55
Elena Baranes: 137–141
Elvira Hoxha, Kate Lisi & Kin Tak (Joseph) Yu: 60–61
Elvira Hoxha: 104–109
Eunil Cho & Mengran Li: 58–59
Eunil Cho: 110–115
Google Earth: 74
Hiba Bhatty: 152–159
John Jacobson: 170–171
Jonathan Sun: 92–97
Kawasami Kobayashi Kenji: 24–25
Kin Tak (Joseph) Yu: 116–121
Les Filmes Ariane & Phillipe de Broca: 66–68
Mengran Li: 130–135
Raphael de la Fontaine: 98–101, 167
Stefan Ruiz: 79–87
Studio SUMO: 26–27